女性学・ジェンダー研究の創成と展開

舘かおる

世織書房

目次

女性学・ジェンダー研究の創成と展開

＊引用・参考文献の表記に関しては原則初出の通りとしているが、若干の統一を施している。

女性学・ジェンダー研究の創成と展開

女性学・ジェンダー研究の創成のために

◆序

私が女性学に出会ったのは、いわゆる大学紛争期のピーク後の一九七〇年代半ば頃であった。それは、「私達女性にとって大学とは、どのような意味をもつ存在なのだろうか」という問いから生まれたものだった。私が入学したお茶の水女子大学では、学生運動は、戦後からずっと活発に行われていた。他大学の学生運動の組織との繋がりもあり、一九六九年に大学入試を中止した東京大学と東京教育大学との交流も活発であった。しかし大学紛争は、「大学」の意味が、「私」が「女」という存在であることにより、「男」とは異なる状況に置かれていることを知らしめた。世界の先進諸国を中心に始まったウーマンリブ運動は、多くの論題を提起したが、「女にとっての大学」という論題もその一つであった。様々な大学の女子学生達が、その「思い」をビラにして皆に配りあった。その一部は、『資料日本ウーマン・リブ史』（溝口他編、一九九二～一九九五）に収録されている。それは、「大学という組織」が、「女が学びたい知識を学べるところ」であるかという問いからもきていた。

大学で学んでいる学問は、私達女性が「本当に知りたい知」を提供していないのではないか、と思い始めた私は、図書館の書棚を片端からみて手掛りになる本を探し始めた。その時、図書館で書籍を整理する十進法分類の「367」という分類に「婦人問題」という「領域」があることを再確認した。そこにある本は、いわゆる「農村問題」や「社会問題」のように「女性」の「問題」とされるテーマを扱っている領域だった。その時に「婦人問題」という枠組みは違和感があるなあ、「婦人」の「問題」と捉えるわけ？　と思ったことを覚えている。その後、私は、お茶の水女子大学に一九七五年四月に創設された、女性に関する専門的な資料を収集し研究する女性文化資料館の専任助手として一九七六年の一月に赴任したことを契機に、Women's Studiesの存在を知るようになった。

私が求めていたことは、これだと直感した。日本では、樋口恵子が「女学」、平野貴子が「女性研究」、そして井上輝子（辺輝子はペンネーム）と賀谷恵美子が「女性学」と訳して紹介したばかりだった（樋口、一九七三／平野、一九七四／賀谷・辺、一九七四）。私は、女性文化資料館の研究調査プロジェクトとして、田中和子他女性社会学研究会のメンバーの協力をえて「女性学」に関するシンポジウムを開催し、アメリカの女性学のカリキュラムを開講している大学を調査し、シラバスを送付してもらい、女性学講座開講の経緯や、提供されているカリキュラムが、どのような方法で自分達の力としているかを調査した（舘、一九七八）。アメリカでは、女性学講座が開始されてから七年後にあたっており、フローレンス・ハウがそのレポートの中で、「女性学のカリキュラムは、空から降ってくるものではない。学生と教員達が創っていくものである」と述べている言葉をみつけた時に、心から納得し、希望が湧いてきた嬉しさをいまでも覚えている（Howe, F., 1977）。

さらに、アメリカの女性史コレクションとして著名な、ラドクリフ大学シュレジンガー・アメリカ女性史料館やスミス大学ソフィア・スミス・コレクションも訪ねた（舘、一九八〇）。「No documents, no history——史料なきところに歴史なし。女性により女性について記された史料が保存され活用されなければ、歴史家達は、歴史から女性を欠落させ続けるであろう」というメアリー・ビアードの言葉を糧に、数百箱にのぼるダンボールに入った黒人家族の史料を、一〇〇年はかかると述べながら、黙々と整理していた研究員の姿に感銘を受けた。特に女性学の初期の頃は、女性の歴史の発掘が、女性学の原動力ともなっていたのだ。

その頃から日本でもこのような講座を開講し、女性学を成立させようという女性研究者が集まり、一九七七年には国際女性学会が創立され（二〇〇三年国際ジェンダー学会）、京都でも日本女性学研究会が発足した。一九七八年には女性学研究会が誕生し、一九七九年には日本女性学会が創立され、各学会・研究会は各自ジャーナルを刊行して、女性学の探究に邁進した。私は、女性学研究会と日本女性学会に参加し、女性学研究会では、勁草書房の応援で『女性学をつくる』（一九八一）や『講座女性学』全四巻（一九八四〜一九八七）を刊行して世に送った。

一九八六年に女性文化資料館は、女性文化研究センターに昇格して、専任教員ポストが二名となった。すでにお茶の水女子大学教授であった原ひろ子教授が、センター専任教員となり、研究センターとしての活動をさらに活発化することができた。一九八七年に刊行した原ひろ子・田中和子・須田道子・舘かおる編『読む事典・女の世界史』（新曜社、一九八七年）は、コンパクトな本ながらも、世界の中で日本の女性達の歴史を相対化するよい機会となった。一九八八年には国立女性教育会館（当時、国立婦人教育会館）も研究調査活動に力を入れ、この二つの組織が共同して西欧を中心にした女性学の調査も行った。また一九九〇年頃から東京ドイツ文化センターとの共同シンポジウムを「母性」、「労働」、「メディア」をテーマに三回開催したことも、国際比較の視座で分析軸を立てることの有効性を確認できた（原・舘、一九九一）。

ところで、ヨーロッパの女性学調査に行った私は、アメリカに比べ伝統あるヨーロッパの大学で女性学を推進することの組織上の難しさと同時に、それ故に既存の硬質なディシプリンを変革する力を試されていると感じた。ジュリア・クリスティヴァ、リュース・イリガライ、クリスティーヌ・デルフィーといった、フランスの研究者達の「理論化の強度」に大いなる刺激を受け、ドイツでは、大学に行政職員が研究に来て、女性政策を研究して教員と一緒に立論する共働システムや、EC（当時）の女性政策のポスターの芸術性と創造性の高さなど、多くの示唆を受けた。オランダの社会科学研究所では、後に日本に招聘することになるマリア・ミース、タンダム・トゥルンとサスキア・E・ヴィーリンハとの出会いがあった。

そして、この調査の行程の最後のロンドンの大学で「Gender」という言葉を記したポスターをみた。しかし、その「Gender」（ジェンダー）という言葉が、「概念」として登場したことの意義を把握できたのは、その頃著された、ジョーン・スコットの論文‘Gender : A Useful Category of Historical Analysis’からだった（Scott, J. 1986）。「女性史」は、これまでの「歴史」が男性中心の歴史学としてしか研究されてこなかったことを問題にして、「女性」を対象にした歴史研究を行ってきた。しかし、「女性学」は、「女性」の置かれている状態を明らかにするために「女性」についての歴史的、文化的、社会的、総合的な研究をめざしはしたが、「女性を対象にすればよい学問」だと捉えているわけではないと私は考えていた。私はそれを「女性学」にとって「女性」とは、「対象概念」ではなく、何かを明らかにするための「方法概念」として意味づけるものであると述べてきた（舘、一九八九、一九九九）。そのことをより明確に、まさに分析概念として提示したのが、スコットのいう「Gender」であった。私は、ようやく、「「女性」や「男性」という形での問題化は、「Gender」（性別）という概念を求めての模索だったのだ」と理解した。

「男」と「女」というカテゴリーは、人間を「性」により「分別」して成立しているものなのだ。「階級」や「民族」などと同様に、人間を「種別化」して、「序列化」するカテゴリーになっている。そのカテゴリーの社会における組織化の状況を問題化するために、「階級」の視点、「民族」の視点、そして「ジェンダー」（性・性別）の視点で分析することが必要なのだ。スコットは、歴史研究の分析概念として「ジェンダー」を用いることが、「社会の組織化」の解明に迫る、有効なものであることを提起したのである。

一方、セックスとは異なる「性別」の有り様を明確にするために、ジョン・マネーやロバート・ストラーなどは「生殖器官以外の、性愛から性役割などを包括的に述べる性別概念」として精神分析や性科学者から「ジェンダー」概念を再定義した（舘、一九九六a、一九九八）。それは、自分の「体と心と頭」における性自認のあり方や性的指向の解明、即ち、ジェンダー・アイデンティティやセクシュアル・オリエンテーションからのジェンダー概念系譜を導いた。こうした、「社会」における人間の「性別」や「性愛」の有り様を社会の組織化の構成要素として把握したスコットは、「肉体的差異に意味を付与する知」（スコット、二〇〇四）として説明した。スコットの「知」の問題としてのジェンダー概念の提起は、歴史的文脈でも、地域的差異を考慮に入れる際にも有効な定義であると、私には思われた。

また、一九九三年に私はオーストラリアとニュージーランドの調査を行うことにより、女性参政権の賦与をめぐって先住民と宗主国の白人のエスニシティとジェンダーの連関を分析する視点が明確になったことも、分析概念としてのジェンダーの有効性を確認することになった（舘、一九九四）。

私は、「ジェンダー」という概念は、「女性学」の存在なしには、生まれえなかったと思う。日本では、一九八〇年代頃、女性学はその担い手、目的、対象を「女性による、女性を対象にした、女性のための学問」であることを重視するか、「男女による、男女を対象にした、男女を含めた人間のための学問」を志向すべきかを模索する女性学者達の議論があった（女性学研究会編、一九八一）。しかし、「女性による、女性を対象にした、女性のための学問」は、女性のみにその対象を限定することを第一義としたわけではなく、「女性の視点」を創出するための方向性を示すものであった。「男女による、男女を対象にした、男女を含めた人間のための学問」は、現在の学問研究の担い手、目的、対象が男性に偏っていることを問題にし、「学問研究の領域や視点の偏向是正」を第一義とした。つまり、「女性学」を、学問研究の領域や視点の性別偏向の是正を意図し、「人間が行う学問研究としてのバランスがえられるまでの過渡的な学問」とみなすか、「女性の視点」から派生し、「女性と男性に関わる問題を顕在化する学問」として成立することを意図するかの二方向があったといえる。

そして、現時点で私達は、女性学がめざしたものは、学問研究のバランス論では解消されえない一個の学問研究の成立であり、それは、ジェンダーという概念の創出に基づいた研究であると提示することができるようになった。女性学が求めていたのは、研究対象、担い手、目的の男女バランスが解消されれば、「人間研究」に解消されるものではなく、「ジェンダー研究」であったのである。

「女性」に関わる数々の事象の具体的な研究を積み重ね、「女性という共通項」にある問題の探究を徹底的に行ったことにより、男と女を「人間」として「普遍化」する思考の回路に入り込むことなく、「ジェンダー」(性別)という概念を発見する回路をみつけ、そしてまた、「ジェンダー」とは、すべての学問分野に関わり、すべての事象の分析に必要である有用な分析概念であると認識することができたのである。スコットやデルフィーが提起した社会構築的概念としてのジェンダーは、その後、ジュディス・バトラーにより、「ジェンダーこそがセックスを生産する装置」、「セクシュアリティも、ジェンダーの二分法によって異性愛秩序として構想される」というセックス、ジェンダー、セクシュアリティの捉え方を産み出した(バトラー、一九九九)。

今後、「女性学」という学問名称は、名乗り続ける必要があるかもしれないし、名乗る必要がなくなるかもしれない。だが、「ジェンダー」という概念は、「階級」や「民族」と同様に、すべての学問分野に必須の概念であり、今後の学問分野においても消えることはないだろうと私は考えた。そして、「女性」という立場性についてはこだわりながらも、一方では、ある確信をもって、私達の勤務する研究センターを改組する時、「ジェンダー研究センター」と改称することにしたのである。こうした私の女性学とジェンダー研究との出会いと、その後の模索の有り様の軌跡を本書において辿った。男性学やクィアスタディーズも含めた、これからのジェンダー研究の展開のための前史として布石にして頂ければと願っている。

＊

一方、制度化に関わる女性学・ジェンダー研究の論文は、本書には掲載しなかったので、簡単に紹介しておきたい。まず第一に、学問研究の「担い手及び摂取者」に関わる制度化の問題である。日本社会の「四年制大学の学部学生と教員」の実数及びその比率をみてみよう。『学校基本調査』(文部科学省)によれば、一九五五年度の大学生総数は四〇万人程度であり、そのうち女子学生の比率は一四%であった。一九九五年度に学生総数は二五〇万人を超え、女子学生の割合は三〇%以上になり、二〇一三年度の段階では学生総数は約二五六万人で女子学生比率は四三・五%になった。一方、四年制大学教員総数(以下、すべて助手を除く)は一九五五年度に約三万人であり、女性教員数はその七％であった。一九六五年度には五％以下となり、二〇〇〇年度になってようやく女性教員数が一〇％を超え、二〇一三年度では教員総数約一七万三千人のうち、女性教員数は三万六千人となり、約二一％の比率となった。しかしながら、二〇一三年度になっても、日本の四年制大学の女性教員は、約二一％しか存在しないのである（舘、二〇〇二）。

これ程学問世界の担い手達の性別が偏っている場合、一方の性別の「条件」に依拠した学問研究が行われ、「経験」に基づいた解釈がなされるであろうことは、十分予測される。なお、このように、ジェンダー・バイアスを顕在化させ、問題点を明確化させることを目的にした統計手法を「ジェンダー統計」と称するようになった。

第二に重要な観点は、「研究対象と分析視角」の問題である。まず、一九四五年まで一部の大学を除いて、女性が大学に入学できなかった状況は、「女性」というカテゴリーに属する存在を不可視のものとしてきた。例えば、文部科学省の統計要覧でも、長らく大学の教員数も学生数も全体統計のみを取り、「女性」の存在は不可視のままで分析されてきた。仮に「女性」のデータを取り上げ、女性の存在が「可視化」されても、次には「等閑視」という問題が起こった。つまり、「女性」もいるが、それは「わずか」で全体把握に影響を与えない程度であるとみなされた。また、「女性」を研究対象として取り上げる場合でも、その解釈は、「性差」の「違い」の根拠を生物学的な差異にのみ求め、「文化的社会的規定要因」の解明に向かわない場合が多々あった。

「ジェンダーの視点に立つ」とは、不可視にされていた「女性」の経験を顕在化させることと同時に、「性」の分別や差異化による規定要因に注目し、「性別」が社会制度の中でどのように構築されているかという観点で解釈してみることなのである。但し「女性」「男性」を研究対象に取り上げる際に、性別カテゴリー「間」の序列化を問題にするあまり、「性別カテゴリー」の「内部」を単一的に捉えがちになる。これからのジェンダー研究では、個体差や多様な認識が性別カテゴリー「内部」に存在することに留意した分析も行う必要を認識すべきである。また、ジェンダーと階級、エスニシティなどの多様な規定要因との複層的な要因分析を進める段階にまできているといえるだろう。

第三に、女性学・男性学・ジェンダー研究は、従来の学問研究を批判し、「何のための学問研究か」というテーマを主題化した。二〇世紀の学問観のパラダイム転換を追究しての「問い」であったが、ジェンダー研究は、人々が「エンパーワメント（力をつける）」するための学問としての役割を提起したことも、二一世紀の「知」の有り様をめぐって、引き継ぐべき課題と思われる（舘、一九九六b）。

第四に、「学問研究の分野」の問題がある。ジェンダーの視点に立った学問研究分野は、人文・社会科学以外の自然科学の分野では、性科学、生殖医学系、環境科学等が取り組みやすかった。なぜならば、多くの「生物体」は有性、即ち「性」があるからである。また、「文化・社会」は自然ではなく、人為的に構築されているという認識は、人文・社会科学研究の前提であるからである。それでも「文化・社会」のジェンダー・バイアスの強さは、社会学、文化人類学のジェンダー研究の厚さが逆説的に証明している。一方、物理学などの対象とする原子等の「物質」などを対象とする場合は、ジェンダーがみえにくい。「物質」は無性、即ち「性」がないと認識されているからである。そのこと自体も問い直す必要があるが、まずは「なぜ、特に自然科学領域から女性が排除されてきたのか」という命題を立て、この分野の基本概念、研究データを解釈する担い手、研究方法、研究体制などにジェンダー・バイアスがあるか否かを検証していくことが必要であろう。また研究体制の問題では、具体的には、人、資金、実験器具、研究環境、実験のプロセスなどの分析にジェンダー視点を導入することも必要である。また大学だけではなく、技術開発現場の体制も検討課題となる。

このように女性学・ジェンダー研究は、学問としてその輪郭を明確にしていき、日本の大学において、少しずつ学問研究として制度化されていった。学生達が自分達の知りたい「知」を求めて読書会を始め、教員も一緒に入り、自主ゼミとして続け、それを「新設科目」にしていくような気運が日本に生まれたのである。

次に大学教育の中に女性学、ジェンダー研究を制度化するには、第一に女性学・ジェンダー論に関連する科目の個別開講、第二に、幾つかの科目をプログラムとして提供、第三に、女性学やジェンダー研究の学科や専攻を設置する、という形態がある。

現在でも、日本の大学では、女性学、ジェンダー研究の科目は開設されているが、大学院の専攻、副専攻としてプログラム化されていることは少なく、大学院では次の四大学のみである。女性学、ジェンダー研究の学部が設立されている大学は皆無である。特にアメリカの大学には、女性学・ジェンダー論の科目（コース）やプログラムだけではなく、学科や学部レベル、つまりDepartment of Women's Studies, Department of Gender Studiesとして設置されていることと比較すると、履修形態の違いはあるとしても、日本の大学教育における女性学、ジェンダー研究の制度化がなされていないことの要因を考えざるをえない。

●日本で女性学・ジェンダー学専攻が設置されている大学院（二〇一四年二月現在）

お茶の水女子大学大学院人間文化創成科学研究科
　博士前期課程――ジェンダー社会科学専攻／博士後期課程――ジェンダー学際研究専攻
城西国際大学大学院人文科学研究科
　修士課程――女性学専攻／博士課程――比較文化専攻、比較ジェンダー論分野
名古屋大学大学院国際言語文化研究科
　博士前期課程・後期課程――国際多元文化専攻、ジェンダー論講座
川村学園女子大学人文科学研究科
　博士前期課程・後期課程――比較文化専攻、女性学分野

それでも、日本の大学における女性学講座の量的拡大はなされている。特に、一九八〇年代からは、急速に増加し、国立婦人教育会館の調査によれば、一九八三年度には、女性学講座開設大学が七五校、開講講座数が九四であったの

に対し、一九九二年度には、大学数二六八校、科目数五一二と飛躍的に増加している。二〇〇八年の国立女性教育会館（二〇〇一年から改称）の「女性学・ジェンダー論関連科目データベース」では、六一七校で四二三八科目が開講されている。この調査は、回収制をとっているので、実際には、もっと多く開設されていると思われる（国立婦人教育会館編・刊『高等教育機関における女性学関連科目等の現況』一九九〇、一九九三年、「国立女性教育会館女性学・ジェンダー論関連科目データベース」二〇〇八年）。

次に、大学における女性学・ジェンダー研究センターの展開状況について述べておこう。

一九九六年くらいまでの日本の女性文化ないし女性学研究センターは、女子大学を中心に設置されていた（舘、一九九六ａ）。女子大学の存在意義を問われ始めた状況の中で、アメリカの女子大学のように、「女性中心の大学」（Women Centered University）の理念を大きく掲げたわけではないが、女子大学だからこそ、その内実はともあれ、女性研究を重視することを明示化する意図があったと思われる。次に述べるように、現在でも女性学研究センターを存続させているのは女子大学が多い。しかし、女子大学における研究施設の統合・廃止もめだっている。

一九六〇年代に設立された、日本女子大学女子教育研究所と目白学園女子短期大学女子教育研究所は、一九六〇年代の女性の大学入学増加に呼応して、主に「女子教育」という視点から、現代的な課題に応えつつ、堅実な歴史的研究を積み重ねてきた。しかし二つの研究所はともに、女子教育から女性学、ジェンダー研究への転換は示さず、「質の高い女子教育」研究の維持をめざし、日本女子大学女子教育研究所は、一九九五年三月に総合研究所に統合し、目白学園女子短期大学女子教育研究所は、二〇〇六年三月をもって教育研究所に改組した。

一九七五年の国際女性年以降、一九九〇年までの間に、女性学や女性文化研究を意識した資料室や研究センターが、お茶の水女子大、東京女子大、神戸女学院大、昭和女子大、大阪女子大などの女子大学に設置され、その活動も資料の収集や紀要の刊行、講演会、研究プロジェクトなど、多様な形で行われていた。専任職員が配置されていることは少なかったが、その活動は学内の教員の協力のもとに、着実に進められていたといえる。

一九八〇年前後に設置された、東海学園、名古屋市立、比治山の各女子短期大学の女性文化センター等は、現在ではほとんどの施設が休止し、統合・改組している。なお一九九〇年以降に設立された四年制大学の京都橘大学や愛知淑徳大学などは、共学化しても二校とも研究所は保持している。

一九九八年以降には、共学大学にジェンダー研究センターが次々に設立されるようになった。城西国際大学、早稲田大学、国際基督教大学などのジェンダー研究センターは、現在精力的な活動を繰り広げ始めている。その活動内容は、明確に学生の授業と連動することや教員間の連携を意図しており、講演会やイベントの企画に学生を参加させたり、学部を超えた教員の共同企画を進めたり、編集者などの学外者を企画やシンポジストに加えているなど、多彩な試みがなされている。立教大学のジェンダー・フォーラム、和光大学のジェンダー・フリー・スペースなども、学生、教員の意見交換を意図している。東北大学のジェンダー法・政策研究センターは、二一世紀ＣＯＥプログラムの一貫として設立され、一橋大学では大学院社会学研究科内にジェンダー社会科学研究センターが設置された。

●大学における女性学・ジェンダー研究関連施設一覧（二〇一四年二月現在／創設順）

お茶の水女子大学ジェンダー研究センター（一九九六年設立。一九七五年女性文化資料館創設、一九八六年女性文化研究センター設立）

東京女子大学女性学研究所（一九九〇年設立。一九七六年比較文化研究所ウィメンズ・スタディーズ委員会創設、一九八八年女性学センターと改称）

神戸女学院大学女性学インスティチュート（一九八五年創設）

福岡女子大学生涯学習研究センター（一九九七年改称、一九八五年女性生涯教育研究室創設）

昭和女子大学女性文化研究所（一九八六年創設）

大阪府立大学地域連携研究機構女性学研究センター（二〇一一年四月設立。一九九〇年大阪女子大学女性学研究資料

室創設。一九九六年大阪女子大学女性学研究センター創立）
京都橘大学女性歴史文化研究所（二〇〇五年共学化して校名変更。一九九二年創設）
愛知淑徳大学ジェンダー女性学研究所（一九九四年創設、一九九五年共学化）
立教大学ジェンダーフォーラム（一九九八年創設）
城西国際大学ジェンダー・女性学研究所（一九九九年創設）
早稲田大学ジェンダー研究所（二〇〇〇年創設）
和光大学ジェンダーフォーラム（二〇〇七年設立。二〇〇一年ジェンダー・フリー・スペース創設）
東北大学ジェンダー平等と多文化共生研究センター（二〇〇七年設立。二〇〇三年東北大学ジェンダー法・政策研究センター創設）
国際基督教大学ジェンダー研究センター（二〇〇四年創設）
奈良女子大学アジア・ジェンダー文化学研究センター（二〇〇五年創設）
一橋大学社会学研究科ジェンダー社会科学研究センター（二〇〇七年四月創設）

なお、このような大学のセンターの設立とも呼応して、ジェンダー法学会が二〇〇三年一二月、国際フェミニスト経済学会（ＩＡＦＦＥ）、日本フォーラムが二〇〇四年四月、ジェンダー史学会が二〇〇四年一二月に設立された。

次に科学研究費における「ジェンダー」枠の設置と二一世紀ＣＯＥプログラムの採択については、学術の世界で女性学・ジェンダー研究が「承認」され、かつ日本学術会議においてもインパクトを与えることになったので記しておく。

文部科学省の科学研究費補助金（以下「科研費」と記す）を申請し、採択されることは、学界でその研究が評価されたとみなされる。申請に際しては、学問分野を特定して提出しなければならない。だが、一九七〇年まで女性学、ジェンダー研究という学問分野は存在していなかったため、申請者は研究テーマや分析視角が多少ずれても、既存の学問分野の中から近しいものを選んで申請するしかなかった。

そうした中で、日本学術会議の女性会員や研究連絡会委員の努力が実り、二〇〇一年度から二〇〇二年度の二年間の時限つきで、科研費の学問分野の分科細目として「ジェンダー」が設定された（基盤研究（C）一般のみ）。二〇〇一年度には一八三件の申請のうち四一件、二〇〇二年度には、一六〇件の申請のうち六九件が採択された。二〇〇三年度からは、時限付がとれて、「ジェンダー」は、「（系）総合・新領域系、（分野）複合新領域、（分科）ジェンダー、（細目）ジェンダー」として、新設された。その後、二〇〇六年までに二四七件採択されている。採択された研究テーマの中には、ジェンダー研究の広がりを感じさせるものもある。この科研費申請への道が拓かれたことは、「ジェンダー」研究の未来にとり、大変重要なことであった（日本学術会議、二〇〇五、二〇〇六）。

この科研費の申請が可能になったことにより、二一世紀ＣＯＥプログラム（Center of Excellence）の申請の道も拓かれた。ＣＯＥは、国立大学法人化以降、大学の研究教育拠点を形成するために重点的に助成を行うものである。「ジェンダー」は、学際、複合、新領域の中の分科細目として構成された。

そして、二〇〇三年度には、お茶の水女子大学「ジェンダー研究のフロンティア――〈女〉〈家族〉〈地域〉〈国家〉のグローバルな再構築」（ジェンダー研究センターと大学院ジェンダー関連三講座）が複合、新領域「ジェンダー」枠で採択された。また、東北大学「男女共同参画社会の法と政策――ジェンダー法・政策研究センター」が「法学・政治学」枠で、国際基督教大学「「平和・安全・共生」研究教育の形成と展開」の一プロジェクト「人間の安全保障とジェンダー」に関する「知」の創造」が、複合、新領域「平和研究」枠において採択された。そして、引き続き実施されることになったグローバルＣＯＥにおいても、「ジェンダー」は、学際、複合、新領域の中の分科細目として分野構成されており、申請枠は確保され、二〇〇八年度には京都大学の「親密圏と公共圏の再編成をめざすアジア拠点」と東北大学「グローバル時代の男女共同参画と多文化共生」が、採択されている。

ジェンダー研究にとって、科研費という研究費の助成がえられる機会をえたこと、また大学の研究教育の拠点形成として、若手の人材養成を行いうる重点的な助成を受けるCOE申請の機会をえたことは、「ジェンダー」研究の日本での定着、展開を促すことになったといえるであろう。

最後に日本学術会議におけるジェンダー主流化の推進についても言及しておく。日本学術会議は、一九四九年に設立された、日本の人文科学、社会科学、自然科学の全分野の科学者を内外に代表する機関である。実は成立以来一九八一年まで、二一〇名の会員のうち、女性会員はゼロであった。日本学術会議が女性の研究者についての取り組みを開始したのは、一九七五年の国際婦人年を契機としている。女性会員は、一九八五年になってようやく三名となり、一九九二年に四名となる。一九九四年に「女性科学者の環境改善の緊急性についての提言（声明）」が採択され、同年「JAICOW（女性科学者の環境完全に関する懇談会）」が設立される。二〇〇〇年に策定された「男女共同参画基本計画」に対応し、同年「日本学術会議における男女共同参画の推進について（声明）」が採択され、二〇〇〇年から女性会員が七名となった。

二〇〇一年には、日本学術会議の改革と連動して、「ジェンダー問題の多角的検討特別委員会」が結成され、急速に「ジェンダー問題」の活動が活発化し、二〇〇三年には同委員会提案の報告書『ジェンダー問題と学術の再構築』が刊行される。同報告書の提言には、一、女性研究者問題の改善、二、ジェンダー視点に基づく学術の再構築、三、男女共同参画社会に向けての長期的課題、の三つの提言が掲げられていた。二〇〇四年には、「ジェンダー学研究連絡委員会」、第一部の社会科学分野に「二一世紀の社会とジェンダー研究連絡委員会」が結成された。また、「男女共同参画分科会」や「学術とジェンダー委員会」も設置され、今後の活動が期待される状況となっており、その後も毎年、活発な活動が続いている。日本学術会議という学術世界における「ジェンダー研究」の承認は、二一世紀に入り、次代に向けての力量を培う場の一つになったといえるであろう（日本学術会議、二〇〇五、二〇〇六）。

こうした動きと連動して、ジェンダー関連学術組織のネットワークの形成も行われ始めた。特に理系の学会や組織では、ジェンダー研究はなかなか取り組まれてこなかったが、応用物理学会、日本化学会、日本物理学会などが中心となって理工学系学協会に呼びかけ、二〇〇二年に男女共同参画学協会連絡会を発足した。二〇一三年には、正式加盟学会五二学協会、オブザーバー加盟三〇学協会となっている。

これまでのジェンダー・バイアス社会の変革、及びそのための学問世界の刷新として、ジェンダーの主流化が唱えられてから四五年近く経て、日本及び世界における「知」の創成の一つの試みが、二一世紀社会を形造る底力になればと願っている。

●参考文献

ジュディス・バトラー、竹村和子訳『ジェンダー・トラブル――フェミニズムとアイデンティティの攪乱』青土社、一九九九年（Judith Butler, *Gender Trouble : Feminism and the Subversion of Identity*, Routledge, 1990.）

原ひろ子・舘かおる編『母性から次世代育成力へ――産み育てる社会のために』新曜社、一九九一年。

樋口恵子「学習運動としてのアメリカのリブ」『人間のための教育4〈女性〉』日本放送出版協会、一九七三年。

平野貴子「アメリカの女子生涯教育」『教育社会学研究』No.29. 日本教育社会学会、一九七四年。

Howe, Florence, *Seven Years Later : Women's Studies Program in 1976*, National Advisory Council on Women's Educational Programs, 1977, p.15.

女性学研究会編『女性学をつくる』勁草書房、一九八一年。

女性学研究会編『講座女性学』第一～四巻、勁草書房、一九八四～一九八七年。

国立婦人教育会館編・刊「高等教育機関における女性学関連科目等の現況」一九九〇、一九九三年。

国立女性教育会館「女性学・ジェンダー論関連科目データベース」二〇〇八年。

賀谷恵美子・辺（井上）輝子「アメリカ諸大学の女性学講座」『婦人問題懇話会会報』No.20. 婦人問題懇話会、一九七四年。

溝口明代・佐伯洋子・三木草子編『資料　日本ウーマン・リブ史』全三巻、松香堂書店、一九九二～一九九五年。

日本学術会議〈ジェンダー学研究連絡委員会〉・〈二一世紀の社会とジェンダー研究連絡委員会〉「男女共同参画社会の実現に向けて——ジェンダー学の役割と重要性」報告書、二〇〇五年。
日本学術会議〈学術とジェンダー委員会〉「対外報告　提言——ジェンダー視点が拓く学術と社会の未来」二〇〇六年一一月。
Scott, Joan W., 'Gender : A Useful Category of Historical Analysis', in *The American Historical Review*, Vol. 91, No.5, Dec. 1986, pp.1053-1075.
ジョーン・スコット、荻野美穂訳『ジェンダーと歴史学　増補新版』平凡社新書、二〇〇四年（Joan W. Scott, *Gender and The Politics of History*, 1988. 荻野美穂訳で『ジェンダーと歴史学』として平凡社から一九九二年に刊行）。
舘かおる「アメリカ諸大学における女性学講座の成立と展開」お茶の水女子大学心理教育研究会編・刊『人間発達研究』第三号、一九七八年、八～一六頁。【本書1章】
舘かおる「アメリカにおける女性史料館」『お茶の水女子大学女性文化資料館報』第一号、お茶の水女子大学女性文化資料館、一九八〇年、五九～七六頁。【本書2章】
舘かおる「女性史研究と女性学——その論題をめぐって」『お茶の水女子大学女性文化研究センター年報』第三号、一九八九年、一〇三～一一九頁。【本書3章】
舘かおる「女性の参政権とジェンダー」原ひろ子・大沢真里・丸山真人・山本泰編『ライブラリ相関社会科学2　ジェンダー』新世社、一九九四年、一二二～一四〇頁。
舘かおる「女性学とジェンダー」『お茶の水女子大学女性文化研究センター年報』第九・一〇合併号、お茶の水女子大学女性文化研究センター、一九九六年a、八七～一〇六頁。【本書5章】
舘かおる「女性学・ジェンダー研究と大学教育改革」利谷信義・湯沢雍彦・袖井孝子・篠塚英子編『高学歴時代の女性』有斐閣、一九九六年b、六〇～八三頁。
舘かおる「ジェンダー概念の検討」『お茶の水女子大学ジェンダー研究センター年報』第一号、お茶の水女子大学ジェンダー研究センター、一九九八年、八一～九五頁。【本書7章】
舘かおる「歴史認識とジェンダー——女性史・女性学からの提起」『歴史評論』五八八号、校倉書房、一九九九年四月号、四四～五二頁。【本書8章】
舘かおる「高等教育機関における女性学・ジェンダー論関連科目に関する調査の概要と課題」『国立女性教育会館研究紀要』

六号、国立女性教育会館、二〇〇二年、八五～九六頁。

舘かおる「歴史分析概念としてのジェンダー」『思想』第一〇三六号、岩波書店、二〇一〇年、二二四～二三四頁。【本書9章】

＊　なお、序において言及されている舘かおるの論考は、多少の変更をし、本書に収録している。

◆1 アメリカ諸大学における女性学講座の成立と展開

Curriculum does not fall from the sky : it grows out of the experience, consciousness, and knowledge of scholar/teachers.　— Florence Howe —

1　はじめに

女性学（women's studies）とは、アメリカを中心に発展を遂げている女性に関する学術研究の総称である。日本でも数年前から紹介され始めたが(1)、最近の女性論ブームの中で特に注目されるようになった(2)。この女性学がアメリカの大学における女性学講座として成立したのは、一九七〇年頃とされている(3)。その後約八年を経過し、現在その内実も成立当初から比べると変化してきているようである。

本章では、特に欧米の大学を中心に高まりをみせている女性学に関わるアンケート調査資料をもとに(4)、女性学が最も広範に大学に定着しているアメリカ諸大学の女性学講座の成立状況及び現在に至るまでの歴史的経過を概観し、大学における女性学講座のもつ意義を考察する手掛りとしたい。

ここでは、女性学講座が大学において設立され始めた一九七〇年頃を成立期と捉え、成立の諸要因と特質を分析し、その後の制度化の進展、量的・質的発展過程を展開期として論じることにする。

2　女性学講座の成立

1　成立の諸要因

女性学講座成立の主要因には、まず第一に女性解放運動の果たした多大な役割をあげねばならない。アメリカの女性解放運動は、一九六〇年頃を境に、従来のそれとは趣を異にした展開をみせる。現在日本では、一九六〇年以前のfeminismを女権主義と訳出し、以降のそれを単にフェミニズムやウーマン・リベレーションと呼び区別している(5)。端的にいえば、六〇年以前の女性解放運動では、婦人参政権獲得などの婦人の政治的権利や、婦人労働問題が中心テーマであったのに対し、六〇年以降のそれは、より包括的ないわゆる「女性問題」が研究対象とされたのである。この運動の質的転換の象徴的著作ともいうべき、ベティ・フリーダン（Betty Friedan）の *Feminine Mystique*（邦訳『新しい女性の創造』）が刊行されたのは、一九六三年のことであった。この書においてフリーダンは、現代の女性の問題を摘出するとともに、女性の解放における教育の役割の重要性を述べている。

「女性をおとし入れたわなから女性を救い出す手がかりとなるのは教育である。（……）私は、教育こそ、アメリカの女性を危機から救い、また将来も救い続けるだろうと思う」(6)。

フリーダンのこの女性解放への展望は、その後の運動の主流となり、一九六六年には全米女性組織National Organization for Women（NOW）を結成するなど、広範な運動を展開する。

こうして六〇年代後半には、女性そのものの研究と、それに基づく教育を要求する運動の大きな流れが形成されていったのである。

次に第二の要因としては、六〇年代後半の学生運動を契機として起った大学改革運動の進展をあげることができる。この大学改革運動では特に従来の大学が、変動する社会に対応した新しい学問創造の場となっていないことに対する、痛烈な批判が行われた。こうした批判に対し、アメリカの大学当局は、大学運営への学生参加などの制度面での改革と同時に、大学の教育内容やカリキュラムの改革に取り組んだ。専門分化した学問の弊害を是正するため、学際的（interdisciplinary）コースが設立され、アカデミズムの世界から除外されていた黒人学（black studies）や（少数）民族学（ethnic studies）が開設された。女性学もまたここに、その位置づけをえたのである。大学における女性学講座は、カリキュラムの改革や既存の学問体系の検討を、女性の解放にとって大学教育とはいかなる意味をもつか、女性にとって大学の学問とは何かという視点で問うことから出発したのである。

第三に、女性学講座成立当初において、女子大学が果たした特殊な役割を指摘せねばならない(7)。周知のように、二〇世紀に入ってからアメリカの女子学生の多くは共学の大学に進学し、女子大学への進学者は減少の一途をたどっていた(8)。そのため女子大学のうちあるものは共学化政策を取り、女子大学であることに終止符を打ったが、なお女子大学としての存続をはかるものは、その独自性を打ち出すことに存立基盤を求めたのである。女性に独自な教育のあり方を求めた一部の女子大学では、「女性史」「女性運動」などの女性をテーマにした授業を行った。それゆえ少しずつ女性についての研究が進められていたのである。しかしながら、女子大学の存続意義を求め、こうした特色ある教育を行い、一定の学問的水準を保っている女子大学は一部の名門女子大学に限られていた。

他の女子大学は、共学の大学と同等の学問レベルを保ちえず、女子大学の独自性も持ちえず、年々志願者も減少し閉校に追い込まれていた。そこに女性解放運動から女子大学の現状に対する厳しい糾弾が行われた。本来女性の向上のために設立された女子大学が、女子学生に対し、社会の差別に打ち勝つような教育を行ってもいないし、男子学生と同等の教育すら行っていない。即ち女性解放に何ら貢献する存在ではなくなっているというものであった(9)。こうした指摘は、存在基盤の喪失から経済的苦境に陥っていた女子大学に、そこからの脱出を決意させた。女子大学は、女性学講座開設にその存続意義を懸け、積極的に女性学講座を大学教育の中心に据えていった。

また、女性学講座の開設に付随して女性センターや女性関係資料のコレクションも行われていった。このように女子大学が進んで女性学講座を開設することにより、大学における女性学講座の成立を推進したこと、またカリキュラム創設時に、すでに試みられていた女性研究の実績がその素地を提供しえたことのもつ役割は、日本の女子大学の状況を考える上でも興味深いことである。

第四に、女性学講座の成立を支えた連邦政府の政策の重要性を指摘しなければならない。一九六〇年代から連邦政府は、女性の地位の向上と教育問題に対し様々な法的改革を施行してきた。一九六一年には「女性の地位に関する大統領特別委員会」が設置され、一九六三年には「男女平等賃金法」が発令された。また各省間や各州で「女性の地位委員会」が設置され、「男女平等憲法修正案」(Equal Rights Amendment：ERA)の批准が進められていく。一九六四年の公民権法第七条では、人種、宗教、出身国、性による就職の差別撤廃を定めた。これはまさに連邦政府が、女性も黒人や少数民族と同じく、差別されたマイノリティ・グループであるという発想に立って対策に乗り出したことを示している。この基本路線に立って、一九七二年には、アファーマティヴ・アクション(積極的差別撤廃)が性差別にも適用され、これにより公立大学では、公正な性比に達するまで女性教員を積極的に採用し、昇進させることが義務づけられた。こうしたことから、大学当局は女性を優先的に教員に採用し、性差別撤廃のための教育、即ち女性学講座の成立を推進していった。女性学講座の担い手である女性教員を学内に供給し、女性学講座成立を支える経済的援助を提供した、連邦政府の政策のもつこの役割は、非常に大きいものである。

また女性学講座は、類似した状況の中で開設された黒人学や少数民族学講座と比較してみても、短期間に急速な発展をなしえた。その要因は、黒人、少数民族の場合と異なり、すでに大学内に女性教員及び女子学生が存在していたことが考えられる(10)。女性学講座が提唱され始めた時、大学内で性差別を痛感していた女性教員の対応は早かった。また女子学生も学生運動における性差別を経験していた。女性教員、女子学生は女性解放の方向を検討するとともに、従来の大学のカリキュラムを批判し、女性の自己認識と解放のためのカリキュラムを創出していく運動を急速に進めていったのである。

以上述べてきた要因により、女性学講座は女性学関係コースの増加に加えて、一九六九〜七〇年には、まずカリフォルニア州立大学サンディエゴ校とコーネル大学においてプログラムとして設置されるに至った。もっともこのプログラムは学位につながるものではなかったが、一九七一年までには大学院レベルを含み、六一〇コース、一五プログラムに拡大した。そのうち五プログラムが学位を与え、また修士号を与える大学も現れてきたのである(11)。

2 成立期の性格

このような諸要因に支えられて成立した女性学講座は、当初いかなる意義、いかなる性格を形作っていたのであろうか。

女性学が women's studies という言葉にほぼ定着する以前、female studies, feminist studies などと呼ばれ、わずかに試みられていたとはいうものの、女性学講座はやはり無の状態から教員と学生が発展させていかねばならなかった。こうした試行錯誤の状況の中で、成立当初、主に次のような点がその目標として掲げられていたといえるであろう。

まず第一に、学生及び教員の意識変革（consciousness raising）が女性学講座の重要な目標であった。従来の固定化されたセクシズムの概念を打ち砕き、新しい男女関係の意識を形成していくことが課題とされたのである。女子学生・女性教員が、自分が女であるとはいかなることかを意識化し、自らが受けている差別や抑圧を、不可視なものから可視的なものへ転換していく必要があった。そのため講義だけではなく、個々人の自己洞察を重んじ、各自のライフ・ヒストリーや日記をもとに語り合い、討論することも試みられたのである。こうした女性学講座のもつ、一人ひとりの意識変革という教育的・啓蒙的な性格は、現在に至るまで重要な要素として継承されている。

また女性学講座の成立には、女性に関する情報の収集、研究の推進が不可欠であった。意識変革の過程で自己認識のための媒介、つまり教材が必要になる。そうした時、大学のカリキュラムは男性中心的な学問によって構成されていることに気付かざるをえなかった。なぜ歴史学のコースにはほとんど女性が登場しないのか、なぜ人間の発達を男性による偏った学問のみで考察するのか等々の諸々の疑問を解明するためにも、女性についての研究を進め、カリキュラムを創造していく他はなかったのである。女性学講座は、各学問分野に女性学のコースを開設すること、及び女性学として集中的なコースを開設することの二方面から進められた。まず各学問分野に「女性」に関するテーマを組み入れて男性中心的学問を是正することを試みたのである。例えば、文学では「文学における女性のイメージ」、社会学では「性役割の社会学」などのコースを組織した。さらに女性学としてコースを集中させたり、プログラムを組むことにより、女性研究の理論化、体系化を志向した。また女性についての研究と調査は、併行して進められ新しい分野を開拓していった。

こうして女性の視点による従来の大学のカリキュラムの編成に対する批判は、女性に関する研究を、女性学という学問分野として産み出した。そして既存の学問の是正という性格は、女性学それ自身の学問的体系化の方向を運命づけてもいたのである。

以上述べてきたように成立期の女性学講座は、意識変革と研究が一体となって進められた。女性解放運動という運動と深く結びついた形で、女性学という学問が成立してきたことは、成立期の女性学講座の大きな特色である。

3 女性学講座の展開

1 量的拡大と制度化の進展

女性学講座が高等教育の一部門として大学に成立してから約八年しか経過していない。しかしこの短期間に、女性学講座は急速な量的拡大と制度化の進展を遂げ、またその多様化と内容の変革を経験した。まずこの展開期の量的拡大の状況をいくつかの資料をもとに作成した表1をみてみよう。その著しさが如実に理解しうるであろう。

現在アメリカの大学は二〇〇〇余といわれているので、今ではほとんどの大学が何らかの形で女性学講座を開設していることになる。またコース数の増大はめざましいが、コースを集中させて女性学のプログラムを提供している大学の中には、学位の取得可能なものが増えている。この場合、女性学講座が副専攻科目（minor）としてではなく、主要専攻科目（major）として認められていることを示している。よってコースからプログラムへ、選択科目から副専攻科目へ、さらに主要専攻科目へといった質的な変化が伴ってきていることが指摘できる。また学士号だけでなく、修士号までも取得できる程、女性学講座の学内での位置づけが高まってきているのである。

次に女性学講座が設置されてからの受講（登録）学生数の推移をみてみよう。限られたデータではあるが(14)、二、三の大学の場合を紹介しよう。

大学の規模、学生数、女性学講座の学内での位置づけにより様々で、多少の増減はあるが全般的には、女性学講座の充実につれて受講する学生数は増加の傾向にある。また、女性学講座の単位取得者、学位取得者数も増加していることは一部の資料から窺うことができる。受講者の男女の割合は、一般に約九〇％が

表１　アメリカの大学における女性学講座の量的拡大状況

〈女性学講座のコース数、プログラム数、教員数及び開設大学数(12)〉

年	1969	1971	1974	1976
コース	110	610	4658	15000
プログラム	2	15	112	270
教員	－	500	2964	8500
大学	－	210	885	1500

〈学位取得可能な女性学講座のプログラム数(13)〉

学位名＼年		1974	1975 － 1976
学士号	(B.A.)	19	39
修士号	(M.A.)	5	11
博士号	(Ph.D.)	1	3
準学士号	(A.A.)	2	6
☆副専攻科目	(minor)	14	31

〈女性学講座受講学生数の推移〉

カリフォルニア大学ロスアンジェルス校

学期（年）	学生数
1969 － 70	175
1970 － 71	352
1971 － 72	514
1972 － 73	1112
1973 － 74	1447
1974 － 75	2078
1975 － 76	1822
1976 － 77	1341

インディアナ大学

学期（年）	学生数
1973 秋－ 74 春	380
1974 春－ 74 秋	550
1974 秋－ 75 春	690
1975 春－ 75 秋	1130
1975 秋－ 76 春	920
1976 春－ 76 秋	1175
1976 秋－ 77 春	1330
1977 春－ 77 秋	2076

ウィチタ州立大学

学期（年）	学生数
1971 秋－ 72 春	76
1972 春－ 72 秋	140
1972 秋－ 73 春	479
1973 春－ 73 秋	992
1973 秋－ 74 春	970
1974 春－ 74 秋	1219

女性であり、男性の数は少ない。だが、ウェズレアン大学などは男女比が二対三であり南フロリダ大学でも一対三である。女性学講座が女性解放運動の中から成立し、女性自身をその担い手として位置づけたため、女性の受講者が多いのは当然でもある。しかしながら、女性のみではなく男性の意識変革こそ目標とされ始めたため、女性学講座に男子学生の参加を呼びかけることがすでに課題となっている(15)。それは女性学が男性の解放をも視野に入れた理論及びカリキュラムを設けていくこととも繋がっている。

こうした量的拡大は、女性学が大学内でより強固な制度的基礎をえることによって可能となった。つまり大学内の既存の学問分野での女性に関するコースの開設、教師や学生のボランタリーな努力によるプログラムの積み上げといったなかば非公式な段階から、大学の正式予算に組み込まれ、事務部門が形成され、学内委員会がカリキュラムを編成し、大学要覧に掲載されるといった公式に制度化された段階への急速な移行が起ったのである。

このように大学内に正規の位置をえて前述のようなプログラムとして制度化された段階は、初期の段階と区別して女性学講座の第二段階と呼ばれている(16)。

2　多様化の諸相

展開期にある女性学講座の目的や性格は、当初のそれを発展させるとともに、様々な領域における進展により多様化の傾向を呈してきている。成立当初、まだそれ程明確化されていなかった女性学講座の意義や性格も、はっきり認識されるようになってきた。例えば、シンシナティ大学の女性学講座案内のパンフレットには次のように書かれている。

女性学とは女性の社会における役割と機能についての情報収集と理論の発展を目的とする学術研究である。女性学の存在は、過去における学問の発展の中で女性のものの見方や女性そのものが無視されてきたことを物語るものであり、顕著になってきた以下のような学術的必要に応えるものである。それは、男性とは別の女性についての経験的データの必要、女性についての古今の知識を十分に概念化するための理論の必要、女性のみに集中したコースを設けることにより、また女性学以外の他のコースの女性問題の適用範囲を増加させることにより、現存する学問体系における両性の提示のバランスを是正させる必要の三つである。結局女性学の到達目標は、われわれの世界観にフェミニストの哲学が組み込まれるべく、学術、政治、社会の分野において変革をもたらすことである(17)。

ここには、女性学講座をプログラムとしてまたは各学問分野にコースとして設置することの意義、及び女性学の研究を発展させることにより既存の学問体系を変革しうることの意義が明確にあげられている。女性学は現代の学問体系の変革につながるというこの観点は、展開期にある女性学の一つの強調点である。女性文化の再解釈、再発見と女性研究の理論化が進むにつれ、女性学のもつ学問的有効性が認識されるようになってきたのである。例えば女性史で修士号（M.A.）を与えているサラ・ローレンス大学も「女性史研究を推進することにより、歴史教育及び歴史学研究のために新たな理論、方法論を導入する」(18)ことになると述べている。

男性中心主義的なカリキュラムの是正から出発した女性学は、既存の学問体系の変革を必然的に促し、いまや女性学自身がアカデミズムの世界で発展することが期待されているといえよう。同時にこうした女性学による学問体系上の変革は、学問の方法論上の特質をもっている。ペンシルバニア大学女性学講座案内は、「女性についての歴史と現状を知る機会を提供する学際的（interdisciplinary）プログラムを組んでいる」(19)と述べている。この学際的アプローチという特質は、専門分化した既存の学問体系の批判を内包していた女性学講座のもつ方法であり、目標であるといえるのである。

また学生・教員の意識変革という点も、成立期から女性学の目標に掲げられ、よりその意義が明確化されるようになったことの一つである。成立期の女性学講座は、運動と研究が一体化して進められたことからも、この意識変革の役割は重視されていた。現在では、意識変革（consciousness raising）の他、感化する（sensitize）（カンザス大学）とか自覚化する（self-awareness）（サラ・ローレンス大学）といった言葉でその意図を表現し、なお重要な目的であることが明言されている。女性学講座の受講者の多くは、「他のコースよりも私達の人生により多大なインパクトを与えた」と述べている(20)。一方教員も女性学を講義することにより、自己の研究進路を変える程大きなインパクトを受けた、自分の研究の偏向に気付いたなどと述懐している(21)。このように、意識変革という面において女性学講座はすでに大きな成果をあげているが、今後もその役割は重視されることと思われる。

こうした成立期の目標及び意義の明確化とともに、女性学講座は多様な分野で促進され、その役割は広がりをみせている。その主たるものの一つは、再教育、継続教育の中での女性学講座である。大学における再教育、継続教育の中で女性学講座が位置づけられたのは、成立からまもない時期であったが(22)、現在ではより一層注目されている。一般に大学の再入学プログラムは、「家族の役割の変化につれて多くの女性達が自己の見直しを迫られている。（……）そうした女性達に自己の発達のための再教育の機会を提供することが目的」(23)で開設されている。女性学講座は、こうした再教育プログラムの中で、特に「女性の自覚と興味を鼓舞し、新しい職業や教育の目的を遂行できるようにする」(24)目的をもって設置されているのである。かつて高等教育を受けられなかった女性や子育てを終えた女性が、新たな人生を切り拓くために再び学び始める時、自己認識をえる場として女性学講座は重要な役割を担っているのである。

一方女性学講座は大学だけではなく、初等・中等学校に開設されるようになってきた。大学に入学する以前の段階から、性差別教育を是正し、幼少期から正しい性意識を育成することが試みられているのである。そして初等・中等学校の授業向けのテキスト、絵本、映画などの教材も作り出されている(25)。こうした場合何よりもまず初等・中等学校の現職教師達が自らの性意識を再検討し、子ども達に対し非差別教育を行いえるように再訓練されねばならない。

そのため現在では、初等・中等学校の教師を対象とした女性学の現職教育（women's studies in service education）が大学で行われ始めた。今後女性学の授業は、初等・中等学校だけではなく、大卒者対象の各種の専門学校でも行われることが目標とされているため、女性学の現職教育は一層必要性を増してきている。女性学は、こうした学校教育の分野での拡大とともに、刑務所における女性の更生教育やＹＷＣＡの成人教育にまで取り入れられており(26)、その対象がますます広範になりつつあることを示している。

さらに女性学講座の開設に伴い、大学の施設も再検討され改革が行われていった。図書館では、女性関係資料の収集に力を注ぐようになった(27)。また女性学を普及させるための組織、例えば女性センターや女性学の情報センターなども設立されている。一方学内だけでなく、大学間で女性学の連盟を組織し、ネットワークを広げていくことも進められている。出版関係では女性学の専門誌が刊行されるようになった(28)。

最後にこうした女性学講座の多様な広がりは、コミュニティとの関連において捉える必要があることを指摘しておこう。先に述べた大学での再教育プログラムは、コミュニティの要求を反映し設置されたものであり、女性学講座もその中で位置づけられていた。それゆえ大学の女性学講座は、週末の公開講座を行うなど、地域の女性が参加しやすいように特別の配慮がなされている。また地域の女性の要求に応え、大学の女性センターを地域住民が利用できるものにしたり、地域の女性運動と交流し、保育所設置運動を進めることなどが行われている。こうしたことから女性学の研究分野の一つとして、コミュニティの問題が大きな位置を占めるようになった点も見逃すことができない。

以上述べてきたように、展開期にみる女性学講座の特色は、大学を超えた多様な領域で発展しているといえよう。

3　カリキュラムの充実

成立期と比べると、女性学講座は形態的にも内容的にも充実してきている。カリキュラムの面では、プログラムとして提供されることにより、女性学の体系化が進んだ。女性学の教科書たりうる研究書も次々に刊行されている。女

表２　ニューヨーク州立大学オールド・ウエストヴァリー校の1978年春学期の女性学講座のカリキュラム

女性学入門	女性と法律
アイデンティティと表現	高等教育における女、男、マイノリティー
女性と男性の現代的問題	マルキシズムとフェミニズム
黒人女性文学	宗教における女性
文学における性、人種、階級	セクシズムの起源と機能
女性と職業	女性と文学の比較文化的研究
四つの労働組合	女性と健康
現代の女性運動	女性作家
女性と心理学	女性と芸術についての研究集会
アメリカにおける女性の教育：その過去と将来	奴隷制廃止と婦選運動
社会化と性役割	アファーマティヴ・アクションの研究集会
家族：危機にある制度	フェミニスト療法と精神衛生
小説の中の性の政治学	女性と心理学—セミナー
女性解放の文学	公立学校と性役割の固定化
自叙伝：自分自身の生活について書くこと	初等・中等学校の英語と語学のカリキュラムにおける女性
アメリカの社会構造	初等・中等学校の歴史と社会科のカリキュラムにおける女性
女性とメディア	フェミニストの思想と行動
児童文学の調査	女性と革命の文学と歴史
アメリカ女性社会史	文学における働く女性
黒人女性	中世及びルネッサンスにおける女性
アメリカの家族の歴史	女性学実習
経済における女性	
性と恋愛の歴史	

性学講座のカリキュラムはいずれも未開拓の分野であり興味深いものが多い。女性学の内容を知る上で参考になると思われるので、二例ほど紹介しよう。

一つは、女性学で学士号を提供しているニューヨーク州立大学オールド・ウエストヴァリー校の一九七八年春学期の女性学講座のカリキュラムである(29)（表2）。すでに女性学入門とともに、女性学の教師になるための教授法を教える女性学実習がカリキュラムに含まれている。このように女性学のカリキュラムはあらゆる分野における女性の視点の探究を試みているが、今後さらに研究が進められるべき領域としては、少数民族の女性の歴史と文化及び現状の研究があげられている(30)。

次にすでにその点を中心にしてコース制のプログラムを編成している、サン・ホセ州立大学の例を紹介しておこう(31)。

表3　サン・ホセ州立大学のプログラム（中心コースとその他のコース制）

〈中心コース〉
社会科学：性役割の前途
社会科学：女性についての研究
社会科学：性と権力の研究
社会科学：歴史的視点からみた黒人女性
社会科学：フェミニズムについてのセミナー

〈コース〉
アフリカ系アメリカ人研究：黒人女性
アフリカ系アメリカ人研究：黒人家族の社会学
人類学：比較文化的視点からみた女性
人類学：性と文化
アジア系アメリカ人研究：アジア系アメリカ人女性
商学：就職における機会均等
商学：女性の管理能力
教育学：セクシズムと教育
英語学：自叙伝—女性の声、女性の生涯—
英語学：フェリシズムとフェミニズム—ロレンスとレッシング
英語学：ビクトリア朝時代の小説の中の女性
英語学：女性にとっての創作
環境学：進化論的見地からみた女性
保健学：家族の健康セミナー
保健学：女性の健康問題
歴史学：アメリカ女性史
歴史学：アメリカ女性史セミナー
家政学：子どもの発達
家政学：家族と消費経済
家政学：中年期の発達
人文学：神話と女性
MAGS：チカナ（メキシコ系アメリカ人女性）
ニューカレッジ：職業選択についてのセミナー
ニューカレッジ：芸術の中の女性
ニューカレッジ：女性、狂人、革命、ヒュエリス（女性の創作研究集会）
ニューカレッジ：アメリカ女性社会史
ニューカレッジ：社会主義とフェミニズム
ニューカレッジ：刑務所における女性のプロジェクト
男性のための（女性のための）体育：柔道入門
女性のための体育：護身術
政治学：女性と政治
心理学：女性心理学
社会学：女らしさと男らしさの社会学
会話：現代の話法（主に女性用）
都市計画：郊外化と女性への影響

サン・ホセ州立大学は、社会科学に重点を置いた女性学のプログラムを組んでおり、女性学は副専攻科目である（表3）。同大学ではその他にも、自然科学における女性、女性とスポーツ、強姦研究、同性愛、コミュニティ参加の女性、アメリカの女性研究者、アメリカの手仕事の歴史などの他、東欧、ソ連、中国、日本、キブツなどの他国の女性の研究、及び男と男らしさ、男の社会学、男性解放概論などの男性研究をテーマにした科目があることが注目される。

以上は、女性学講座がプログラムとして提供され、学問的にも充実した内容をもっているカリキュラムの場合である。その他に、再教育の中に位置づけられた女性学のカリキュラムの例としてキャビリロ大学の場合を紹介しておこう（表4）。再教育のための女性

表4　キャビリロ大学のカリキュラム

英語学：大学レベルの読書法と随筆、レポートの書き方
歴史学：アメリカにおける女性（女性の役割とその変遷）
衛生学：女性の性（生物学・心理学・社会学からみた女性の性・行動）
カウンセリングとガイダンス：再教育女性のためのガイダンス
カウンセリングとガイダンス：インターパーソナルコミュニケーション（感受性訓練）

表5　卒業後の進路

教師（小学校から大学まで、女性学以外の科目）
大学院へ進学（女性学専攻）
Law School へ進学
カウンセラー
法律関係職
女性学の教師（小学校から大学まで）
女性学のコーディネイター
フェミニストヘルスセンター
女性センター
マスコミ関係
芸術関係
地域婦人会議
女性の地位の向上に関する委員会
消費者運動
強姦救援センター・反強姦団体
社会福祉関係
軍隊
医学関係

学は、女性に関するコースとして設立されている場合が多い。女性学の成果が啓蒙的、教育的側面から活用されており、カウンセリングやガイダンスに重きが置かれている。また再教育の目的の多くは再就職に置かれているため、今後職業選択や職業訓練を考慮に入れたカリキュラムが含まれることが望まれてもいる。

4　卒業後の進路

このように進展しつつある女性学講座の受講者及び学位取得者が、いかなる職業選択を行い、社会進出を果たしているかは関心のあるところである。しかしながら女性学講座が成立してから約八年しか経過しておらず、学位取得者にいたっては非常に少数である。従っていまだ職業進出における女性学の成果が把握できる資料はないが、先のアンケート調査資料(32)から卒業後の進路についてある程度把握することができる。一般的職業に進出しているものも少なくないが、女性の地位の向上のための改革が行われていることから、新たな社会的進出も行われている。進路の多かったものから順に提示すると表5のようになる。

これらのうち高位にある法律関係職には、女性のための法律相談、女性のための憲法改正運動、女性のための刑務所改革といった仕事がみられる。出版・マスコミ関係でも、女性学専門の出版社、フェミニストプレスの編集スタッフ、女性解放の新聞社の創設、女性学の専門書店に勤めるといった傾向がみられる。もちろん、女性の地位の向上のための委員会のような行政職への進出も行われている。女性学を学ぶことにより、過去、現在、未来にわたる女性に関する知識を充分に身につけた人材が、様々な分野で女性の解放に繋がる仕事に従事していることも少なくないことは、このような限られた資料からも知りうるであろう。

女性学専攻の学生の反応をみても、約八〇％の学生が、職業選択の影響を受けたといっている(33)。しかしながら一般にアメリカの大学の学位及びカリキュラムは、新しい職業分野が現れると設立されるのに対し(34)、女性学講座は、このような要請により設立されたものではないので、直ちに用意された職業があるわけではない。こうしたことから学生はダブルメジャー即ち主要専攻科目を二つ取ることでそれに対応してもいる。女性学と職業の結びつきの問題は、なお今後の重要な研究課題である。

4 結びにかえて

このように発展してきた大学の女性学講座は、大学の使命である研究と教育をその両面において再生させた。既存の学問体系の変革を促すとともに、未来の教育のための新しいパターンを発展させたのである。しかし制度化の進展それ自体や教育財政の全般的な窮迫という事態のもとで、一つの曲り角にきていることも事実である。ここで女性学講座の抱えている今日的問題点及び課題を整理し、結びにかえたい。

まずNational Advisory Council on Women's Educational Programs の報告書が指摘するように(35)、経済的問題を乗り切っていくことが重要な問題である。女性学講座が制度化されるとともに、専任教官や専門の行政官の人件費等を確保する安定した資金の獲得方法が現実的な問題となっているのである。

一方先に指摘したように、女性学で学位を取得した学生の職業進出が重要な問題点となっている。女性学のカリキュラムを職業と結びつけた視点で検討するとともに、女性と職業の問題を女性学の研究テーマとして進めていくことが早急に求められている。

また、そもそも女性解放運動の中から生まれ、運動と研究が一体となって発展してきた女性学が、その制度化につれて運動から遊離した純アカデミックなものになっていく傾向をみせていることに対する批判も生まれている(36)。こうした問題点は、女性学講座が大学の学科（department）として確立して置かれることを志向するか否かという問題と深く関連している。本来、既存の学問の偏向を是正する目的で成立し各学科内に設立されていった女性学のコースが、独立した「女性学」という学科を形成していくか、それとも各学科内に位置し、諸学問が女性学の成果を取り入れていくことによって女性学という学問分野そのものが、いわば発展解消する方向に進展するのかは、女性学の重大な転回点である(37)。

このように女性学講座は、一定の制度化を果たした第二段階から、さらに新しい課題のもとに立たされている。そして先にあげた課題とともに、今後の女性学は、地域との結びつきなど大学を超えた様々の領域に浸透して行き、ネットワークを拡大していく傾向が増してくるであろう。こうした傾向は、女性学の新しい展開の重要なキーポイントになるように思われるのである。

以上アメリカ諸大学における女性学講座の成立と展開を追ってきたが、女性学講座の今後の展開は、日本における女性問題、女性の大学教育を考える上で、重要な示唆を与えるものといえるのではないだろうか。

●註

1　樋口恵子「学習運動としてのアメリカのリブ」『人間のための教育4〈女性〉』日本放送出版協会、一九七三年では、Women's Studiesを「女学」と紹介している。賀谷恵美子・辺輝子「アメリカ諸大学の女性学講座」『婦人問題懇話会会報』

No.20. 一九七四年、二六～三三頁、平野貴子「アメリカの女子生涯教育」『教育社会学研究』No.29. 一九七四年、一六一～一七二頁は、「女性研究コース」と紹介している。

2 「女性学 スタート台に」『日本経済新聞』一九七七年一二月一二日付／「『女性学』元年」『読売新聞』一九七八年一月一四日付。

3 Florence Howe, *Seven Years Later : Women's Studies Program in 1976. : A Report of the National Advisory Council on Women's Educational Programs*, National Advisory Council on Women's Educational Programs, 1977, p.15.

4 お茶の水女子大学婦人問題プロジェクト研究会よりアメリカ諸大学の女性学講座開設校にアンケート調査及び資料提供を依頼した。その結果は、お茶の水女子大学婦人問題プロジェクト研究会編『婦人問題を中心とした一般教育科目の教育方法・教育内容の改善・充実のための実験的調査研究報告書』女性文化資料館、一九七八年三月にまとめられている。

5 例えば、E・H・アルトバック、田中寿美子他訳『アメリカ女性史』新潮社、一九七六年。

6 ベティ・フリーダン、三浦富美子訳『新しい女性の創造』増補版、大和書房、一九七七年、二六一頁。

7 Elaine Showalter and Carol Ohmann, (eds.), 'Teaching About Women, 1971,' in *Female Studies IV*, KNOW, 1971.

8 秋枝蕭子「転換期に立つアメリカ女子教育」『福岡女子大学 文芸と思想』第二七号、一九六五年。

9 Kate Millett, *Token Learning : A Study of Women's Higher Education in America*, NOW, 1968.

10 Tamar Berkowitz, et al. (eds.), *Who's Who and Where in Women's Studies*, Feminist Press, 1974.

11 Florence Howe and Carol Ahlum, 'Women's Studies and Social Change,' in Alice S. Rossi and Ann Calderwood, (eds.), *Academic Women on the Move*, Russell Sage Foundation, 1973, p.393.

12 前掲、Tamar Berkowitz, et al. (eds.), *Who's Who and Where in Women's Studies.* 前掲、Florence Howe, *Seven Years Later.* の一九七六年の統計は概数。

13 前掲、Tamar Berkowitz, et al. (eds.), *Who's Who and Where in Women's Studies.*／'Women's Studies Gain,' in *The Chronicle of Higher Education*, Vol.11. No.20, Feb.9, 1976.

14 お茶の水女子大学婦人問題プロジェクト研究会編『婦人問題を中心とした一般教育科目の教育方法・教育内容の改善・充実のための実験的調査研究報告書』による。

15 *Goals for Women's Studies Program*, Lower Columbia College, 1975.

16 前掲、Florence Howe, *Seven Years Later*, p.7.
17 *There's a Lot to Be Said for Women…*, University of Cincinnati, 1977.
18 *Master of Arts in Women's History*, Sarah Lawrence College.
19 *Women's Studies*, University of Pennsylvania.
20 前掲、Florence Howe, *Seven Years Later*, p.42.
21 前掲、Florence Howe, *Seven Years Later*, p.52.
22 前掲、平野貴子「アメリカの女子生涯教育」。
23 *Women's Re-entry Program*, Cabrillo College.
24 *Women's Program*, Edmonds Community College, 1977.
25 例えば、Laurie Olsen Johnson, (ed.), *Nonsexist Curricular Materials for Elementary Schools*, Feminist Press, 1974./Jacqueline Fralley, et al. (eds.), *High School Feminist Studies*, Feminist Press, 1976.
26 前掲、Florence Howe, *Seven Years Later*, p.15.
27 'Other Special Collections on Women in American Libraries,' in *Female Studies IV*, KNOW, p.54. オハイオ州立大学の女性学図書館は、女性学情報月報 *Women is Human* を発行している（The Office of Women's Studies）。
28 *Women's Studies Newsletter*, Feminist Press. 一九七二年秋創刊、*Signs : Journal of Women in Culture and Society*, The University of Chicago Press. 一九七五年秋創刊。
29 *Women's Studies Program*, State University of New York／College at Old Westbury, 1978.
30 前掲、Florence Howe, *Seven Years Later*, p.71.
31 *Women's Studies*, San José State University.
32 お茶の水女子大学婦人問題プロジェクト研究会編『婦人問題を中心とした一般教育科目の教育方法・教育内容の改善・充実のための実験的調査研究報告書』による。
33 前掲、Florence Howe, *Seven Years Later*, p.53.
34 P・ウッドリング、米盛裕二他訳『アメリカの大学——巨大化の苦悩』東京大学出版会、一九七一年。
35 前掲、Florence Howe, *Seven Years Later*, p.61.

36 水田宗子「女性学講座は現代の学問体系の革命である」『フェミニスト Japan』創刊号、牧神社、一九七七年。

37 前掲、Florence Howe and Carol Ahlum, 'Women's Studies and Social Change'.

◆2 アメリカにおける女性史料館

1 はじめに

'No documents, no history'――史料なきところに歴史なし。女性により女性について記された史料が保存され活用されなければ、歴史家達は、歴史から女性を欠落させ続けるであろう――

一九三〇年代にアメリカ女性史研究家メアリー・R・ビアード（Mary R. Beard）はこういって女性史料の収集を呼びかけた。そして女性史料収集の中心機関としてのワールドセンター（World Center for Women's Archives）の設立を提唱したのである(1)。当時支持する者も少なかったこの計画も程なくして実現された。一九四二年にはスミス大学ソフィア・スミス・コレクション女性史料館、一九四三年にはラドクリフ大学女性史料館が設立されたのである。当初ささやかな女性史料のコレクションとして出発したこれらの女性史料館も、今日では世界でも有数の研究史料館にまで成長し、ビアードの夢は現実のものとなりつつある。

アメリカの女性史料館のこうした発展の背景には、一九六〇年代の後半から活発化した女性解放運動と、女性学（women's studies）の成立と展開があった。女性学とは、女性を等閑視してきた従来の学問研究を是正するための、女性に関する学術研究である(2)。こうした女性学研究の発展は、より広範な形での女性史研究への関心を高め、そしてその研究の基礎となる史料収集の必要性への認識も高めたのであった。もちろん、女性学の隆盛は単に女性史への関心を高め、女性史料館の拡充のみをもたらしたわけではない。女性学は女性に関する学際的な研究を行うところから、その研究の基礎となる女性関係資料の収集は、様々な目的・分野によってなされており、そのための機関も生まれている。しかしそうした動向の中で、女性史料館への期待はますます高まってきている。それは女性史研究が、その研究の蓄積の面において女性学発展の重要な力となっており(3)、そして女性史料館は、その基盤ともいいうる位置にあるからである。

日本でも最近ようやく女性関係資料収集の必要性が認識され始め、そうした機関も設立され始めている(4)。しかしながら、そうした機関の性格や収集資料の分野などについては、まだ十分検討されているとはいい難い。

そこで本章では、アメリカ合衆国における女性関係資料の収集活動の状況を紹介し、その中から女性史料館の活動に焦点を置き、その成立と発展の歴史をみることにする。

2　アメリカにおける女性関係資料の収集

アメリカにおいて女性関係資料の収集活動が活発化したのは、一九六〇年代の女性解放運動と、その学問研究へのインパクト即ち女性学の成立が一要因となっている。女性学の研究と教育を推進するための基盤となる女性関係資料の収集が急速に進められ、またこうした資料が女性学の飛躍的な発展をもたらしたのである。大学においては女性学講座が次々に開講されたことから、資料収集に関する早急な対応が要求され、活動が活発化した。地域レベルでも、女性解放運動の高まりとともに設立された女性のための機関において、資料収集活動が推進されたのである。またこうした動向が生じる以前に着実に収集活動を続けていた機関も、さらにその活動が盛んになった。ここでは、こうした女性関係資料の収集機関の役割と特色を紹介し、その中で女性史料館の位置を明らかにしたい。

まず最近の女性問題への関心の高まりによって設立され始めたものに女性センター（women's center, women's resource center）がある。大学における女性センターは、主に学生が日常的に利用できる施設として設立されている。収集資料は、大学の女性学の授業で使用する図書や自己啓発のための入門書といった、女性学の基本的な文献が取り揃えられている。また各地域の女性の活動を伝える女性グループの機関誌、集会の広告なども置かれている。地域の女性センターも同様で、地域の女性が女性について学習するための図書、雑誌が収集されている。その他女性学情報センター（women's studies center）や女性会館（woman's building）における資料収集の内容もほぼ同様である。

また女性センターは、資料収集や閲覧だけではなく、カウンセリングや公開講座も行っている。カウンセリングの内容には女性の意識変革（consciousness raising）から、中絶・強姦といった実際的な問題に対する指導まで含まれている。公開講座や講演会のような催しも盛んであり、「レズビアンの女性達」とか、「今日のフランスにおける女性運動の政治学」等のテーマが取り上げられている(5)。多くの場合、専任の職員の他大学では学生アルバイト、地域の場合はボランティアによって運営されていることが多いようである。

このように女性センターの収集資料は女性についての一般的な図書や雑誌であるが、それより詳細な、より研究的な資料は大学図書館や公共図書館で収集している。大部分の大学図書館での収集活動は、女性学講座の開講に伴って盛んになった。それまであまりにも女性関係図書の収集が少なかったことへの反省から、最近ではほとんどの大学が研究・教育及び保存の意味で女性関係資料の収集に力を入れている。

このような女性センターや大学図書館等の女性資料は、いわゆる資料、即ちあらゆる分野の研究、判断の基礎となる材料としての目的で収集されているが、中には特に歴史研究に使う目的でコレクションを所蔵し、収集活動を行っている機関がある。こうした機関の収集活動は、女性解放運動や女性学が隆盛になる以前から着実に進められ、近年さらにその活動が活発化したものが多い。これらの機関が初期の女性学の成立を支え、その発展をもたらしたといいうるであろう。こうした機関には、一部の大学図書館、公共図書館、婦人団体図書室等のコレクションがあり、そして女性史料館がある(6)。

大学図書館、公共図書館、婦人団体の図書室ではその全体的な活動の一部分として、女性史料のコレクションの所蔵や特色ある収集活動を位置づけている例が多い。例えば公共図書館では、ボストン図書館、ニューヨーク図書館、そして米国議会図書館などが著名な女性達に関するコレクションを所蔵している。大学図書館では、スクリップス大学図書館のマクパーソン・コレクション、チュレーン大学のルドルフ・マタス医学図書館の医学における女性のコレクションは歴史的に価値のあるものである。またノースウェスタン大学図書館の女性解放文学資料、ベネット大学トマス・F・ホルゲイト図書館のアフロアメリカンの女性関係資料などは、特色ある収集資料であろう。また各地の大学ではその地域の女性の資料を収集している。例えばコネティカット大学では、コネティカットの女性について、ジョージア州立大学では、ジョージアの女性についての印刷物などが集められており、イリノイ大学シカゴサークルでは、シカゴのセツルメント運動家ジェーン・アダムス (Jane Addams) に関係するコレクションを所蔵している。このように女性運動家の史料が、ゆかりある大学図書館に寄贈されている場合も多い(7)。

婦人団体の図書室には、その活動の歴史の記録、関係人物についての史料が保存されている。例えばThe National Women's Party や The National Women's Christian Temperance Union の図書室の史料は、貴重なものである。

こうした機関があくまでもその活動の一部として女性史料の収集・所蔵を行っているのに対し、女性に関する史料を総合的に収集する専門機関として位置づけられているのが女性史料館である。女性史料館は、女性の歴史研究のための史料を収集・整理し、研究に供する目的で設立されており、その活動内容や収集史料の種類や内容においても充実している。そうした機関には、カリフォルニア大学バークレイ校の女性史研究中央図書館 (Women's History Research Center Library) もあるが、本章では、その歴史と収集史料の豊富さにおいて比類ない存在となっている、ラドクリフ大学シュレジンガー・アメリカ女性史料館とスミス大学ソフィア・スミス・コレクション女性史料館を紹介する。なぜならば、この二つの女性史料館は、いままでの女性学・女性史の発展を支える大きな役割を担ってきたし(8)、さらに今後の女性史研究の発展を導く重要な役割を果たすと思われるからである(9)。

3 ラドクリフ大学シュレジンガー・アメリカ女性史料館

The Arthur and Elizabeth Schlesinger Library on the History of Women in America, Radcliffe College(10)

1 沿革と組織

ラドクリフ大学シュレジンガー・アメリカ女性史料館は、一九四三年ラドクリフ大学女性史料館（Women's Archives, Radcliffe College）として設立された。史料館創設の直接的な動機は、M・W・パーク（Maud Wood Park）がアメリカ女性の権利運動の史料をラドクリフ大学に寄贈したことにあった。パークは、ラドクリフ大学の卒業生で、アメリカ婦人有権者同盟の初代会長であったが、彼女の収集した約八〇年にわたる女性の権利運動に関する史料を寄贈したのである(11)。この寄贈史料を中心にラドクリフ大学女性史料館はその活動を開始した。一九四四年には女性史料館の設立を熱望していた女性史研究家ビアード他幾人かの人々によって、様々な女性史の文書史料などが寄贈された。

このように史料収集は順調なすべり出しをみせていたが、一方で、当時のラドクリフ大学長W・K・ジョーダン（Wilbur K. Jordan）は、女性史料館の運営と史料収集調査においてスタッフを援助する組織を整えた。大学のメンバーからなる諮問委員会（Advisory Board of Women's Archives）を設置し、その委員長に著名な歴史学者であるアーサー・M・シュレジンガー（Arthur M. Schlesinger）ハーバード大学教授を任命した。またアメリカ各地の女性問題に造詣の深い研究者をそのメンバーとする全米顧問委員会（Board of National Consultants）を置き、広くその協力を求めた。創設期の女性史料館は、学長をはじめとする大学の熱意と、全米の女性問題研究者の様々な助力によって支えられたのである。特にシュレジンガーは、早くからアメリカ史の中の女性の役割についての研究の重要性を指摘していた(12)。それゆえ彼は、歴史家がいままで女性を欠落させてきたことを是正するために女性史料を収集し、開かれた研究の源泉とするべく女性史料館の建設に打ち込んだのである。初期の女性史料館のパンフレットには、女性研究の提唱と女性史料館の重要性が意気高く述べられている(13)。しかしながら一九四九年の来館者名簿には、六名の研究者の名前がみられるにすぎなかった(14)。専任のスタッフも館長とアーカイヴィスト（文書係）の二名であったが、まずは財政上の基盤と史料の充実をはかるべく、地道な活動を行っていた。

その後一九六〇年頃になると、アメリカの女性解放運動が台頭し始め、一方連邦政府による女性の地位の向上と教育の法的改革も施行され始めた。そして女性史料館の存在意義を認識する人々も徐々にふえ(15)、また研究者も女性の役割や問題点の解明に新たな重要性を見出していた。

収集史料の範囲は、設立から数年のうちに女性の権利運動の分野だけではなく、より広範な女性の活動を含むものになっていた。一九六二年頃には、アメリカ女性解放史上著名な活動家の手紙や日記、その家族の史料など約一六〇点が寄贈され、一九六三年にも一五五点が寄贈されている。またシュレジンガー自身も、一八一一年以降の歴史的価値の高い一一八冊のエチケットブック等を寄贈し、それは女性社会史、女性生活史の分野での中心史料となった。

一九六五年、ラドクリフ大学女性史料館は、ラドクリフ大学シュレジンガー・アメリカ女性史料館と改称した。それは同年のアーサー・シュレジンガーの死に際し、女性史料館の建設に大きな役割を果たした、彼と彼の妻エリザベス・シュレジンガーの栄誉を称えてのことであった。The Arthur and Elizabeth Schlesinger Library on the History of Women in America の名称が示すように、この時からアメリカの女性の歴史についての研究図書館として、その性格が明確化された。

一九六七年には、同史料館は史料があふれんばかりになったバヤリーホールから、元の大学図書館の建物に移転した。一九六〇年に設立された女性研究者の研究所である Radcliffe Institute for Independent Study（現在 Bunting Institute）も同じ建物の中にあり、現在に至っている。スペースがえられたので、写真や肖像画の展示も可能となった。移転に伴ってスタッフも五人に増員され、来館者の便宜を一層はかれるようになったことも大きな変化であった。一九六八年から一九七〇年の年報には、アメリカの女性解放運動がすでに女性史料館に影響を与え始めたことが述べられているが、具体的に大きく作用し始めるのは、一九七〇年代に入ってからである。

一九七〇年代に入ると、女性解放運動の影響は、多方面にわたって大きな変化が現れてくる。大学においては、「歴史の中の女性の役割」といったテーマの講義が続々と開講され、女性研究が急速な進展をみせ始める。女性をテーマにした著作も次々に出版され、マスコミでも女性に関するプログラムを数多く企画するようになった。同史料館は、こうした動きに対応して、色々な協力を行っている。また来館者も年々著しく増加した。一九七二～七三年には三三三人であったが、一九七三～七四年には四四〇人以上を記録している。さらに一九七五～七六年には八一〇人、一九七六～七七年は三二〇〇人、一九七七～七八年には三九〇〇人となっている。これは来館者記録簿の署名数だけなので、その他の問い合わせ等をも考えると、同史料館への需要の高さが理解できよう。

こうした傾向を反映して、同史料館の収集史料の範囲にも変化が生じてきた。いままでの女性史研究の中心テーマであった、婦人参政権や女性の権利運動、傑出した職業婦人の伝記などの史料だけではなく、徐々に芸術や音楽、それに一九六〇年代後半には出現してきたフェミニスト文学等、いままでそれほど注目されなかった女性の様々な活動分野の史料等、収集史料の範囲を一段と拡大する必要が生じてきたのである。同女性史料館の図書主事は、こうした収集方針は、より大きな視点に立った「女性史」の史料であり、女性解放運動や女性学の発展が、従来の女性史の研究対象を広げることを可能にしたと述べている(16)。また収集史料の量的拡大も著しく、文書史料の寄贈も増加しているが、単行本の購入冊数も、一九七六～七七年度は前年度と比して約四〇％増となっている。定期刊行物の収集も、設立時は二五種類であったが、一九七九年には三〇〇余種類となった。

こうした収集史料の拡大と同時に、同史料館は、各種の助成金をえて、多くの新しいプロジェクトを始め、その活動を多様な形で進めていく。まず、ロックフェラー財団の助成金を受けて手書き史料のカタログ作成が本格的に進められ、一九七三年には、G. K. Hall 出版からシュレジンガー・アメリカ女性史料館所蔵史料カタログ *The Manuscript Inventories and the Catalogs of the Manuscripts, Books and Pictures* が全三巻として刊行された。また Research Publications 出版により、一九二〇年以前の貴重な所蔵史料のマイクロフィルムの作成が進められていたが、これは一九七九年に他の大学等の女性史料のコレクションを含めて *History of Women* という膨大なマイクロフィルム史料集成として刊行された(17)。その他「婦人労働組合とその主要な指導者達」(*Papers of the Women's Trade Union League and Its Principal Leaders*)の史料のマイクロフィルム作成が全米人文科学基金(The National Endowment for the Humanities：NEH)と全米歴史出版記録委員会(The National Historical Publications and Records Commission)の援助により実現した。またNEHの助成による史料保存のプロジェクトの一部として、古くて傷みやすく、かつ使用頻度の高い手書き史料のコレクションのマイクロフィルム化も進めている。NEHとフェミニストプレスとの協力においては、売春婦(Maimie)の文書 *The Maimie Papers* が出版されている。

こうした史料保存、史料公開のプロジェクトの他に、一九七三年からもう一つ重要な特別プロジェクトが開始された。これはロックフェラー財団の助成金によるものであるが、口述史(Oral History)のプロジェクトである。この口述史の研究は、産児制限運動などの様々な女性の活動分野でのリーダー達にインタビューを行い、文書史料の弱点を補う形で進められた。一九七六年には、地域や各種の職業の分野で貢献した年配の黒人女性のインタビューを始め、現在でも継続して行われている。その他のプロジェクトとしては、ラドクリフ研究所とともに、「教育を受けた女性の役割の変化について」と題する会議の開催や、公開講座も数多く主催している。また、研究史料の収集も充実し、それを国内の研究者に広く利用できるように女性学のカリキュラム作成のための研究も行っている。

このように最近の同史料館の活動は、購入・寄贈史料の拡大、口述史のプロジェクト、研究史料のマイクロフィルム化、貴重文書の出版、カタログの作成、女性問題の会議やレセプションの主催、公開講演会や研究会の開催等とめざましいものがある。現在こうした活動の財政的基盤は、様々な財団や連邦政府からの助成金、フレンド（後援者）からの寄付、大学の予算によって成り立っている。また同館は、一般公開されており、使用料は無料である。先述したように利用者は増加しているが、スタッフも増員された。一九七二〜七四年には七人、一九七四〜七六年には一三人、一九七六〜七八年には一四人となった。その構成員は、館長（Director）、事務官（Secretary）、口述史プロジェクト事務官（Oral History Project Secretary）、図書主事（Curator of Printed Books）、受付（Receptionist）、口述史プロジェクトコーディネーター（Oral History Project Coordinator）、文書係助手（Archival Assistant）、史料館助手（Library Assistant）、手書き史料主事（Curator of Manuscripts）、館長助手（Assistant to the Director）各一名、文書係（Archivist）四名である。スタッフの日常業務を援助する機構として諮問委員会と全米顧問委員会がその運営にあたっているのは、設立の時から変わらない。

以上みてきたように、シュレジンガー・アメリカ女性史料館は、設立以来アメリカ女性史研究の史料を収集する専門機関としての役割を担ってきた。そして近年の女性解放運動や女性学の進展による利用者の期待は、同史料館がボストンの中心にあるという地理的条件も加わって、より一層その高まりをみせている。そして同史料館は、こうした期待に応える形でその活動を発展させているのである。

2　収集史料の特色(18)

女性に関する史料を収集することを目的とする時、その収集の範囲をどのように確定するかが問題になる。それは各国の女性の歴史により異なる点も多いと思われるし、また共通した問題点も存在すると考えられるからである。本章では先にあげたアメリカの二つの女性史料館の収集史料を紹介することにより、女性史料収集のフレームワークを形成する手掛りとしたい。

まずシュレジンガー・アメリカ女性史料館の収集史料を紹介する。同史料館の収集範囲は一八〇〇年代から現代に至るアメリカの女性を中心としている。収集史料の種類には、単行本、定期刊行物、手書き文書、議事録、手紙、日記、パンフレット、マイクロフィルムなどの他、テープ、写真、肖像画、ポスターなどもある。手書き史料類は寄贈されることが多いが、単行本、定期刊行物は購入している。以下、主要な史料を分野に分けて紹介する。

a　婦人参政権・婦人の権利

この分野は、著名な活動家が多く、従来の女性史研究でもその中心を占めてきた。同史料館でも貴重な史料が多く収集されているが、婦人参政権運動の指導者で、一九七九年六月に女性で初めてアメリカの硬貨（一ドル）の肖像となったSusan B. Anthonyの手書き史料などが充実している。またアメリカ各地の婦人参政権運動の記録、及び婦人運動グループの機関紙、Elizabeth C. Stantonの*The Revolution*、Amelia Bloomerの*The Lily*などが揃っている。女性の政治組織ではThe League of Women Voters of Massachusettsの史料がまとまっている。

b　社会改革

一九世紀からの女性による社会改革運動の史料が、収集されている。例えば、奴隷制反対運動のMaria Weston Chapman、黒人学校教師で奴隷制廃止論者のPrudence Crandall、『アンクルトムの小屋』の著者Harriet Beecher Stoweの文書史料などがある。ソーシャルワークでは、シカゴハル－ハウスの設立者Jane Addames文書、収容所改革者Miriam Van Watersのものがある。またセツルメントハウスの記録や社会福祉、家族福祉の分野で貢献した女性の史料が収集されている。

c　職業

女性で初めての飛行家Amelia M. Earhartの文書など、様々な職業における女性の先駆者達の史料、また各々の職業分野で大きな役割を果たした女性達の史料が収集されている。

d　宗教

女性の牧師、宣教師、慈善団体等の史料がある。最初の女性牧師 Antoinette B. Blackwell や Olympia Brown の史料が収集されている。

e　教育

女子教育関係の図書などに貴重なものが多い。文書史料では、女子教育改革者 Catharine E. Beecher、ラドクリフ大学創設者 Elizabeth C. Agassiz、一八八二年創設の Association of Collegiate Alumnae の記録もみられる。その他、女子教育の学校のみではなく共学の女子学生の史料も収集している。ラドクリフ大学自身の史料や卒業生に関する史料も収集されている。

f　労働

この分野も初期からの女性史研究の対象となっているので、史料も揃っている。なかでも The Women's Trade Union League、及びその組織者 Lenora O'Reilly の文書が充実している。

g　医学

女医、看護婦、保健衛生、産児制限、性教育などに関する女性の活動の史料、一九世紀からの結婚の手引き書、赤十字関係の史料などが収集されている。

h　行政

婦人国会議員の Barbara Mikulski や Jeannette P. Rankin 等の文書史料が収集されており、その他歴代大統領夫人の記録、労働省婦人局や児童福祉官など、国や州レベルでの行政にたずさわった女性の史料が集められている。

i　芸術・文学

この分野の史料は比較的少ないといわれるが、それでも一九世紀からのアメリカの女優、彫刻家、作家、音楽家、デザイナー、画家などの史料が収集されている。また女性解放運動の中から出現したフェミニスト文学も集められ始めた。

j　婦人組織

一九世紀の初め頃からの宗教、政治、社会、文化、博愛、職業などにまたがる五〇以上のグループの文書史料が収集されている。社交クラブ的色彩の強いものから、社会改革をめざす婦人団体まで様々な性格の婦人組織を含んでいる。例えば、ボストンの老黒人女性クラブやニューイングランドの女性クラブ、地域サービスや消費者連盟、及び職業婦人の同盟等があり、文書史料もよく収集されている。これらの組織のうち現在も活動中のものは、継続して刊行史料を収集している。

また、一九六〇年代以降の女性解放運動の中で創立されたグループの史料は、かなり力を入れて収集している。例えば全米女性組織（National Organization for Women）や各地方のアンダーグラウンドの新聞やレポートなども収集され、今後の研究の史料とされている。

k　現代の女性解放運動

前述の女性解放グループの史料の他、近年の女性解放運動に関するあらゆる史料が収集されている。女性解放運動の著作・新聞・パンフレット・テレビの台本の他、国際婦人年や性差別反対運動の記録も含まれている。また、ベティ・フリーダン（Betty Friedan）が所蔵していた女性解放運動関係史料が寄贈されている。

l　家事労働・家政史

この分野の女性史研究は、いままでその対象となる機会が少なかった。現在では、女性史研究の中でも特に社会史的研究が取り上げられるようになっている(19)。

同史料館は、アーサー・シュレジンガーをはじめ女性史研究を提唱した人々が、社会史の観点から女性の役割の研究を重視していたこともあり、初期からこの分野の貴重な史料を収集していた。例えば一八世紀から現在までの料理の本のコレクション、一八一一年からのエチケットブックのコレクション、その他母性・家庭・育児に関する多数の本やハウジングのための家庭雑誌のコレクションは、家庭生活の具体的な歴史を伝える史料となっている。料理の本のコレクションには、一八世紀から一九世紀のフランス料理の本、Julia Child の文書、M.F.K. Fisher の文書があり、食事の用意や調理法、食卓での慣習、家庭経営の方法などの社会慣習に関する豊かな情報が提供されている。その他幼児の世話の仕方、洗濯や掃除、病人の看護など、女性の生活に関わる詳細な情報を提供する史料となっている。また、菜食主義者の歴史的分析や戦時の欠乏と配給に対する主婦の対応などについても、知ることができる。最近収集した史料には、自然食品と生活協同への女性の参加が示されている。

m　日々の生活

この分野もまた、女性社会史の貴重な史料として収集されている。有名、無名の女性の手紙や日記などの文書史料が中心で、個々人の文書の場合もあるが、多くは数世代にわたる女性のまたは男性の手紙や日記であり、家族・一族（Family）のコレクションとして収集されていることが多い。著名な女性達の手紙では、Harriet Beecher Stowe と Catharine E. Beecher のものなどが興味深い。

また一族の文書の中には、一九世紀から二〇世紀にかけてのニューイングランドの家族の仕事や苦労を伝える Cabot Family 文書がある。その他、家族が代々記録し続けた日記や当時の往復書簡などは、一般の女性の生活や体験、当時の状況や暮し向きを伝える史料となっている。

n　定期刊行物

前述したように現在では三〇〇余種類の定期刊行物を収集している。その中には、過去の雑誌や新聞、現代のフェミニストグループの機関紙、家庭雑誌、女性学研究誌などがある。

近年、助成金を受けて特別に収集している分野には、〈女性と人口〉、〈アメリカ女性のキャリアと家族パターン〉がある。また産児制限運動や黒人女性の口述史がテープ史料として保存されている。黒人女性の口述史はかなり大規模なものであり、様々な分野で活躍した七〇歳以上の黒人女性五〇人以上を対象として選択し、主に一九三〇〜五〇年の活動を中心に、その背景、教育、雇用、市民運動、境遇等々についての観点で史料がまとめられている。

4　スミス大学ソフィア・スミス・コレクション女性史料館
The Sophia Smith Collection Women's History Archive, Smith College

1　沿革と組織(20)

ソフィア・スミス・コレクション女性史料館は、一九四二年に設立された、アメリカで最も古い女性の歴史の文書館である。

スミス大学は、一八七五年に創立された。一八〇〇年頃からの女子高等教育要求の高まりに応えて生まれた、アメリカ東部私立女子大学の一つである。スミス大学の創立者ソフィア・スミスは、充分な教育を受けた女性は、社会の悪の改革を促進することが可能であると信じ、若い女性に男性と同等の知的な教育機会を与えるためにスミス大学を創立したといわれる(21)。彼女は、女性達が教師として、作家として、母として、社会の一員として、各々の生き方で社会に対応することを望んだ。同史料館は、創立者ソフィア・スミスのこうした意図を汲み、その名にちなんで命名された。そしてこのすぐれた研究的な女性史料館は、女性の様々な活動や教育の成果の明白な証拠となりうる史料を、歴史のあらゆる面にわたって収集することをその目的として設立されたのである。

同史料館の現在に至るまでの収集活動の着実な歩みは、現在の所蔵史料がそれを物語っている。収集史料の中心は、史料的な価値の高い文書史料であるが、もちろん単行本や雑誌等の刊行史料も収集している。収集史料の範囲は、アメリカのみならず、世界各国の、各時代、名分野にわたる女性の活動の記録とされている。その史料の膨大さは、現在のスタッフでは整理に数十年以上かかるといわれる量の史料が倉庫に積み上げられていることからも窺い知ることができる。だが、すでに膨大な量の文書史料が、女性思想史・女性社会史の研究史料として、非常に有効な形で整理されている。この史料的価値のある文書史料の収集と、それが研究に活用されうる形にされていることが、この史料館の存在を比類ないものにしているのである。

主要な活動は、こうした史料の収集・整理であるが、同史料館が展示史料の提供や展示会の後援を求められることも多い。また同史料館主催の展示会や公開レセプション、講演会も開催している。一例を紹介すれば、一九七九年一一月一三日、一四日にマーガレット・サンガー生誕百年を記念しての The Margaret Sanger Centennial Conference を主催している。そこでは、サンガー夫人についてのフィルム "The Woman Rebel" の放映や、公開レセプション「産児制限のための戦い」、パネルディスカッション「人口計画の政治学」、「性教育」、講演「生殖の自由と法律」等々のテーマで、各界の専門家を招いて開催している。こうした催しは、一九七五年の国際婦人年には多数開催され、同史料館は多忙をきわめたといわれる。現在もこうした活動への協力を行っている。

出版活動としては、ソフィア・スミス・コレクション女性史料館の所蔵史料の概要を伝えるカタログ *Catalog of the Sophia Smith Collection Women's History Archive* が一九七一年に刊行され、一九七六年には改版された。また写真史料カタログ *Picture Catalog of the Sophia Smith Collection* も一九七二年に刊行されている。そして一九七五年には、やはり G. K. Hall 出版から全七巻にのぼる所蔵史料カタログ *Catalogs of the Sophia Smith Collection, Women's History Archive* が刊行された。この他、研究や教育のガイダンスとして、所蔵史料の紹介パンフレットが作成されている。それは The Civil War, Suffrage, Women in the Medical Field, The Performing Art といった分野ごとに関係史料が紹介されているもので、よい手引になっている。

現在同史料館は、スミス大学総合図書館ウィリアム・アラン・ネルソン図書館の中に置かれており、スペースや検索の都合上、互いに連携しているが、組織的には図書館とは別の大学の付属施設である。現在建物を建設中であり、近々移転することになっている。一般公開されているので、成人の来館者はすべて無料で利用できる。また特別な研究上の申し込みは、限られた範囲ではあるが、手紙でレファレンスを行っている。史料のコピーは、許可された史料に限り、しかも写真複写のみが許されている。写真史料のリプリントは、料金を支払えば可能である。利用者は、学内外の研究者・学生がほとんどで、ボストンから一〇〇マイル離れたノーサンプトンに位置するにもかかわらず、最近では、一年間に平均一二〇〇人位である。

スタッフは、一九七六年の段階では六名であり、館長（Director）、主事（Curator）、研究員（Research Associate）、運営助手（Administrative Assistant）が各一名、研究助手（Research Assistant）が二名である。財政上の基盤は、大学からの予算と卒業生の寄付等により支えられており、カタログ刊行などの場合は、財団からの助成金を受けている。

このようにソフィア・スミス・コレクション女性史料館は、設立時から、女性思想史・女性社会史の研究史料となりうる、各国の女性の活動に関する史料を収集してきた。それも文書史料を中心とした女性史の文書館としての史料収集活動をしてきた。シュレジンガー・アメリカ女性史料館のような多様なプロジェクトを行ってはいないが、貴重な史料を収集し、整理し、女性史研究を発展させるための基本的な役割を果たしてきた。女性解放運動や女性学の進展により確かに活動が多様化したとはいえ、文書史料の収集・整理を中心とし、研究に供するカタログの作成といった基本的な活動は設立以来一貫して進められている。こうした活動が今日の同史料館の存在を大きなものにしており、同館の役割は、収集史料の内容を紹介することでも理解できよう。

2　収集史料の特色(22)

一七九〇年頃から現代に至るまでの女性史の史料が収集されている。アメリカが中心であるが、全世界の女性の活動を明らかにするための史料が収集されている。

収集史料の種類は、文書史料が圧倒的に多く、その他図書、定期刊行物、写真などがある。文書史料には、手稿、日記、手紙、覚え書、講演記録、レポート、パンフレット等があり、個々人の女性やその家族ごとにファイルに収められ、一二〇種類位に分類されている。また国内外の婦人組織の文書史料も収集されており、国際的婦人組織は一五団体、国内の婦人組織は二四団体がその関係史料ごとに収められている。定期刊行物には、アメリカ及び世界各国のものが、約四〇〇種類収集されている。写真や肖像画等の図像史料にも貴重なものが多く、またポスターや旗、プラカードといった物品資料も撮影して写真史料として保存している。次に多岐にわたる収集史料を紹介する。

a　家族・一族

この分野は、膨大な文書史料が収集・整理されていて、女性社会史等の研究にとっては、非常に価値のある史料となっている。

Ames Family、Garrison Family、Hale Family などの文書は、一八〇〇年代から現代に至るまで、アメリカの主要な改革運動に参画し、様々な活動を行った人々を輩出している一族の史料である。Peabody Family 文書は、「教養のある」一九世紀セイラム、ボストンの淑女達の史料であり、Upton Family 文書は、職業婦人や大学の女性達に関する史料となっている。その他、一八世紀頃からの農民、教師、銀行員、実業家などの日々の生活を伝える Grant Family 文書などもある。

b　産児制限・性改革

産児制限、家族計画、性教育、結婚と離婚の性科学などにおける運動家、理論家の文書史学や著作が収集されている。

国際的な産児制限運動の指導者マーガレット・サンガー関係史料などには、一九九冊の日記帳、一四五リールのマイクロフィルム、一六六冊の図書の他多数の手稿、覚え書、演説の記録、パンフレット、往復書簡、切り抜きなどの史料が収集されており、すぐれたコレクションとなっている。また、Birth Control Clinical Research Bureau などの関係組織団体の記録や、産児制限運動だけでも約八〇種類の定期刊行物が収集されている。

c　公民権

婦人の権利運動だけではなく、公民権運動全般にわたる女性史料を収集している。ネイティヴ・アメリカンや黒人の法的権利、囚人達の復権の問題、保育やセツルメント等の保障についての関係史料が多い。公民権運動の指導者Alice Mayer Stetten や黒人運動の指導者の一人として Angela Davis の文書史料がある。

d　南北戦争

南北戦争時の看護婦で、アメリカ赤十字の設立者でもある Clara Barton の文書史料、奴隷制反対運動家や文学者達の活動の記録、及び奴隷の生活や戦闘下での女性の生活を伝える史料も収集されている。

e　教育

国内外の女性の教育に関して大きな役割を果たした人々の文書、女子教育機関の記録や女子教育運動団体の機関誌など豊富な史料がある。その内容は多岐にわたり、婦人教師、女子体育、家政学、女子高等教育、黒人・少数民族の女性の教育、労働者教育、女性研究者、女性学、教育平等法（Women's Educational Equity Act, 1973）等々に関係する史料が収集されている。

f　行政

連邦政府、各州レベルでの行政にたずさわった女性の史料、及び行政における女性の問題についての史料が収集されている。外交官 Jean Picker の文書史料や、英国及び西欧諸国における議会での女性の活動についての史料も収集されてある。

g　人文科学・芸術

〈美術・建築〉　女性の画家・建築家の史料、美術評論家のスクラップブック、Maud H. Elliott の著書 *Art and Handicraft in the Woman's Building of the World's Columbian Exposition*（1893）、そして最近の女性解放運動の中の定期刊行物 *Feminist Art Journal* 等も所蔵している。

〈ダンス〉　ダンスリサイタリストで舞踊振付師で著述家でもある Agnes de Mille の文書史料、刊行史料が主要なものである。

〈ジャーナリズム〉　Sarah Josepha Hale のような女性記者のキャリアの記録や、職業としてのジャーナリズムに関する女性の史料がある。

〈文学〉　Louisa M. Alcott、Charlotte Brontë、Frances Carpenter Huntington、Sylvia Plath など、女性の作家、翻訳家、児童文学者、編集者の個人の文書史料、及びそれに関する刊行史料が収集されている。女性と文学についての定期刊行物には、一七八四年刊行の *The Lady's Magazine* から現在刊行中の *Women and Literature* などまで一六種類ある。

〈音楽〉　音楽学者 Sophie L. Drinker、オペラシンガー Zelie DeLussan、盲人の音楽教育専門家である Eleanor W. Thayer、歌手 Marian Anderson 等の文書史料、刊行史料が収集されている。また女性のロックバンドの史料もある。

〈ラジオ・テレビ〉「アメリカを建設した女性」や「勇敢なアメリカ女性」というラジオシリーズのプログラム監修者であった Eva Hansl の史料やメディアにおける女性についての色々な史料を収集している。

〈彫刻〉　彫刻家 Nancy Cox-McCormack Cushman、Alice Morgan Wright の文書史料、その他女性と彫刻に関する史料が収集されている。

〈演劇〉　女優 Eva Le Gallienne、Clara Morris、劇作家 Abby S. Merchant のノート、プログラム、切り抜き等の文書史料や写真、最近のフェミニスト演劇などの史料が収集されている。

h　工業・労働

労働法の主唱者で宗教作家かつシカゴハル－ハウスの共同設立者 Ellen Gates Starr や産業社会学者で社会労働法、国際平和、婦人の権利等の主唱者であった Mary van Kleeck の史料は、その活動の範囲の広さを示す興味深いものである。その他アメリカの労働福祉一般、各国の婦人労働問題に関する史料や労働省婦人局、婦人労働組合組織の史料も収集されている。

i　世界の女性

国際的に活躍した女性達の史料、国際的な婦人団体の活動の記録や機関誌、世界の女性の地位と役割を記録するレポート、統計資料などが収集されている。またアメリカ、メキシコ、ヨーロッパ諸国、インド、韓国、日本、オーストラリア、アメリカなどの女性に関する定期刊行物は約七〇種類集められている。

j　平和

フィリピンの平和部隊の志願者 Jane Sommer の手紙や日々の生活・仕事の内容についての史料の他、平和運動に参画した女性達の史料がある。また国際婦人平和組織やアメリカ婦人平和運動団体の記録や、「ベトナムにおけるアメリカの戦闘を停止させるための女性の努力」に関する史料も保存されている。

k　職業

〈法律〉法律家で裁判官の Florence E. Allen、治安判事で矯正教育の専門家 Anna M. Kross、法律家でニューヨーク州の上院議員の Constance B. Motley などの史料、及び女性と法律についての史料となる裁判所の記録、女性の法的地位に関する論文や雑誌等も収集している。

〈医学〉病院、看護婦、女医、公衆衛生、医学校に関する史料を収集している。病理学者 Dorothy M. Mendenhall、公衆衛生の専門家で生物組織の医学的研究で知られる Florence R. Sabin、アメリカの女医第1号 Elizabeth Blackwell、女性で初めてのハーバード大学教官で毒物学者 Alice Hamilton などの史料にまとまったものがある。

〈宣教活動〉日本への宣教師 Azalia E. Peet、シリアやトルコにおける宗教教育者 Katherine S. Pearce、その他多数の宣教活動に従事した女性に関する史料、及びその組織 Women's Foreign Missionary Society などの史料が集められている。

〈セツルメント・社会改革〉 Jane Addames 個人の文書史料、刊行史料をはじめとして、広くセツルメント活動に参加した女性達の記録が収集されている。またセツルメントそれ自身の活動の記録及び大学セツルメント連盟等の年報や機関誌などもある。その他社会福祉、保育、精神衛生の分野の史料も含まれている。

l　心理学

精神衛生学の専門家 Mary C. Jarrett の文書史料の他、性別役割の固定化、女性心理、性差、セラピーなどに関しての史料が収集されている。

m　宗教

宣教活動と重複する部分もあるが、Garrison 一族、Hale 一族の布教活動、博愛主義的社会改革者の女性の活動、その他聖書の中の女性、教会における女性の役割などの史料がある。また The National Council of Catholic Women 等の女性の宗教組織の記録が収集されている。

n　参政権運動・参政権反対運動

この分野の文書史料は特によく収集されており、参政権運動、参政権反対運動に参加した女性達の史料、その婦人団体の記録も豊富である。アメリカの各地の運動だけではなく、イギリスを中心とした一六の諸国の運動の史料も収集されている。定期刊行物は一八〇〇年代から三五種類あり、*Women's Freedom League Bulletin* は一九三三〜六一年まで完全なオリジナル史料が揃っている。

o　女性解放

一九五〇年以降の女性解放運動を記録し研究する印刷物の収集である。女性会議、女性グループ、女性の経済的地位、女性のからだ、保育所、レスビアン、男性解放、セクシズムなどに関するものが多い。定期刊行物は主に一九七〇年以降のものなので完全に揃っているものが多く、現在刊行中のものも含めて約一二〇種類ある。また

Time 等の一般誌の女性解放特集号は約三〇種類収集されている。

p　女性の権利

女性の権利の分野は、すべての収集史料が該当するともいいうる。女性の権利運動の初期からの史料が収集されているが、最近のものでは、ＥＲＡ賛否両方の活動、連邦政府の女性の地位に関する委員会の史料などがある。また、アルバニア、オーストラリア、英、仏、独、イスラエル、日本、ノルウェー、パキスタン、トルコなど世界各国の女性の権利に関する史料が収集されている。定期刊行物には、一八〇〇年代から現在まで約三五種類あり、オリジナル史料で完全に揃っているものには、*The Fore Runner*（Vol.1-7, 1909-16）、*National Council of Women Bulletin*（1931〜）、などがある。

q　図像史料

図像史料には、写真、肖像画、ポスターなどがある。個人の伝記的な写真や運動のスナップなどが多く、ほぼ文書史料の分野にそって整理されている。女性運動家の肖像写真、大会やパレードのスナップ等の他、奴隷制下の女性、戦時下の女性、女性のファッション、フロンティア時代の女性の生活を伝える写真、及び世界各国の景色、人物、スナップ等が収集されている。

5　おわりに

以上みてきたように、アメリカにおける女性史料館の活動は、現在活発なものになっている。こうした活動は、決して短期間に成就するものではなく、研究的視点に立った収集と整理及びそれを実行する着実な歩みの結果である。

アメリカにおける女性史料の収集活動は、一九四〇年代になって始められたが、当時は社会一般も関心が薄く、歴史研究者にもその必要性を意識する者は少なかった。女性史研究は学問ジャンルとして市民権を獲得してはいなかったのである。それでも女性史料の収集の重要性を認識した人々によって、女性史料館が設立され、その活動が支えられてきた。その活動は小さいながらも、明確で包括的な目標をもち、着実に進められた。

確かに一九七〇年代以後の女性解放運動の発展や女性学の登場は、女性史料館にも大きな刺激となり、その活動を活発にし、規模の拡充をもたらした。しかしそれは創立以来の方針の転換ではなく、その実現の方向への前進であったことを知りうる。これらの史料館は、ともに歴史の形成者としての女性の足跡と役割を、歴史学の中に正当に位置づけるための史料の収集という、一貫した方法的視点をもってその活動を遂行してきた。そしてその存在の重要性はますます高まっていくであろう。こうしたアメリカの女性史料館の活動は、日本における女性資料収集機関の設立や発展のために、大きな示唆を与えるものと思われる。

●註

1 パンフレット *The Arthur and Elizabeth Schlesinger Library on the History of Women in America*, 1976.

2 女性学については、舘かおる「アメリカ諸大学における女性学講座の成立と展開」お茶の水女子大学心理教育研究会編・刊『人間発達研究』第三号、一九七八年、八〜一六頁、参照。【本書1章】

3 女性学講座の中で女性史の分野は圧倒的に多い。Tamar Berkowitz, et al.（eds.）, *Who's Who and Where in Women's Studies*, Feminist Press, 1974.

4 お茶の水女子大学女性文化資料館（一九七五年四月設置）、国立婦人教育会館情報図書室（一九七九年秋オープン）、東京都婦人情報センター（一九七九年四月オープン）、各地の婦人会館図書室の他、大学・短大でも女性関係図書コーナーが設立され始めている。

5 *Fall Schedule of Events*, University of California, Los Angeles Women's Resource Center, 1979./*Announces the Fall*, 1979./*Series of Monthly Luncheon Meetings on Women's Issues*, The Barnard Women's Center, 1979.

6 'Other Special Collections on Women in American Libraries', in *Female Studies IV*, KNOW, 1971./Polly Joan and Andrea

Chesman, *Guide to Women's Publishing*, Dustbooks, 1978.

7 'Special Collections on Women Writers in American Libraries', in *Female Studies IV*, KNOW, 1971.

8 多くの著作の中にこの二つの女性史料館の史料を引用したことが明記されている。日本に翻訳されたものでも、ペイジ・スミス、東浦めい訳『アメリカ史のなかの女性』（*Daughters of the Promised Land*）研究社出版、一九七七年、にそれがみられる。

9 その他に現代のアメリカ女性のデータを収集する専門機関があり、重要である。例えば、Business & Professional Women's Foundation Libraryやラドクリフ大学統計資料研究センター（The Radcliffe Date Resources and Research Center）がある。

10 ここでは、The Arthur and Elizabeth Schlesinger Library on the History of Women in Americaをシュレジンガー・アメリカ女性史料館、次に紹介するSophia Smith Collection Women's History Archiveをソフィア・スミス・コレクション女性史料館と訳出した。Libraryは図書館、Archiveは公文書館と訳出することが多いが、設立目的や所蔵史料の内容を考慮すると史料館とした方が適切であると思われる。また史料館、資料館にあたる英語は確定していない。国文学研究資料館は、National Institute of Japanese Literature、外務省外交史料館は、The Diplomatic Record Office、東京大学総合研究資料館は、The University Museumをその英文名としている。

11 このコレクションは、一九四三年八月に、*Guide to the Woman's Right Collection—Remember the Ladies*—としてまとめられている。

12 Arthur M. Schlesinger, 'The Role of Women in American History', in *New Viewpoints in American History*, Macmillan, 1922.

13 Elizabeth B. Borden, 'A Research Library Relating to the Historical Contributions of American Women', in *The Women's Archives at Radcliffe College*, n.d., p.3.

14 *The Arthur and Elizabeth Schlesinger Library on the History of Women in America 1966–1968*, p.1. この項特に註記のない場合は、一九六三～七八年までの年報による。

15 *Report of the Women's Archives*, 1964. には、当時のジョンソン大統領夫人による賛同の言葉が大きく取り上げられている。

16 'In Person—A Conversation With Barbara Haber—', in *Frontmatter*, Vol.1. No.5, May 1979.

17 このマイクロフィルム *History of Women* は文部省の大型コレクション特別予算により、一九七九年度にお茶の水女子大学女性文化資料館で購入することができた。

18 ここでの資料は、シュレジンガー・アメリカ女性史料館の年報一九六三～六八年の中の記述、及びパンフレット *The Arthur and Elizabeth Schlesinger Library on the History of Women in America*, 1976. 及びパンフレット *The Arthur and Elizabeth Schlesinger Library Culinary Collection*, n.d. である。

19 西村貞枝「女性史研究の一視角」『史林』六一巻六号、史学研究会、一九七八年。

20 ソフィア・スミス・コレクション女性史料館の沿革・組織を知る資料が作成されていないので、その活動の歩みを詳細に紹介することはできない。ただし、パンフレット *The Sophia Smith Collection Women's History Archive*, n.d., カタログ *Catalog of the Sophia Smith Collection Women's History Archive*, 1976. が刊行されているので、それを中心に紹介する。

21 Clark L. Seelye, *The Early History of Smith College, 1871–1910*, Houghton Mifflin, 1923.

22 前掲の *Catalog of the Sophia Smith Collection Women's History Archive*. 及び *Picture Catalog of the Sophia Smith Collection*, Smith College, 1972. を資料として紹介する。

【付記】

本章は、筆者が一九七九年一〇月に訪れた時入手した、二つの女性史料館と各大学の女性センターの資料をもとに執筆した。お世話になった各々の機関のスタッフの方々、また調査に同行し協力してくださった広中和歌子氏、金子幸子氏、Kumiko Fujimura–Fauselow 氏に感謝いたします。

◆3 女性史研究と女性学
……………仏・英・米の論題をめぐって

1 はじめに

女性学。イギリス・アメリカ合衆国ではWomen's Studies、ドイツではFrauenforschung/Frauenstudien、フランスではÉtude Féminists……。

筆者は、昭和六三年度文部省海外学術研究（原ひろ子代表）により、一九八八年の九月から一〇月にかけて西ドイツ、ベルギー、オランダ、イギリスの女性学の関係機関を訪ね、調査研究を行ってきた。短期間の限られた調査ではあったが西欧諸国では確かに女性学は少なからぬ影響力をもって存在していた。大学などの高等教育機関や成人教育機関に女性学の研究成果は取り入れられ定着しつつあった。ＥＣ（ヨーロッパ共同体）の政策立案や政策推進の場に女性学研究者は積極的に参与していた。一方、「街の女性学」といわれる草の根の女性の活動やネットワーク作りにとっても女性学は大きな支えとなっているようであった。女性学関連の著作を扱う「女性の書店」は各国にみられ、女性達の拠り所となっている。書籍ばかりではなく、ポスターや絵画、写真、ポストカード、レコード、カセットテープ、フェミニズム・アートの作品などが飾られていて、女性学の広がりを感じることができた。その他、女性の専用バー、女性専用ホテル、女性専用タクシー、シェルター（女性の緊急避難施設）、サウナ風呂と西欧の女性達の活動は魅力的な形で広がっていた。新しい社会システムを形成しようとしているヨーロッパの人々、わけても女性達にとって女性学が現実の社会変革に有効な学問として、その役割を果たしているのを垣間みることができた。

一九六〇年代後半からの欧米先進諸国を中心にして始まったフェミニズム運動を背景として女性学が誕生してから約二〇年を経過している。アメリカ合衆国でのめざましい女性学の発展と比較すると、西欧諸国での女性学の定着は小さいものに思われるかもしれない。しかしながら、この伝統的な西欧の大学の研究教育課程にも女性学は確実に浸透していた。西欧社会の女性学の現状については、『昭和六三年度海外学術研究研究成果概要』(1)と『女性文化研究センター年報』（第三号、一九八九年三月）掲載の諸論文及び調査にゆずり、本論ではフランス、イギリス、米国を参照しつつ、女性学と女性史研究の今日的論題について取り上げることとする。

振り返ってみれば、欧米でも日本でも女性学が誕生する以前に女性に関する研究が皆無であったわけではない。特に女性史研究の分野での蓄積は決して小さなものではなかった。しかしながら、女性学の誕生によって従来の女性史研究が飛躍的な変貌を遂げたこともまた事実である。女性学の考察を深めるにあたって、欧米の女性史研究の展開状況を把握し、その論題について検討しておくことは不可欠の研究課題と思われる。

2　女性史研究と女性学の連関

近年の女性史研究が女性学からの強いインパクトを受けて展開していることは、まず女性史研究に不可欠な西欧諸国における史料館及び文献センターの状況によって知ることができる(2)。

例えばイギリスにおいては、女性史研究と女性学の連携は次のような形で行われている。フォーセット・ライブラリー（Fawcett Library）は、周知のように女性参政権運動論者であったミリセント・フォーセット（Millicent G.

Fawcett）の蔵書を核に設立され、第二次大戦前からの女性史の歴史的文献が充実していることで著名な史料館である。国際的な女性学の専門誌である *Women's Studies International Forum* の一〇巻三〇号は、そのフォーセット・ライブラリーの特集号となっている(3)。同号にはフォーセット・ライブラリーの所蔵史料の紹介及びその史料を活用してまとめた研究論文が掲載されている。しかもその分析視角は、女性学の視点、即ち一九七〇年代のフェミニズム運動の提起した女性の捉え方を踏まえての新しい女性史研究の切り口を窺わせる。豊富な研究史料の存在もアピールして研究意欲を高めているようだ。

また近年の資料館の動向として、古くからの史料の保存と同時に近年のフェミニズム運動に関する資料や女性学の研究論文等の収集に努めているところも従来とは異なった変化であろう。一九三二年に創設されフランスの女性史料館として名高いマルグリット・デュラン図書館（Bibliothèque Marguerite Durand）には、一七九二年に女権宣言をしたオランプ・ド＝グージュのプラカードから、一九七〇年からのフェミニズム運動の資料も収集してあり、研究者の利用度は高いという(4)。オランダの国際ドキュメント資料センター（International Documentation Centre）には、オランダ全大学の女性学関連の卒業論文や修士論文が収集されている。もちろん西ドイツでも女性学文献を収集するセンターは設立されている(5)。以上のように女性史研究の基礎となる史料館や文献センターの資料の収集や活用の仕方に、女性学からの影響が如実に見受けられる。

さて、女性史研究において女性学はどのように位置づけられているのであろうか。一九八九年七月に女性史研究国際連盟（International Federation for Research in Women's History : IFRWH）は、女性史研究国際会議をイタリアのベラジオで開催した。女性史会議としては欧米諸国の他、アフリカ、アジアの国とを加えての国際レベルの情報交換を行った初めての会議であった(6)。同会議において、アメリカ合衆国のM・B・ノートン（Mary B. Norton）は、女性史研究の国際的動向を次のように概略している。

国際的な女性史研究の近年の動向の時期区分を、第一期は一九六九年から一九七二〜七三年まで、第二期は一九七〇年代後半、第三期は一九八〇年前後から八五年頃までであり、第四期が一九八五年以降にあたるとした。

第一期の特色は、一九六〇年代後半からのウーマン・リブ運動の影響を受けて、性差別の歴史を女性史研究によって解明しようとしたところにあるという。アメリカ合衆国においては、この動きが一九七三年に始まったバークシャー女性史会議に結実したといえる。またフランスのアナール派の家族史研究や歴史人口学による研究、労働史研究や社会史研究においては、家族や出生率の研究、性、売春、魔女などの研究が女性史として意識されて進められた時期にあたる。

第二期になると、それまでの西欧の女性史研究の対象は近世や近代が主であったが、全時代を対象にするようになった。また女性史研究の担い手として女性の研究者や学生が増加した。女性史をテーマにした修士論文、博士論文が著しくふえ、大学に女性学研究所が設置された。大学のカリキュラムの中に女性史の講座が置かれるようになり、女性史が女性学の学際的研究の一環として行われ始めたといえる。さらに女性史を含んだ女性学の研究誌の発刊があいついだ。一九七五年にはアメリカ合衆国で *Feminist Studies* や *Signs*、イギリスでは同年に *Feminist Review*、一九七六年には *History Workshop Journal of Socialist Historian* が発行され、同誌は一九八二年に女性史研究を専門とすることを明確に掲げ、副題を *a journal of socialist and feminist historians* に変えた。オーストラリアでも *Hecate* が創刊されている。こうした誌上以外にも女性史研究論文の発表があいつぎ、女性史研究の方法論の理論的な探求が始まった時期にもあたるといえる。

第三期は女性史研究がさらに発展した。フランスでは一九七九年に女性史を対象にした研究誌 *Pénélope*（『ペネロープ――女性史研究手帳』、一九八五年に一二号で休刊）が創刊され、一九八〇年にはオランダで *Women's History Yearbook* が刊行された。また伝統的な歴史学の学会誌が女性史に関する論文を掲載し、文献目録も作成されている。女性史の方法論上の模索は続き、一九八六年アナール誌に発表されたミシェル・ペロー（Michelle Perrot）他の共同執筆「女性の文化と権力」（後述）は反響を呼んだ。

第四期は、女性史の資料集の刊行もさらに行われ、女性史研究の様相も多様になったといえる。女性史の方法論上の模索については、歴史研究としてジェンダー論が提唱され始めた。一九八九年にはイギリスで*Gender & History*が創刊されている。また女性史研究国際連盟ＩＦＲＷＨが発足し、欧米以外の多くの国々を含めた女性史研究の組織的な研究交流が始まった。デンマークやナイジェリアにおいても高校や大学、学界に女性史が定着していることが会議でも報告されている。

以上の簡単な概観からもみてとれるが、各国において女性史研究は蓄積を重ねてきている。そして女性史研究の進展は、女性学の発展と密接に結びついて認識されていることも明らかであろう。女性史研究は「女性学の学際的研究の一環」として位置づけられ始めたのである。

本章では以上のような概況にある女性史研究について、その論題を二点に絞って論じてみたい。一つには、特にフランス女性史研究の成果として顕れてきた「女性の文化」の捉え方をめぐってである。これはアメリカ合衆国における「女の領域」論の把握と多分に呼応することがあろう。またこの「女性の文化」と関連させて「男性支配」をどう捉えていくかについても議論となっているので言及したい。二つには歴史分析カテゴリーとしてのジェンダーの捉え方をめぐってである。女性学はジェンダーという概念をパラダイムとして創出したといってもよいであろう。そのジェンダー概念が歴史分析カテゴリーとして有用になるためにはいかなる方法論上の検討が必要か、という点についての論議が中心となる。

3　フランス女性史における「女性の文化」と「男性支配」——ミシェル・ペローを中心に

いままで女性史研究に対する女性学の影響について強調してきた。しかしながらもう一方で、女性史研究の発展にとって社会史研究隆盛の影響は多大なものがある。そもそも社会史研究の発火点はフランスのアナール派にあることはすでに衆目の認めるところとなっていよう(7)。それではフランスにおいて社会史と女性史の連関はどのように捉えられ論じられているのであろうか。ここではフランス女性史推進のリーダー的存在であり、『女性史は可能か』(8)の著者である、ミシェル・ペローによる「フランスにおける女性史研究の一五年」を概観し、さらに女性史が直面した論題である「女性の文化」と「男性支配」をめぐっての議論を整理したいと思う。

ペローは女性史を、「『女たち』を中心に据えた、そしてまた両性間の関係を中心的な問題として設定している、さまざまな研究のやり方すべてをさしている」(9)と定義する。そしてまず歴史研究における女性史の位置を次のように跡づけている(10)。概略してみよう。

フランスでは一九世紀から歴史学は学問として存在するようになったが、例えばジュール・ミシュレ（Jules Michelet）のようなロマン主義的な歴史学は、男女両性間の関係を歴史の動因の一つとしてみなしたとペローは同書で指摘する。しかしミシュレは、女＝自然を男＝文化と対置し、女が私的領域にとどまり妻や母である限りは良き力を発揮するが、公的な領域に参入すれば、悪と不幸をもたらす力となる（魔女のように）というイデオロギーにとらわれていた。次にいわゆる実証主義の歴史学は、一九世紀末に大学内に専門職《メチエ》として確立し、それは女性に関するテーマ、日常性に関わる事柄を捨象した。即ち男性の行動と男性の権力の場である政治、行政、外交、軍事などを特権的な歴史研究の対象としたのである。

一九三〇年代から影響を強めていった「アナール派」（リュシアン・フェーヴル、マルク・ブロック、フェルナン・ブローデル、エルネスト・ラブルース等）は歴史学の領域を押し広げたが、やはりそこで中心に据えられた領域は経済と社会についてであった。歴史人口学が導入された時も、女性は単に人口再生産の一変数でしかなかった。

しかしながら、一九八〇年代になると歴史研究の見取り図は変化した。一つには歴史人類学の発展があり、家族が関心の筆頭にあげられたことがあろう。また「新しい歴史学」は「心性」を問題にし、日常的な行動や表象を考察することをテーマとした。このような視点の歴史学を、私達は社会史と呼んでいることが多い。こうした局面の展開が歴史研究の対象として「女性」を取り上げることを有利にした。

だが何より女性史への関心と新しい視角は、フランスにおいても他の国々と同様、女達自身の運動とその運動がもたらした多様な問いから生じた。女とは何者か、時間や空間を通して女達の集合的なアイデンティティは存在するのか、女性の役割は変化してきたのか、女性に固有の文化とか表現形式が存在するのであろうか。こうした問いを発した人々の歴史研究への欲求は、理解したい、わかりたいという欲求の一側面に他ならなかった。大学においてもこうした問いかけが生じ、女性史に関する講義がカリキュラムに入ることになった。また女性史研究誌が発刊され、社会科学高等研究院歴史研究センターや国立科学研究センター（ＣＮＲＳ）で女性に関する共同研究及びその助成がなされるようになった。こうして今日では女性史研究は比較的よく制度内に承認された研究分野となっているといえる。しかしながらこの承認は女性史研究という分野たる「場」の承認であり、歴史学の基本課題として認識されているわけではなかった。

なお、ペローは女性史研究が遭遇する困難を三点あげている。まず第一に女性史研究として活用できる資料の不充分さである。行政資料での女性のデータは男性とは別には採取されてはおらず、女性への言及がある時は公的秩序に反乱した場合などである。女性の手紙や日記などの私的文書はほとんど保存されていない。だが最近では私的文書の収集保存も進み始めている。また資料の不足を補うために「聴きとりの歴史」という方法が取られた。日本でも聞き書きや口述史としてクローズアップされた方法論であり、アメリカ合衆国では oral history と呼んでいる。但し、ペローはこの口承資料を使っての方法は、二〇世紀にしか通用しないし、かつ補完的なものであるという。とはいえ女性が人生の主演者としての位置に身を置いて歴史を視る時、どのような歴史像を描くかという点できわめて新しい視野をもたらしたことは確かであると認めている。その他に、例えば警察文書や裁判記録といったような日常性の中で生じた出来事に最も近い文書を調べたり、図像資料からも多くのことが引き出せることを指摘している。そして「忘れてはならないことは」とペローは私達に確認する。「問いそのもの」が重要なのであると。古典的資料すらもいままでとは違った読みを可能にし、女性の存在を資料に見出させる力は、まさに「問いそのもの」に由来するのであるのだと、女性史研究において視点というものが如何に重要かということを強調している。

第二には制度的障害である。即ちフランスでは歴史学は威信の高い学問とされていて、研究者のポストは男性がほとんど占めている。第三には女性史研究の方法や考え方をめぐる問題である。女性史研究はその出発点にあたって女性運動を一つの起源としていた。しかし、歴史学は告発の議論にとどまることはできない。仮定が断定となったり、真理ではなく硬直した言葉を吐く危険を常に意識し、厳密な考察がいままで以上に必要となっているとペローは学問としての女性史研究の位置を示す。またフランスの女性史研究は一五年の蓄積の上にようやくそのテーマの変遷や視点の変遷について語ることができるようになったとして、次のテーマを掲げている。

まずは女性の身体と結びついたある種の役割、例えば母親、出産、産婆、看護婦、売春などを取り上げることになったという。また性行動、レスビアン、文学では女性のエクリチュールについても注目されるようになった。次に労働をめぐるテーマでは、給与労働や家事労働、農村及び都市での仕事、女性の専門的職業、家庭の妻、家事奉仕人、事務員、郵便局員、女性教師、シングルの女性達の孤独についての研究などが進展した。第三には女達の闘いとフェミニズムの歴史をめぐるものであり、運動に関わった女達の表現形式について明らかにされてきた。フェミニズムと総体的政治の場との連関や表象の領域（政治的シンボル、宗教的シンボル）など、今後さらに研究すべきテーマも多いという。

最後にペローは、女性史研究の視点についての彼女らの探求の過程を語っている。女性史研究においてまず着手されたことは、女達の存在を見据えるようにすることであった。失われた記憶を再び思い出すこと、隠され、沈黙され、忘れられていたことについて語ること、これらが問題となっていた（この点はいまでも重要であるが）。次に取られたのは犠牲者としての女性という視点であった。なぐられ、犯され、低賃金に甘んじ、あるいは狂気に陥った女達の抑圧と不幸が一覧された。だがその悲惨さが強調されても、支配のメカニズムが解明されたわけでもなかったとペローはコメントを加えている。第三の特徴は反抗する女、活動的な女、生活の条件を改良する女、禁止をかわす女など、農村においても都市においても様々な女の存在形態が研究された。そしてマルチーヌ・セガレーヌ（Martine Segalen）やイヴォンヌ・ヴェルディエ（Yvonne Verdier）のような女性民族学者の研究が、女性の生物学的機能と結びついた女独自の文化という観念を構築することに寄与した。このような「隠れた力を秘めた女達の文化」は高く評価された。しかしながらこうした女達の力は、文化という名のもとにその矛盾を覆ってしまいかねない。だからこそ最近になって男女両性間の関係のあり方や「ジェンダー」という観念が導入されているのだとペローはいう。そして改めて女性史研究を次のように結論づける。

「女性史研究とは、女性がもうひとつの性である男性と、個人的かつ集合的に、現実的かつ象徴的に、どの様な関係にあるかということの歴史的追求である」(11)。

さらにペローの主張するところの女性史研究は、両性の関係性の歴史的変化を、階級関係との連関や力関係や紛争関係と同時に、「同意」や「愛の関係」としてもみていくことを提示している。従ってペローにとって今後展開していくべき女性史研究の領域は、第一にフェミニズムの歴史とその表現形式の多様性の追求である。第二に女性についての象徴的表象の歴史の追求である。そして第三に男性的なるものと女性的なるものとの間にある権力関係、そして具体的な男と女との間にある権力関係の歴史である。女性史の目的は学問の世界に「女達の歴史」という領域をつくることではない。女性史は両性間の歴史を中心に据えることで、公と私をめぐる諸関係の総体的理解がよりよくできるようになり、歴史全体の再検討に寄与しうる可能性の追究こそを目的としているとペローは力説している。女性史における「女性」を「対象概念」ではなく「方法概念」として捉えているのだ。またペローは、フランスの思想家・歴史家のミシェル・フーコー（Michel Foucault）やフィリップ・アリエス（Philippe Ariès）と親交があり、一緒に仕事もしているので(12)、フーコーの権力概念やアリエスの私生活概念に対しての認識も深い。それゆえに女性の主体、表現形式、象徴的表象の追究を課題としながら、権力関係を問題にする。ペローのこの立場は、フランスの「女性の文化」の研究視角に対しても影響を与えているようである。ペローの意図するところをより理解するためにも「女性の文化」についての論議に移ろう。

「女性の文化と権力」('Culture et pouvoir des femmes')(13)という論考は社会科学高等研究院歴史研究センターの演習において、男性と女性の関係をめぐる諸問題に関して数年来行われてきた学際研究の成果であり、ペローを含め一〇人の女性研究者の共同執筆である。この論考によれば「女性の文化」(culture feminine)という観念がクローズアップされるようになったのは、歴史研究の流れが社会的文化的表象に関する歴史という新しい分野の展開を生んだからであると述べられている。

このような研究視角から、様々な場、時、役割において、これは女性固有のものだとして女性の存在を名指しし、同定し、測定することが欠くことのできないことと認識された。そして共同洗濯場やかまど、市場、家などを女性の「ソシアビリテ(社会的なつきあい)」と把握する研究が生まれた。さらに出生、結婚、死という人生の節目をめぐっての研究、裁縫女・洗濯女・料理女の振る舞い。例えばイヴォンヌ・ヴェルディエはこうした女の活動を社会的・象徴的調和のうちに解き明かした(14)。ヴェルディエのこの研究は、「女性の文化」の中心に女性の身体特有の力を置いている。一方マルチーヌ・セガレーヌは一九世紀の農村社会で男性の権威と女性の力が、性生活や仕事、空間、夫婦と共同体との関係を同時に構造化していることを示した(15)。こうして近年「女の力」に焦点があてられ、「文化」という点で女性が力を保持していると解釈される傾向を生んだ。しかしながらこの解釈は、男女両性の関係が暴力と不平等主義に刻印されていることを忘れさせ、相互補完的な文化という見方へ流れる危険性が内包されていると、この論考では注視する。

日本でも先のセガレーヌの訳書が刊行された時、同種の批判があったが(16)、必ずしも論議が深められないままでいる。ところがフランスにおいては、この農村社会の研究に多く利用されている「相互補完性」(complémentarité)という概念について論議が行われた。その論議は例えば次のように展開されている。男と女の協働が明らかに必要であるような現実を「相互補完性」という概念は説明しているであろう。しかしその責務の分担には階層序列的な価値体系が内包されていて、確かに役割は相互補完的なのかもしれないが、一方が他方に従属している場合があるのではないかと論者達は指摘する。そして一九七〇年にリュシエンヌ・ルーバン（Lucienne A. Roubin）が従属的（subordination）相互補完性と好敵手的（emulation）相互補完性という形で行った区別(17)をこそ検討する必要があるという。そうすれば従属的相互補完性は役割を階層序列化する原理として説明され、男女の利害の対立と一致、権利の不平等状態、矛盾を孕んだ関係という状態が消し去られることがなくなる。こうした研究からは、技術上の責務の分担のみではなく、責務に付与された価値や象徴をも考えねばならないことが示唆される。即ち役割に付与された価値に高低があり、象徴にプラスとマイナスのイメージが存在していることを説明しなければならないのだ。

また一方で、社会史研究の中で時間の流れを「短い時間」（歴史に従っている現実の時間）と「長い時間」（多少とも歴史の外にある心性の時間）とに区別し、女性の地位などについては「短い時間」、性的象徴性などは「長い時間」に属するとして分析する論法がある。しかしながらこの二つの分析次元を区別し、「変化の領域」と「持続の領域」との各々に位置すると捉えることは、断層を設けていることになる。つまりは「女性の文化」を「持続の領域」で捉えているので「変化の領域」を取り出すことができない、という結果を生んでいるにすぎないというのだ。

このように論じていくと、もはや「女の力」や「女性の文化」の捉え方は、女性固有のディスクールや知の復元、忘れていた力を女性に与えることと捉えることでは不十分であると気付かされる。もはや「女性の文化」へのアプローチは、「女性の文化」が不平等関係からなるシステム内部でいかに形成され、そのシステムに含まれる断層を覆い隠し、様々な紛争に反応し、時間と空間を標尺し、そしてまたいかにして全体社会との関係を捉え、自らの独自性を考えているのかといった視点から臨まねばならぬことがみえてくるというのである。「女性の文化」は関係と依存を念頭に置いて考察され、衝突や対立こそが結節点となるであろうと論者達は結んでいる。これまでみてきたところからわかるように、フランスにおいて「女性の文化」は歴史人類学や民族学、社会史等から強いインパクトをもって提出され、それに対して歴史研究者達が「歴史的変化」という歴史家の分析視角とリンクさせる意図をもって論じ、女性史を全体史に位置づけようとしている様子が窺われる。

次に、「女性の文化」を論じるにあたり「男性支配」(domination masculine)という概念を提示していることにも注目しなければならない。「男性支配」という概念は一九七〇年以降のフェミニズム運動が問題にし、女性学が中心テーマとしてきたものである。論者達は、「男性支配」という事柄の具体的な形態、その諸相をみることが必要なのだという。それにあたっては「男性支配」が様々ある社会的関係の不平等性の一つの表出であり、学問的確認事項であって道徳的判断事項なのではないことを忘れてはならないとして、研究としての立場を厳しく確認する。そして「女性の文化」という視角からのアプローチについては次のように述べている。

この「男性支配」という観念とその必然的帰結である女性の従属が、女性史にとってひとつのアポリアをなすのではないか、という懸念をすでに私たちは表明したのだが、「女性の文化」という問題提起による迂回も、この懸念を解消させるものではなかった(18)。

だが、「男性支配」とは、決して超歴史的な、不変なものではなく、一つの不平等な社会関係の表出であり、その仕組みは理解しうるし、歴史的体制に応じたその特質も跡づけられるものであることをまず前提にする。そしてまた「男性支配」というこの概念は、社会関係全体を把握するために不可欠なものであり他の不平等から切り離すこともできないことを確認する。そして論者達は具体的な説明を続けている。前資本主義社会においても産業化された社会においても、「男性支配」は、女性をその労働利益から排除している富の生産様式と不可分に結びついている。家庭内の生産において女性は、その労働の面でも再生産能力の面でも搾取されている。例えば前資本主義社会では女性達の労働による生産物は、彼女達の法律上の保護者である親や夫のもとに集積されてしまい、生殖は共同体の統制下に置かれていた。資本主義体制下では、商品の製造・販売でも農業でも「男性支配」は、仕事・地位・技術の職業的独占を行い、給与生活者は職種の性的分業を固定化している。さらに、財産相続や婚資という間接手段を介しての収奪も存在する。

こうした男性支配に対して女性は如何に反応してきたのであろうか。この問いの立て方がペローらのいうところの「両性の関係の歴史」としての女性史という捉え方への、少し突っこんだ分析になるかと思われる。男性支配による体制の女性の拘束の程度は時代により異なる。同時に女性は体制から種々の「代償」を引き出しているのだが、その中にはいくらかの権力も含まれている。それをみれば、女性達がどの程度の「同意」を体制に与えているのか、そしてまたその「同意」がなければ体制が機能できないことも理解できるのである。

女性はその「弱さ」(多分に母性機能をもつゆえの弱さ)によって、労働現場での「保護」を受けるという考え方は、女性の本性は家事・育児労働であるという労働観とセットになっている。また一九世紀のフランスの裁判において女性の犯罪者が少ないのは、子どもと同じく法的未成年者であり、判断力がない者なので、「女を罰することはできない」からであったとペローら論者達は推測する。一方ボードレールの世紀の有閑階級の女性達が「熱愛され、甘やかされ、満たされた」女性という位置に安住したのは、その中にある様々な見返り(美しい衣装、求愛のための贈り物、贅沢な料理や住居等をさすのであろう)があったからである。

様々な形をとる男と女の欲望と誘惑の歴史——そこでは複雑なゲームにとらわれた男と女が描き出されよう。そのコードは、単に男と女の関係の「状態」を明らかにするばかりではなく、社会が生み出す「表象」をも明示してくれる。例えば男達の想像力の世界における女性の君臨を論者達はあげている。ルネサンス期の「高名な婦人達」への称賛、一九世紀に詩の女神ミューズや聖処女マドンナに捧げられた崇拝、あるいは共和国フランスの象徴であるマリアンヌ(19)や新しいモダン・スタイルのイヴへ捧げられた崇拝。これらもまた政治空間から女性が撤退させられたことに対する一つの「代償」なのであったとするペロー達の分析は魅力的である。また女性達への「代償」は女達が影響力や権力を有するという形でも表れる。

一九世紀には子どもは主たる投資の対象となっていくが、それにつれて母親の役割が強化され、権力の肥大化が起る。特に小ブルジョワジーの母親は、社会的上昇という標的を内面化し、道徳秩序と品行方正とを守らせる番人となる。規範と義務、罪や恥の意識をまったく疑わない母親達は、自らを徳性の規範、権力機構の歯車に仕立て、この権力機構に従属することによって喜びを手にするのである。この母親の権力は他の女性に対しても行使され、女同志の連帯を崩壊させる。一方「女性の社会的な力」(le pouvoir social des femmes)を教会も共和国も称賛した。この枠組みの中で一九世紀以後ブルジョワの女性達が、貧しい女性や女性労働者達を救援し、教育し、統制した。貧者の訪問係から奉仕調査員へ、後援事業の婦人からソーシャル・ワーカーの先駆である家族訪問員へ変身していったという。同じ枠組みで医者達は衛生のための闘いに女性をひきつけた。多くの女性がそこに見出したのは、自らのエネルギーのはけ口であり、無為に対して覚えていた良心の呵責へのはけ口であったろう。論者達は従来の女性史のタブーを破るべく、裕福な階級の女性の慈善的、福祉的行為に対してこのような解釈を下している。

そしてまたしばしば女性達は、自らのアイデンティティや権利の承認について、有利にできるチャンスを待って、多少とも意識された期待を時には抱きつつ、男達の補佐役に甘んじた。例えば戦争の間や、民族独立闘争に際してなど。非常時の戦いの時、女性達は男性達にあてにされる。戦いが終われば期待は裏切られるのが常であった。だがこの失望は性の意識化に対して評価すべきインパクトとなった場合が多い。そもそもフェミニズムという対応ですら、大方政治体制の動揺によって生じた亀裂や、革命がもたらした裂け目、政治の危機といった状況の中で生じている。まるで「潜在的要求が自己顕示の機会をつかんだかのように」と論者達は評している。

ともかくもこのような考察を全体として導入していくことが、性的関係を本性ないしは本分の調和的相互補完性と考えることをやめる方向に繋がっていくのだと具体的かつ明確に打ち出した。私達はペロー達のいう、「男女両性の関係史として女性史を捉える」という視点が幾ばくかは理解することができたのであるまいか。それは決して「女・

男・子どもの関係」を取り上げ、女性史を解消して関係史へといった単純な視点とは、無縁のものである(20)。私達は、ペロー達フランス女性史研究者達の歴史をつかむ視点のスケールの大きさ、ダイナミズム、洞察力、アプローチの果敢さ、主観に堕さないで「女性というもの」を理解したいという情熱にあふれたこの論考から大いに啓発されるべきではあるまいか。

4 「女の領域」論と「歴史分析カテゴリーとしてのジェンダー」

さて本章はあまりにも、フランス女性史に紙幅を取りすぎたかもしれない。急いでアメリカ女性史及びイギリスでの女性史研究の新しい展開をみてみよう。

一九六〇年代後半からアメリカ合衆国やイギリスでは、女性史を解放闘争史や偉大な貢献をした女性の歴史として描くことへの批判が高まってきていた(21)。こうした議論をふまえ、女性学や社会史の研究状況を鋭敏に捉え、その後の女性史研究にとって示唆的な位置に立った論考が、カール・デグラー(Carl N. Degler)の『女性史は存在するか』である(22)。

デグラーは、女性の存在していた場所が男性とは異なっていたがゆえに、女性は歴史研究の対象から除外されていたという。西欧社会では性別分業(gender divisions)が強かったために女性の経験は家庭や私生活に限られ、社会観すらも男性とは異なっていた。従って女性史の存在を正当化するためには、女性が男性とは異なる経験を有し、生活してきたことを明らかにすることが必要であると主張した。そして健康、出産、病気、産児制限、堕胎、強姦、セクシャリティなどのテーマをあげ、研究に着手するよう促した。

こうして一九七〇年代は、女性に焦点をあてた研究が著しく発展した。アメリカ合衆国では女性史の方法論としては「女の領域」(women's spheres)概念が中心となった。「女の領域」概念の方法とは、分離された女の領域に踏み込み、実態を明らかにし、領域内での生活の現実、あるいはイデオロギーが女性の意識や地位にどのような影響を与えてきたかという点を探求するものである。そしてこの方法により領域内で、女性独自の文化形成が存在したことが確認され、それは男性支配への抵抗の基礎になったとする解釈による女性史の視点を引き出してきたのである。女性達は家庭という「領域」をまかされ、例えば「市民を育てる母」という社会的政治的評価を獲得して実権を握った。こうして女の領域内で「女性の文化」が形成され、それを足場に女性達は社会進出していったというのである(23)。こうした「領域」概念に立った新しい女性史研究は、政治的・経済的な「解放の視点」からではなく、日常の意識や行動から女性の解放を説明することができた。そのことの価値は高く評価されている。しかしながら領域論における「女性の文化」の強調は、その領域が男性から押しつけられたものであることの認識を弱めたり、かつその領域の外にある世界との連関を分離してしまい、それが従属関係にあることをみようとしないという批判が生じていた。

この問題を最初に総合的に論じたのは、「女性史における政治と文化」(24)というシンポジウムであった。エレン・デュボイス(Ellen C. DuBois)は、「女性の文化」史観に対して次のような批判を行った。「女性の文化」の賛美は、女性を全体構造の中で論じることやその抑圧を作り出してきた体制への追及を止めさせてしまうと批判し、「女性の文化」は性別分業下でこそ創造されたという事実、「女性の文化」とフェミニズムの衝突という事実を取り上げて研究すべきと提案した。キャロル・スミス・ローゼンバーグ(Carroll Smith-Rosenberg)は、このデュボイスの批判に対し、「女の領域」が男性による抑圧から自由であるとか、社会を形成する経済的、イデオロギー的要因から分離していたという主張を自分はしたことはないと反論した。そして確かに「女の領域」は男性支配社会の中にあるが、しかし「女の領域」での女性特有の体験(男性とは異なる)の中にこそフェミニズムの根源はあるのだと繰り返し強調した。

メアリ・ジョウ・ビュール(Mari J. Buhle)も「女性の文化」の研究成果をもとに、フェミニズムの見直しを企てることができるとした。ガーダ・ラーナー(Gerda Lerner)は、「女の領域」は一九世紀に男によって作られた言葉であるが、「女性の文化」は女性の側から「領域」を定義し直したものであると、言葉のもつ意味の違いを明らかにする。そしてフェミニズムと「女性の文化」の関係については、次のように述べている。「女性の文化」は女性が家父長制支配に対して立ち上がり、社会形成における女性の創造性を主張する土壌であり、フェミニズムと相反することはないと。テマ・キャプラン（Temma Kaplam）は「女性の文化」は、階級や人種・民族との関係とともに探求していかねばならないと新たな見解を提出した。

以上のように、アメリカ女性史家達の「女の領域」及び「女性の文化」についての議論はペロー達の論点と重なりあう。「女性の文化」の研究成果と視点を評価しつつも、よりダイナミックな歴史の方法論を模索しているのだ。ところでデェイブスは、男女両性の関係を視野に入れると権力構造が分析できるとして、両性の関係性を問題にした(25)。われわれは男女両方の歴史に興味を示すべきであり、階級の歴史において農民や労働者にだけ焦点をあてるべきではないのと同様であると述べている。この見解に呼応してジョアン・G・ケリー（Joan G. Kelly）は、男女両性の関係史としての女性史は、歴史の時代区分や社会分析、社会変化の理論に大きな貢献をするだろうと述べて、「女の領域」研究から「両性の関係史」の研究への方向づけを行った。そして階級と両性関係は同等の歴史の変数であり、生産関係と男女のジェンダー（gender）の制度が同時に複合して機能しているという見方が重要なのだと指摘している(26)。

「歴史分析カテゴリーとしてのジェンダー」について論じる前にジェンダー概念について確認しておこう。女性学の学際的な研究の蓄積の中で、特にアメリカ合衆国やイギリスを中心にジェンダー（gender）概念が女性の問題を解く鍵《キー》概念として創出された。当初は生物学的性差をセックス（sex）とし、社会的・文化的に形成される性差をジェンダー（gender）と呼んでいたのだが、次第にトータルに人間の性存在のあり方を示す使われ方をするようになった。だがジェンダーという時、そこには社会的・文化的に形成される概念としての認識が前提にあり、それは、生物学的性の方を変換しようと性転換までする程のアイデンティティに関わる大きな概念であることが明らかにされている。

社会学や人類学においては、男女両性の（関係の）社会的存在形態を大きく規定するものと捉えられているが、これを歴史分析の有用な方法概念として用いようとするのが、「歴史分析カテゴリーとしてのジェンダー」の主唱者達の意図なのである。

ジョーン・W・スコット（Joan W. Scott）はそれを明確に意識して提示した(27)。「ジェンダーは性をもった体に嵌め込まれた社会的カテゴリーであり、男女間の社会的関係を表す概念」である。ジェンダーを、記述的にではなく、歴史分析の理論的概念として使用しようというのがスコットの主張である。いままで歴史家はジェンダーの分析にほぼ三つのアプローチ――家父長制（男性支配）、生産・再生産の関係理論、ポストモダン派の主客対立理論及び対象関係論――を置いた。この三つのアプローチに対するコメントをしながらスコットは自己の見解をつけ加えていく。

第一に家父長制（男性支配）については、このテーマを再生産（生殖など）の問題に即して考える時、一つには究極的に男女の生物学的相違に起因するとの解釈がある。しかし男女の生物学的相違に根ざす理論は、超歴史性を強調することになり、歴史分析にとっては意味をなさなくなる。次にマルクス主義者達は、再生産の問題を唯物的に説明する枠組みから抜け出せないために、ジェンダーを経済構造の副産物であるとして長い間取り扱い、ジェンダーに独自な分析カテゴリーとしての位置を与えなかったとする。先に紹介したJ・ケリーは、「フェミニスト理論の二重視点」(28)で、「ジェンダーは生産関係により規定されているのではなく、ジェンダーと生産関係は同時に複合して作用しているのである」と主張している。このケリーの見解に対しスコットは、ケリーはジェンダーの構造が独立した存在であることを明らかにしたことは概念上突破口になったが、やはりまだ彼女の思考はマルクス主義の枠内にとどまっており、ジェンダーの構造を決定するのに、やはり経済的要因の因果的役割を強調してしまうのであると批判している。

さて次に、フランスのジャック・ラカン（Jacques Lacan）らのポスト構造主義者達の理論を基盤にした解釈の研究や主体のアイデンティティ形成過程に目を向ける、チョドロウ（Nancy J. Chodorow）やギリガン（Carol Gilligan）(29)

など対象理論派の見解がある。それらは経験の影響力や言語の中心的役割を強調する。しかしながらスコットは、次のように批判する。例えばチョドロウの論理は、ジェンダーを家族や家庭の経験にせばめてしまい、経済・政治・権力等の他の社会的構造にまで概念を結びつけていくことができない。社会的関係の法則を明確にしたり、経験というものの意味を構築するには、シンボル的な構造——社会がジェンダーを表示するその方法——に目を向けなければならない。なぜならば、シンボルやメタファーが人間の個性や歴史を規定するのに強力な役割を果たすことを見逃さないためである、とスコットは述べている。また言語については、男らしさ、女らしさが主体的に形成されるものであることを示唆するとともに、分析するに適切な拠り所となると述べ、かなりの関心を寄せているが、こうした分析が超歴史的にかつ男女の性差の不変へと結びつけられることにスコットは戸惑っている。例えばギリガンの研究は、二〇世紀後半のアメリカの女子大学生の経験を明らかにしたものであるのに、彼女達の経験を集約して、「女性であるがゆえにこのように考え行動する」と超歴史的に結論づけることの危険性を指摘する。

私達はジェンダーというカテゴリーを導入することで、「女性」というカテゴリーの再評価と同時に、男女両性の対立をも考察しなければならないとスコットは続ける。ジェンダーは権力が表れる主要な領域であるのだ。スコットはジェンダーを歴史分析カテゴリーとして有用なものとして導入する際には、第一に男女各々のシンボル概念の生成過程、第二にシンボルの意味の解釈とメタファーの可能性を内包かつ制限するもの——宗教、教育、科学、法律、政治——の中にみられる両性の支配被支配の関係、第三にジェンダー概念が超歴史的に作用することに繋がらない議論を導くこと、第四に主体のアイデンティティを社会の組織や歴史上の特定の概念についてどう関係づけるかというこの四点に留意する必要があると提起する。私達はジェンダーの歴史上における変化を「因果関係」としてではなく、その「意味」を説明する必要があるのだとスコットは結んでいる。

現在ジェンダーを女性史の分析カテゴリーとして用いるという提案は、新しい潮流となっている。一九八九年にイギリスで発行された女性史研究誌 *Gender & History* 創刊号には、本誌の意図するものはフェミニストの視野からすべての歴史的社会関係を吟味すること、あらゆる制度に内在するジェンダーの性格を考慮しうる包括的な分析方法を構築すること、男女の権力関係が社会を形成してきた過程を明らかにすること、さらにはジェンダーと人種、階級、少数民族との関連も考察することにあると、創刊の趣旨と目的を謳っている(30)。

創刊号には西ドイツのゲゼラ・ボック（Gisela Bock）がやはりジェンダーと女性史についての論考を寄せている(31)。ボックは、女性の歴史をジェンダーの歴史と捉えるために次の三点を前提にするという。第一にジェンダーの差異の具体的な顕現の仕方は、様々な社会においては決して同一ではないこと、また男性内、女性内での差異も多様であることである。第二にジェンダーの差異と男女両性の権力構造が常に結びつくとは限らないこと、第三に西欧や北米の研究者の認識するジェンダー概念は欧米中心主義であるかも知れないことである。こうした前提に立ってなおボックは、ジェンダーを歴史分析カテゴリーとしてに用いる時は、男女の生物学的差異とそれに付随する概念をできるだけ捨象すること、また男女両性の関係を研究するだけではなく、女同士の権力関係を把握すること、ジェンダーの歴史は常に女性の歴史に関連づけない限り再び男性史となることなど、すでに生じてきている危惧を確認するかのようにつけ加えている。

5　おわりに

以上みてきたように、欧米の女性史研究は、女性学のインパクトを受け、豊かな成果を生んだ。そしてその研究成果に基づきながら、真剣に女性史の方法論を模索し着実に歩んできている。こうした欧米の女性史研究に啓発されながら私達日本の女性学・女性史研究者達は何を提示していくことができるのであろう。日本の女性史研究は確かに蓄積されてはいるが、研究視角や方法論の検討については不十分の感がぬぐいきれない(32)。とりあえず欧米の女性史研究のこの論題について、日本女性史という領野でも論じていく仕事を重ねる必要がある。

本章を通して確認したことは、近年欧米の女性史研究が、「女性の文化」や「女の領域」という形で、「女性」というカテゴリーの内実を豊かにしたという事実である。そして歴史の中の女性は様々な存在形態を取っていることが明らかになったが、その女性達を讃えたり批判するといった解放史にありがちな研究態度はもはやみられない。むしろ従来タブー視されてきたこと、不愉快とも思われるテーマも含め、すべての事象を説明しようとする果敢な情熱がある。多分この情熱が女性学・女性史研究の根源的な基盤となって、従来の歴史分析を超える歴史理論の形成へと向かっているのであろう。

さて最後に私達は幾つかの確認をしておこう。第一に少なくとも日本の女性史研究は「女性の文化」「女の領域」「男性支配」「ジェンダー」という本章で提出された概念について、欧米社会と異なるものを析出する可能性があることは推察しうる。しかしながら、非西欧世界の文化という形で日本社会の事象を短絡的に普遍化することは危険だ。ジェンダーを歴史分析カテゴリーに用いる時は、本章でも提示されている生物学に起因させた没歴史的解釈を自戒すること、多様な文化、多様な社会でジェンダーの表象や作用が異なることの認識をもつこと、こうした前提に立って、なお、ジェンダーを人間の歴史の変数とみることの普遍性を探求することが重要なのである。

次にすでに紹介した女性史家達が、男女関係史を唱え、その分析カテゴリーとしてジェンダーを用いようとしているのは、「男性支配」という論題を説くためであることを私達は確認しておかねばならない。女の領域や文化を明らかにしつつ、その権力関係を視野に入れない限り女性史は歴史として解けないのだ。このことの重要性を本章に紹介した論者達は共通認識としてもっている。

そして第三にペローがいうところの「問い」の重要性である。ペローは女性史の定義の際に「女性を中心とした」という視点をはずしていない。*Gender & History* では、「フェミニストの視野に立って」と明記している。ボックは「ジェンダーの歴史分析は常に女性史と関連づけて」という視点を確認する。ジェンダーという概念を提唱する論者達は、ジェンダーをより中立的な学問的な概念であると位置づけてはいない。Woman-Centred History としてのジエンダーの歴史研究であらねばならないと、かなりの危惧をもって強調している。

本章によっても明らかになったが、女性学の誕生によってジェンダーという概念が析出され、「女性学の学際的研究の一環としての女性史」という位置づけも行われるようになった。いま女性史研究はジェンダーというパラダイムを歴史の変数として捉えた時、何がみえてくるかという課題に応えようとしているのだ。そして、ジェンダーが歴史分析カテゴリーとして十分な説明を加えられる時、人間の歴史の有り様がさらに明らかになるであろう。女性史研究はこの壮大な課題に向かっているのである。

●註

1 『昭和六三年度科学研究費補助金（海外学術研究）研究成果概要・実績報告書及び添付資料』一九八九年三月作成、お茶の水女子大学女性文化研究センター所蔵。
2 アメリカ合衆国における女性学と女性史料館については、本書の「アメリカにおける女性史料館」参照。**【本書2章】**
3 *Women's Studies International Forum* (*Special Issue*) *The Fawcett Library : Britain's Major Research Resource on Women Past and Present*, Vol.10. No.3, Pergamon Press, 1987.
4 国領苑子「フランスにおける女性学の発達と女性資料センターの設立状況をめぐって」『阪南論集人文・自然科学編』第二一巻三号、一九八六年、六五〜七五頁、など参照。
5 前掲、『昭和六三年度科学研究費補助金（海外学術研究）研究成果概要・実績報告書及び添付資料』参照。
6 日本からは早川紀代が参加した。早川はその概略を「女性史研究――国際的動向の一齣」としてまとめ、総合女性史研究会編・刊『総合女性史研究』第七号、一九九〇年、に掲載。
7 福井憲彦『〈新しい歴史学〉とは何か』日本エディタースクール出版部、一九八七年など。
8 Michelle Perrot, *Une histoire des femmes est-elle possible.?*, Rivages, 1984.
9 ミシェル・ペロー、福井憲彦・金子春美訳『フランス現代史のなかの女たち』日本エディタースクール出版部、一九八九年、一五三頁。

10 ミシェル・ペロー「フランスにおける女性史研究の十五年」『フランス現代史のなかの女たち』所収、一五二～一七四頁。

11 前掲、ミシェル・ペロー『フランス現代史のなかの女たち』一七〇頁。

12 前掲、ミシェル・ペロー『フランス現代史のなかの女たち』二三〇頁。

13 'Culture et pouvoir des femmes : essai d'historiographie', in *Annales E.S.C.*, mars-avril 1986, n°2, pp.271–293.（金子春美・福井憲彦訳「女性の文化と権力」『actes《アクト》』No.5. 日本エディタースクール出版部、一九八八年、一三六～一六九頁）

14 Yvonne Verdier, *Façons de dire, façons de faire*, Gallimard, 1979.（大野朗子訳『女のフィジオロジー――洗濯女・裁縫女・料理女』新評論、一九八五年）

15 Martine Ségalen, *Mari et femme dans la société paysanne*, Flammarion, 1980.（片岡幸彦監訳『妻と夫の社会史』新評論、一九八三年）

16 水田珠枝氏は『妻と夫の社会史』の書評において、セガレーヌは性別役割分業の復活を結局は説いていると批判した（『読書人』一九八三年三月二八日）。

17 Lucienne A. Roubin, 'Espace masculin, espace féminin en Communauté provençale', in *Annales E.S.C.*, Vol.25. n°2, 1970, pp.537–560.

18 前掲、ミシェル・ペロー「女性の文化と権力」一五一頁。

19 Maurice Agulhon, *Marianne au combat (1789–1880), L'imagerie et la symborique républicaine*, Flammurion, 1979.（阿河雄二郎他訳『フランス共和国の肖像――闘うマリアンヌ　一七八九～一八八〇』ミネルヴァ書房、一九八九年）

20 長谷川博子「女・男・子供の関係史にむけて――女性研究史の発展的解消」『思想』七一九号、岩波書店、一九八四年。

21 Gerda Lerner, 'Placing Women in History : Definitions and Challenges', in *Feminist Studies*, Vol.3 No. 1/2, Fall, 1975.

22 Carl N. Degler, *Is There a History of Women?*, Clarendon Press, 1975.

23 有賀夏紀『アメリカ・フェミニズムの社会史』勁草書房、一九八八年に詳しい。

24 Ellen C. DuBois, Mari Jo Buhle, Temma Kaplan, Gerda Lerner and Carroll Smith-Rosenberg, 'Politics and Culture in Women's History : A Symposium', in *Feminist Studies*, Vol.6. No.1, Spring 1980.

25 Natalie Z. Davis, 'Women's History in Transition : The European Case', in *Feminist Studies*, Vol.3. No.3/4, Fall 1976.

26 Joan Kelly, *Women, History, and Theory : The Essays of Joan Kelly*, The University of Chicago Press, 1984.

27 Joan W. Scott, 'Gender : A Useful Category of Historical Analysis', in *The American Historical Review*, Vol.91. No.5, December 1986.

28 Joan Kelly, 'The Doubled Vision of Feminist Theory : A Postscript to the "Women and Power" conference', in *Feminist Studies* Vol.5. No.1, Spring 1979. / 前掲、Joan G. Kelly, *Women, History, and Theory*. に所収。

29 Nancy Chodorow, *The Reproduction of Mothering : Psychoanalysis and the Sociology of Gender*, Regents of the University of California, 1978.（大塚光子・大内菅子訳『母親業の再生産――性差別の心理・社会的基盤』新曜社、一九八一年）/Carol Gilligan, *In a Different Voice*, Harvard University Press, 1982.（岩男寿美子監訳、生田久美子・並木美智子訳『もうひとつの声――男女の道徳観のちがいと女性のアイデンティティ』川島書店、一九八六年）

30 *Gender & History*, Editors UK Leonore Davidoff, USA Nancy Hewitt, Basil Blackmell Oxford and New York. 一九八九年三月創刊。

31 Gisela Bock, 'Women's History and Gender History : Aspects of an International Debate', in *Gender & History*, Vol.1, Spring 1989, pp.7–30.

32 舘かおる「日本女性史研究の動向と課題――女性学と社会史をめぐって」『東京大学アメリカ研究資料センター年報』第一二号、東京大学アメリカ研究資料センター、一九九〇年。【本書４章】

◆4 日本女性史研究の動向と課題
……………女性学と社会史をめぐって

1 はじめに

女性の運動と政策がこのような形で結合して、歴史の転換を思わせる一つのパワーになったことはかつてなかったかもしれない。——一九六〇年代後半からの第二期フェミニズム運動と一九七五年の国際婦人年及びそれに続く国連婦人の一〇年の世界的規模での動きは、そう表現しても過言ではない程のダイナミズムを有していた。私も共に責任編集した『読む事典　女の世界史』(1)は、一九八六年の時点で日本人女性研究者が中心となって取り組んだ「女の世界史」の研究成果の一端であった。私は現在のところ、日本の歴史学界に常に身を置くものではないが、こうした仕事を通じてみえてきたことも少なくない。本章は、第一に日本女性史研究の動向を紹介し、第二に日本における女性史論争の論点を整理し、さらに第三に日本女性史研究にとっての今後の課題を提起したいと思う。

2　日本女性史研究の動向

1　概略

一九七〇年代以降の女性に対する関心への高まりは、様々な学問分野での女性研究の推進を招いた。日本女性史研究においては、その動向を紹介するのに格好の著作が刊行されている。女性史総合研究会編『日本女性史研究文献目録』（東京大学出版会、一九八三年）と、同会編『日本女性史文献目録Ⅱ』（同出版会、一九八八年）である。一巻は明治から一九八一年までの約二〇年間、二巻は、一九八二年から一九八六年までの五年間の研究文献が掲載されている。しかしながら、一巻と二巻に掲載されている文献数はほぼ同数といってよい位であり、このことは近年の日本女性史研究のめざましい量的拡大を物語っている。

ところで、日本の女性史研究は、大正・昭和前期に一つのピークがあったと把握されている(2)。大正期の女性運動の昂揚は女性の歴史についての関心も深め、幾つかの研究書も刊行されたが、歴史学というアカデミズムの世界からはほとんど無視されていた。また戦時下においては、日本女性の果敢さと犠牲を賛美した皇国史観に基づいた女性史が著わされている。

第二次大戦後になると、女性解放の実践的課題に対応してマルクス主義的女性解放史観に基づく女性史が提示され、社会的に大きな影響を与えた。その後女性社会史の提唱や研究テーマの広がりといった様相をみせながらも、通史的に描かれる場合は、発展段階論に立った形でまとめられる傾向が強かったといえよう。だがやはり歴史学界というアカデミズムの世界の中では、女性史を無視できない存在として扱うまでに至らなかった。それは、一九七〇年以降になってようやく実現したといってよい。

先に述べた一九七〇年以降の世界的な女性をめぐる動きの中で、日本では女性史ブームと呼ばれる程の様相を呈した。出版界は幾度となく女性史全集を刊行し、女性達は、自分達の立つ位置を確認するために女性史に目を向けていった。歴史学研究者も躊躇なく正面きって女性史研究に取り組むようになり、研究対象となる時代もテーマも広がりをみせた。同じ頃、北海道女性史研究会から沖縄女性史研究会まで、全国各地に続々と結成された女性史研究グループが地方女性史研究に打ち込み始め、活動が活発化した。こうして日本女性史研究は、歴史学の分野においても市民権をえて、学会誌で女性史の特集号を刊行するまでになっている(3)。例えば女性史総合研究会編『日本女性史』全五巻(東京大学出版会、一九八二年)が研究の深まりを示し、第四回を迎えた全国女性史研究交流のつどい(一九八六年八月九、一〇日)における報告集が、女性史研究の担い手と視野の広がりを示しているといえよう。

2 研究動向

次に、各時代ごとの研究動向を簡単に紹介してみよう。古代においては、日本の父権制・父系制の成立が欧米とは異なった形態をとっているのではないかという観点への注目は早く、日本の母系制・母権制の存在形態の研究は一つの特色となっている。渡部義通の『日本母系時代の研究』(一九三二年)、高群逸枝『母系制の研究』(一九三八年)、洞富雄『日本母権制社会の成立』(一九五七年)などの研究蓄積をふまえて、今日では妻方居住婚などの婚姻形態や出自系譜をめぐってより実証的な研究がなされ、家族史研究の進展により解釈も深まったといえよう。また東南アジアとの比較研究を行った社会人類学からの分析視角も受けとめ、父系・母系といった単系制ではなく、双系制であるという理論の導入も行われている。このテーマに関しては祭祀者、政治権力者としての女性の機能的位置づけや、氏族内での位置、家族紐帯などとも関連して今後の展開が期待される。さらに女性の労働形態、出産の形態、親子関係のあり方など、女性の具体的な生活を明らかにしていく研究も進められている。こうした研究動向は、前近代女性史研究会編『家族と女性の歴史　古代・中世』(吉川弘文館、一九八九年)の標題が明示しており、そして埴輪にみる母子関係のあり方などの考古学や人類学による知見も、古代という史料的限界をもつ時代の解釈に、より具体性を付与している。

中世は、貴族階級から武士階級へ支配形態が移行し、新たな形での家父長制が成立した時代である。家、家族、氏族の中で女性の抑圧と役割と権力がいかなるものであったかを解明するために、例えば相続の形態や財産権、労働形態などの実証的研究が行われている。その他、能、狂言、歌舞伎などの芸能活動における女性の役割と地位、宮座などの商業活動における活動の様態、女性に対する刑罰、風俗慣行など様々な点を解き明かす研究がみられる。その際の分析視角として「性別役割分担」といった女性学からの概念も取り入れていることは注目されよう(4)。なお鎌倉仏教やキリスト教が、女性観にどのような影響力を与えたかということ、王権論からみた女性の霊能の意味づけなどの論議もみられる。一方社会史研究のイコノグラフィーの方法論に触発されてか、絵巻物等の絵画史料を駆使して、出産の情景や接吻の様態、などから推論した保立道久『中世の愛と従属――絵巻の中の肉体』(平凡社、一九八六年)などが刊行されたことも興味深い。総説としては田端泰子『日本中世の女性』(吉川弘文館、一九八七年)が各階層の女性の地位と役割の変化を考察している。

近世については、女性が最も抑圧されていた暗黒の時代という従来のイメージは大幅に修正された。全体としては、研究対象を武士階級の女性から庶民女性に移すことで、女性の地位の相対的高さ、自己意識などを積極的に評価していく方向性を示している。具体的には、女房一揆等の政治秩序への抵抗、農村女性の諸産業への参加、女性奉公人の雇用形態の変化、名主の妻の家事労働と外出や利殖の実態、都市の町家女性の家の継承や相続といった個別研究が進められている。

一方、家・家族、結婚・離婚に関しては、歴史人口学や社会史の手法を用いた研究の発展がみられる。例えば宗門改帳などの史料を中心に、人口、婚姻、出産、相続、死亡、人口調節、ライフ・コース、ライフサイクルなどについて基礎的データをもとに新たな見解を提出していることは大きな特色といえよう。近世女性史研究会編『論集近世女性史』(吉川弘文館、一九八六年)は、近世女性史の研究成果を示してくれているが、今後近代との連続・非連続を女性史研究からどのような形で提示していくかが問われている。

さて近代では、やはり女性運動が大きなテーマであるが、生活史や地域史にみられる女性の存在形態の多様性を考慮した論述が行われるようになった。村上信彦『明治女性史』全四巻（理論社、一九六九～七二年）がその先駆的役割を果たしたといえよう。女性運動については、自由民権、参政権、消費組合、労働、その他数々の市民運動といった体制変革運動とともに、愛国婦人会や国防婦人会などの体制的な婦人運動にも対象を広げ、諸々の局面での女性の動きを明らかにしている。亀山美知子『近代日本看護史』全四巻（ドメス出版、一九八三～八五年）などは、看護婦という職業に携わる女性の位置から近代日本女性史を照らし出した。またようやく戦時下研究が着手され、女性の被害者性と共に加害者性の両面から考察を深め始めたといえよう。思想研究では、丸岡秀子『婦人思想形成史ノート』上・下（ドメス出版、一九七五、一九八二年）が近現代の女性が書き表してきた言葉をたどりつつその思想を整理している。また脇田晴子編『母性を問う』上・下（人文書院、一九八五年）などにみられるように、日本女性史の特色として「母性」を取り上げる仕事も多い。

現代については占領下の女性についての解明、母親運動、消費者運動、反原発運動などの主婦を中心とした運動の展開から、一九六〇年代後半からのウーマン・リブ運動、そして国連婦人の一〇年をめぐる運動に至るまでが視野に入っている。朝日ジャーナル編『女の戦後史』全三巻（朝日新聞社、一九八四～八五年）は、評論的性格が強いが、すでに四〇余年になった戦後の変化を記録している。近現代を通じていえば、女性運動家達の回想や評伝が次々に刊行され、また聞き書きという手法に基づく口述史もまとめられ、その成果は豊富な研究視角をもたらした。特に生活史、地域女性史、底辺女性史など文字史料が残されていない領域での掘り起こしには不可欠な方法であった。なお民俗学との関連については、今回は省略したが、『日本女性史文献目録』には民俗学の研究文献も掲載されている。

以上、研究動向の紹介からも感知されると思うが、近年日本女性史研究にいくつかの変化が生じてきている点をまとめておきたい。

第一に史料の整備や作成がめざましい勢いで行われ、研究対象の広がりと、研究視角の多様化と深化をもたらしたといえるであろう。文献目録や年表の作成、単行本・雑誌の復刻、『日本婦人問題資料集成』全一〇巻（ドメス出版、一九七六〜八一年）をはじめ資料集の刊行は研究推進に寄与した。

第二に、研究の担い手が増加したことがあげられる。女性史が学界で公認されるに伴い、女性史を専攻する者が増加した。一方地方の女性史研究会等のグループのネットワークも広がって、研究層が厚くなった。それが研究視角の多様性をもたらすことにも結びついた。

第三に女性学や生活史・社会史のインパクトを受け分析視角や方法論上の革新があった。これについては次節でも言及する。

第四に、世界史の中で日本女性史の固有性と普遍性を検討する視点がみられるようになった。例えば先にあげた「母性」への取り組みの中にその一端が窺われよう。このように日本女性史研究は研究の推進に伴って次なる課題に向かっているといえよう。

3　日本における女性史論争

1　第一次女性史論争――解放史か生活史か

女性史研究は常に女性史とは何か、女性史は成立するか、女性史は何をすべきかといった論議を重ねながら発展してきている(5)。日本女性史研究においてもそれは例外ではなく、一九七〇年から現在に至るまで第一次から第三次の女性史論争と名付けられた論争が行われている。論争の主要論文は、古庄ゆき子編、解説『資料　女性史論争』（ドメス出版、一九八七年）に収録されているが、そこには近年の社会史の立場からの問題提起とその後の論議は含まれていないので、その点を補足しながら論点を整理してみよう。

まず第一次女性史論争は、村上信彦「女性史研究の課題と展望」(『思想』五四九号、一九七〇年三月)が口火を切った。戦後の日本女性史研究が、一九四九年に井上清が著わした『日本女性史』にみられるように婦人運動中心の、しかも抑圧から解放へといった政治的図式に基づいて描かれることの問題点を指摘したものであった。特に階級史観に立つと民衆における性支配の事実への認識が弱くなることをあげ、民衆女性こそ性支配と階級支配の二重支配のもとに置かれていたのだと主張する。それは村上の『明治女性史』など一連の仕事から明らかにされたことであった。だからこそ女性史は一部の運動家の闘いの歴史を描くのではなく、圧倒的多数の無名の女性の生活をできる限り掘り起こしていくことが重要であるという、方法論上の問題提起を行った。そして女性史における婦人解放運動史は、一般史における労働運動史と同じように女性史の一部をなすものといえるので、「庶民女性の全生活史」という状態の歴史を描くことをめざすべきと述べたのである。また生活を描くために聞き書きという手法を駆使することの有効性も強調した。戦後圧倒的な影響力をもっていた井上女性史の女性解放史観に基づいた女性史研究に対する村上の真向うからの批判は、大きな波紋を投げかけた。

この村上に対する主たる批判は、生活と運動との関係性をめぐって論議された。例えば米田佐代子は、井上清の『日本女性史』では女性が家や家庭から解放されることの重さを理解していないと批判し、その点では村上の見解を支持する。しかしながら、女性の生活の実態を明らかにするのは女性解放のための変革主体としての女性の成長をより緻密に捉えんがためであるべきだと主張した(6)。伊藤康子も、女性の「生活」と「要求」と「運動」との関係を関わらせて論じる必要があること、また女性の耐えるエネルギーと同時にそれをつき抜けたエネルギーを評価しなければ歴史理論にはなりえないとして、歴史変革のベクトルの方向を位置づけることの必然性を主張した(7)。これらの批判に対し、村上は従来の研究が「抑圧」の実態を血肉化して理解しなかったがゆえに、結局は「解放」が抽象化され図式化される結果を生んだことを強調する。あくまでも安易に「解放」への図式を置くことを拒否し、より緻密な史実の実証を積み重ね、そうして浮き彫りにされた「生活」を自己検証する作業こそが必要なのだとその意図を再度述べた(8)。

一方村上とはまた別の観点に立って、底辺女性史という形での仕事が行われた。従来も森崎和江の筑豊の女達、もろさわようこの部落・沖縄の女達などにみられるように、いわば辺境に位置づけられた女性から日本近代を照らし出すという視点はみられたが、これらは文学や評論の領域とみなされていた。山崎朋子は『サンダカン八番娼館――底辺女性史序章』(筑摩書房、一九七二年)において、近代日本の歴史の中で「もっとも苛酷な境涯に置かれていたもの」として「からゆきさん」といわれる海外売春婦を取り上げ、従来のエリート女性史のアンチテーゼとして底辺女性史を対置するという立場を示した。この山崎の観点に対してもからゆきさんの階級的位置づけがなされていないので、被抑圧女性史は記述できても解放の展望をもった通史は著わせないとする批判が行われている(9)。

村上や山崎による従来の日本女性史研究に対する疑問から発した仕事に対し、歴史学研究を専門とする研究者から即座になされた発言は、歴史観、歴史理論が明確でないという批判であったといえよう。だが多分にそれは運動論的色彩の濃いものであった。しかしながら、同じ歴史学研究者の中にもこうした批判ではなく、村上らの提起を積極的に受けとめた発言もみられた。鹿野政直は生活史か解放史かという二者択一的な問題設定ではなく、両者はいわばコインの両面だという認識を示し、生活史と運動史を踏まえた「問題史」として女性史を著わしたいとの見解を述べている(10)。また、ひろたまさきは、民衆史研究との共通点や相違点を検討する中で女性史の論点が深められると指摘しながらも、女性史は民主主義発展史や労働運動史、階級闘争史、民衆史などに解消されるべきではなく、女性史独自の課題と方法を具体化していくべきであると論じている(11)。

また女性学の視点からは、井上輝子による新しい女性史の構築が呼びかけられた。井上は、井上清の日本女性史などの解放史は解放イメージを一義的に適用し、他の解放イメージを切り捨てていること、村上女性史に対しては人間評価に関わる解釈や価値判断に恣意性がみられることなどを指摘する。そして「解放のモノサシ」や「人間の完成度」で女性に関する歴史事象を裁断せず、各女性の精神構造に分け入り、解放の実感まで確かめて構想するという、既存の歴史観や価値観にとらわれない女性史こそ望まれると述べている(12)。

解放史か生活史かをめぐって闘わされた第一次女性史論争を通じて、確かに幾つかの進展はみられたといえよう。マルクス主義史学の立場から解放を図式化しがちであった従来の女性史を捉え直し解放の多義性を確認したこと、女性の日常生活に注目し、実態を明らかにしていく作業の重要性が認識されたこと、農村女性、からゆきさん、アイヌの女性など、マージナルな位置にあった女性を取り上げることで、日本近代をトータルに照射する視点を取り出したこと、さらに地域女性史の活発化により中央都市部の女性の活動のみではなく、地域女性の歴史が捉えられてきたことなどをあげるだけでも、女性史研究の幅を広げるものであったことは確認できる。また生活史や民衆史との方法論的な連関が論じられ、聞き書きという手法の歴史研究にとっての有用性が検討されたことは、女性史の課題と方法をより明確化することに有益であった。

ただ私見をつけ加えるならば、村上が明治女性史研究を通じて提示した「明治女性の抑圧の形態は家父長制(この場合は家制度)と公娼制に集約される」という、女性史の歴史理論として展開しうる可能性をもった理論仮説が何ら検討されないままに放置されたことをいぶかしく思うと同時に、今後の課題として明記しておきたいと思う。

2　第二次女性史論争――家族・階級・意識をめぐって

第一次女性史論争で提示された論点は、いくぶん形を変えて第二次女性史論争に引き継がれて論じられることになった。それは、水田珠枝『女性解放思想の歩み』の序章「女性史は成立するか」において階級差別とは次元の違う性差別というものが存在し、女性は階級支配と性支配の二重の抑圧のもとに置かれてきたという視点を提示したことから始まった(13)。同書ではこの二重支配は家父長制として組織化されたことと、その要因は、女性が生活資料の生産とともにより労力のかかる生命の生産に携わってきたことによるという理論を提起している。

これに対し原田二郎は、性差別の原因は「家長を中心に構成された家族制度」にあるのではなく、資本主義的搾取制度の問題であるとして批判し、さらに、私有財産を土台とする支配階級の家族と私有財産をもたない被支配階級の家族を水田氏が区別していないと述べ、家族の異質性を認めない立場に疑義を示した(14)。

一方米田佐代子は、水田論文はこれまでの歴史を支配する性＝男性の歴史と捉え、家父長制家族の論理で割り切ってしまったところから、これまでの人民大衆の闘いの歴史を捨象し、性差別からの解放についての展望が見出し難くなっていると指摘する。そして女性の意識変革を問題にするにしても、無名の無産婦人達が抑圧された生活の中の、いわば自己解体の一歩手前で、これ以上は人間として耐えられないという認識から出発するという視点をもって、歴史の全体像を捉える歴史認識を作り出す必要があると主張した(15)。

水田はこうした批判に対して、論点を家族・階級・意識をめぐっての捉え方の相違として整理した(16)。水田が現代家族を家父長制であり性差別の温床とみるのに対し、米田は、「いのちとくらし」を守る解放のための砦だと擁護する。水田は、「米田氏こそ民主主義統一戦線論と家族擁護論を直結することにより、その女性解放論は階級差別と性差別の問題の明確な理論的位置づけを行えていない」と批判した。

要約すれば、米田が、意識が女性運動の出発点ではなく、生活の状態、現実の状態が出発点なのだと主張するのに対し、水田は、現実の状態の認識と同時に現実を変革しようとする意欲即ち意識がなければならないとし、結局は家族の解体か擁護かの女性解放の方向についての違いからくるものと整理できよう。この他科学的婦人論の立場からの批判も行われ(17)伝統的なマルクス主義女性解放論の根強さを窺わさせた。なお水田の提起に直接応える形ではないが、脇田晴子が、性支配か階級支配かという一元論ではなく、二元論的様相を呈している歴史の実態を認識し、その連関について、性差に関わる機能差や性別役割分担の価値評価といった観点から分析することの必要性を説き、共同で実証的な研究に取り組んだことは注目されよう(18)。

さてこの論争を通じて、従来のマルクス主義女性解放史観の限界が露呈され、新たな立論のために必要な論点が提起されたといってよいであろう。性支配と階級支配の連関の問題、生活資料の生産と生命の生産という二つの生産と男女の役割分担及び経済支配の構造、性支配の形態としての家父長制及びその具体的な顕現としての現在家族の評価をめぐって、家族の解体か擁護か再生かといった方向性の相違の問題、さらに女性の意識の重視と歴史的認識との関係性などであり、これらの論点の位置づけなしに、もはや女性史は描けないところまできたといえよう。

こうして論点が少しく明確になったところで、必ずしも十分深められないまま、第三次女性史論争といわれる次の場面に移行したのである。

3　第三次女性史論争――女性史か関係史か

第三次女性史論争は、近年の歴史学界の大きな潮流となり、女性史の発展にも影響力をもった社会史研究のブームの中で生じた。長谷川博子「女・男・子供の関係史にむけて――女性史研究の発展的解消」（『思想』七一九号）という衝撃的な題目の論文は日本でも社会史への関心が高まってきた一九八四年に発表された。長谷川論文は、従来の女性史研究の蓄積とはほとんど無関係に、むしろ欧米の女性学における女性史研究の文脈の中で問題提起を行った。その論旨は次のようなものだった。

一九六〇年代後半の女性学誕生の当初には被抑圧者史観＝女性解放史観に基づいた研究が多く、従って「進歩」として女の歴史を追及する傾向があった。しかしながらこうした観点からのみ女の歴史を追究することは、女性史が男性と同等の権利を有するための補足史とならざるをえない。例えば「家族」という場に注目すると、女と男と子どもとの関係の作り方、そこにおける意識、労働のあり方などが克明にみえてくる。そうなると女性を取り上げるのではなく、女・男・子どもの関係を取り上げることにより、全体がみえてくる。従って女性史研究は、全体史構築のための関係史として視座を置き変える必要があるというものだった。

これに対して、長谷川論文では従来の女性史研究の捉え方があまりに一面的であり、社会史研究の生産的な仕事は評価するとしても、それは女性史の発展的解消という方向を導くものではないとする批判が行われた(19)。そして女性史は、調べられていないから女性の歴史を掘り起こすといった観点からではなく、女性に着目することによって、歴史の偏向を是正するという観点から行われたところにその存在意義と重要性があったと述べている。

また、この長谷川論文は、フランスのアナール派社会史の一部にみられる研究視角と同質のものであるとして厳しい批判もなされている(20)。即ち、時代を「進歩」と捉えることを否定し、性差を積極的に認めていくことがアカデミックな研究の発展を促すという社会史研究の一部の主張に対し、性差を積極的に認めることは、結局は性差別の容認に帰結すること、及び近代批判を重視するあまり前近代を美化する結果を生んでいることへの自覚がないことに対する批判であった。こうした批判は第三世代を迎えた社会史の今後の展望にも大きく関わっている。

ところが、荻野美穂は「性差の歴史学」(『思想』七六八号、一九八八年)において長谷川論文の提言のうち、女性を被抑圧者と見做し、そこからの解放を至上命題とする従来のフェミニズム的女性史への批判、及びより深い歴史理解のためにはむしろ性差を積極的に考慮していかねばならないという点には賛意を示す。だが女性史の発展的解消に対しては「女性史の可能性に期待を寄せること自体をもはや徒労として諦めねばならぬいわれはない」と述べている。なぜならば、女という性の独自性を語るに重要なテーマである、性と生殖の歴史が手つかずのまま残されているからであり、両性史という複眼的な歴史像の構築に手を染めるのは、女の視座からの世界像をいま少し鮮明にしてからでも決して遅くはないと述べ、女性史再生の道を示したのである。

社会史は近年の歴史学研究に大きな影響を与えたが、フランス、イギリス、ドイツ、アメリカ等欧米諸国をとってみても、社会史と女性史の関わりは決して一様ではない。ここでは、社会史と女性学のインパクトをめぐって生じた女性史解消と女性史再生の二方向への展望の違いを紹介するにとどめ、今後の課題については次節に委ねることにしよう。

4　日本女性史研究の今後の課題――女性学と社会史をめぐって

日本女性史研究が興隆をみせ始めた頃、これまでの歴史を事実上男性史として相対化するような視点を確立し、女性史固有の時代区分を打ち出す姿勢をもつようにと呼びかけ、それを自らのものとしようとする大きな期待があった(21)。

それから一〇年以上を経た今、日本女性史は転機にあり、見直しの時期にきていることを感じている者も少なくない。女性と関連のあるテーマを実証的に扱っていればそれが女性史であるというような傾向が強まる中で、研究論文数の増加とは裏腹に、むしろ女性史の衝撃力は弱まっているのでないかという危惧を指摘する声も聞かれ(22)、私もそれは否定し難い面があると感じてはいるが、やはり研究論文数の増加によってもたらされた蓄積も大きい。ここでは、日本女性史の今後の課題について幾つかの見解を紹介しながら私見を提示しておきたい。

これからの日本女性史研究に必要な視点として鹿野政直は、次の三つをあげている(23)。第一に「世界」の視点から日本を相対化し、その普遍性と固有性を明らかにすること。特にアジアなど第三世界の視点が従来の日本女性史研究にはほとんどみられなかったことを顧みて、留意すべき視点であると述べている。

第二に「地域」の視点に立つこと。地域には女性の存在形態の多様なあり方があり、運動との相互触発性も孕んでいる。地域をみることで歴史の深部を垣間みることも可能であると位置づける。

第三に女性学、民俗学等の隣接諸科学との関連で女性史を捉えていくことの必要性を指摘する。例えば経済学と経済史、政治学と政治史の関係のように経済学や政治学が現状分析と未来に向けての理論構築を固有の役割とするのに対し、経済史や政治史は、経済や政治といった、対象とする分野の過去を明らかにする。女性学と女性史もこうした関係として位置づけられると考えてよいと述べている。

さて、鹿野氏の三つの指摘については、私も同意するところである。ただ女性学と女性史の位置づけに関しては、少しく私見をつけ加えておきたい。もし女性史が鹿野氏のいうように「対象とする分野の過去を明らか」にしたり、抑圧や解放のイメージの相対化のみを行うのであれば、女性史は「女性という領域」についての歴史学にしかならない。しかしながら経済史や政治史が歴史学の一分野に終わらないのは、人間社会の中で「経済」や「政治」がどのように作用しているかということを原理として捉える経済学や政治学の学問体系の中にその視座を置くがゆえである。経済史や政治史は、「経済」や「政治」が歴史転回のいかなる函数であったかを歴史理論として示すがゆえに、歴史学の一分野にとどまらないのだ。女性史も同様である。だからこそ女性学の誕生があったのだ。女性史を歴史学の一領域として位置づけることはもはや自覚的にやめ、女性学の歴史的アプローチとしてその学問原理を認識すべきなのである。

ところで日本女性史研究には、こうした視点を創り出すことの困難さと感動とをすでに知っている高群逸枝というパイオニアがいる。彼女の一九四七年六月の日記には、こうした認識の「発見」が次のように記されている。

いままで夢中でやってきたのは単なる歴史ではなく、歴史から原理を抽象しようとするいわば社会科学の一分科としての女性史学だったのだ。これだけのことが現にやってきながらもいままでわからなんだ　女性史学　女性史学　ああ　この新しい学問(24)(傍点は引用者)。

そして女性史学の研究題目は、家族制、婚姻制等の大きなものから、衣服、ことば、女性観、民話民謡、諸芸術、宗教等のあらゆるものが対象になると書きつけている(25)。

高群逸枝は、『母系制の研究』（一九三八年）、『招婿婚の研究』（一九五三年）に代表される婚姻史を中心とした実証的な女性史研究者であり、その研究は、今日の前近代史研究においても高く評価され、さらなる展開のために批判的継承がなされている。同時にまた、今日のラディカル・フェミニズムに通底する理論枠組み、即ち資本主義、近代家父長制、男権的マルクス主義批判を一九三〇年段階で提示した理論家でもあった(26)。高群が女性史研究の末に、今日の女性学に匹敵する学問の原理原則を発見しえたことの意味は決して小さくはない。彼女は女性史が単に歴史を明らかにするにとどまらず、「歴史から原理を抽象しようとする」理論構築をめざすものであることを知っていた希有な存在である。それゆえに彼女は、日本女性史固有の時期区分を示すことも可能であったのだ(27)。

このように、女性史を歴史学の一分野として位置づけることと、女性学における歴史的アプローチとして位置づけることの違いは、そこから導き出される成果に大きな隔たりを生む。かつての経済学は、人間の「経済」の営みを考察して、階級（class）という概念や労働力の商品化という現象を分析した。女性学は、同様に「女性という性」に凝縮して表れた問題、事象を考察し、性（gender）という概念を析出したともいえよう。さらにつけ加えれば、黒人学、黒人史は、人種（race）という概念に直面せざるをえなかったのだ。階級、性、人種、これらはみな抑圧や差別と不可分であり、人間の歴史変化の重要な函数であったことが近年ようやく認められてきたのである。

いま女性史は、女性学の誕生に際してその役割を認識し直す時にいる。そして日本の場合、女性史の果たす役割は重大だ。なぜならば、女性学によって析出された性（gender）概念をはじめ諸々の見解がいまだ欧米中心であるからだ。日本女性史研究は、実証研究をふまえて歴史理論を提出し、女性学による理論構築に多大な貢献をする責務がある。

以上述べてきたように、私が日本女性史の今後の課題としてまず第一に取り上げたいのは、「女性学における歴史的アプローチとしての女性史」という視座である。

第二に、女性史及び女性学がその焦点をどうやら性（gender）にしぼってきたといえそうである。だがその場合の分析視角については検討を加えておく必要があろう。先に紹介したように、今日の女性史研究視角として「性と生殖の歴史」への着目や「性と肉体」の深みから歴史を捉えるといった主張がみられるようになった(28)。

さて先の高群は、女性史は「性の商品化」という具体的課題認識をもつべきと提案している。彼女の整理によれば、文明時代は、労働力と性を商品化した。労働力の商品化については、マルクス主義経済学をはじめ研究が進んだ。ところが「性の商品化」については、十分な実証研究も分析視角も見出しえていないとして、女性史学の中心課題としたのである(29)。

私がここであえて高群のいう「性の商品化」という視点を提出したのは、女性が日々の生活の中で特に性と生殖にまつわる事柄をどのように論じてきたかを問うだけではなく、女性の性と肉体が歴史上どのように扱われてきたかという実態と構造分析の観点を強調しておきたいからである。女性の性は、時として生殖的性（reproduction）と性的性（sexuality. 狭義のセクシュアリティ）として顕現する。近年の研究は生殖をめぐっての視点が主となっているが、それは「家族」への着目からきているものと思われる。家族という枠から離れた女性の存在形態も常に付置して考察する必要がある。女性の性は生殖能力と性的欲望の対象となりうる能力の両方によって評価され、商品化もされる。こうしたことから女性の性の実態を明らかにしていくと同時に、性が性差別に転化する構造分析が行われなければ、歴史の函数としての「性」の全体把握はできまい。

第三には、女性史と関係史及び社会史との研究目的の違いから予想される、成果の違いについてである。先に紹介した「女性史から関係史」への提唱も、「性差の歴史学」という提唱も、社会史の視点なり方法論なりを摂取してのことである。もちろん女性史の解消と女性史の再生という方向性の違いはあるが、女性という性を男性との関係性で捉え、男女に性差があることを認めた上で考察しようとする点では共通である。

まず「性差の歴史学」という視点への批判から述べよう。女性がその性を有するがゆえにいままで担ってきた役割や意識があり、それを解明することで「女の視点による歴史の読みかえ」が行われるという荻野論文の意図は理解できる。しかしながらそれを行う場合、性差の視点の導入という観点に立つのではなく、女性という性をもった人間の存在を中心に置いて歴史をみるという観点に立つべきであると私は考える。女性を中心に置いた歴史（Woman Centered History）をいまこそ徹底させるべきであり、その検証作業をする際、性差即ち男との違いといった尺度で行ったり、性の違いによる人間存在のあり方を、「性差」としてカテゴライズする危険を内包することは得策ではないと思う。もしくは、性差が性差別に転化する状況について克明な状況認識と構造分析が同時になされて行かねばならない。また、荻野論文は「性差の歴史学」の目的を、「異なる視座から眺めた歴史像を幾重にも重ねあわせていくことによって新しい洞察を獲得し、少しでも「全体史」という見果てぬ夢に近づかんためなのである」と結んでいる。しかしながら、私には、女性という性による歴史の読み変えは「全体史」に近づかんためではなく、性（gender）という概念が歴史の中でいかなる要因として作用してきたかを明らかにするためであると思われる。

性差という他の性との違いを考慮する視点は従って、関係史という発想になる。関係史中心のアプローチと女性中心のアプローチとの違いは、結果的に歴史転回のパラダイムたる事実の発見と、それがもたらす衝撃力とダイナミズムを弱めてしまうことになろう。例えば黒人学及び黒人史を例に引こう。黒人史は「黒人と白人の生物学的な皮膚の色の違いを認めて、関係史としてみるべきだ」という論法はあるだろうか。もちろん性による違い、人種による違いの各々に属した人々は常に関係をもっている。ただこの性差、人種差を単なる「違い」として人間の歴史が営まれてこなかったことがいま問題にされているのである。

黒人史が白人中心の歴史を相対化し、変革するインパクトになったことは周知の事実である。女性史が歴史のパラダイムの転換になりうるインパクトをもつためには、あくまでもWoman Centered Historyであるという視角を失ってはならないと思われる。

第四に日本女性史は世界女性史の中で、その固有性と普遍性をもっとつきつめるべきである。再び高群の仕事に立ち帰ってみれば、彼女は欧米の父系制、父権制の成立過程と日本の違いを鋭く感知し、日本の母系的、現在でいえば双系的な制度形態を検証しようとした。また急速な近代化を遂げたアジアの一国の日本の女性という位置から、日本の近代化が欧米中心主義であり、男性中心主義であることをいち早く見抜き、近代を超える論理を模索し続けた。高群をはじめ他の日本のフェミニズム理論家達も、日本の女の歴史の現実から社会の変革を希求し、その希求の視点に欧米とは異なった有意性をもっていたという分析も可能である(30)。

以上日本女性史研究は、女性学や社会史といった最近の学問分野の影響を受けて、いままた新たな局面に立っている。「歴史のパラダイムとしての女性の性」という視点から女性史を捉える時、日本女性史研究は世界的視野に立って貢献しうる可能性をもっているし、また必要に迫られているともいえよう。こうした状況を切り開いていくことが、日本女性史研究にとっての重くとも楽しい課題なのである。

●註

1　原ひろ子・田中和子・舘かおる・須田道子編『読む事典　女の世界史』新曜社、一九八六年。

2　中嶌邦「女性史の課題——日本史を中心に」女性学研究会編『講座女性学4　女の目で見る』勁草書房、一九八七年。

3　例えば、『歴史学研究』五四二号、歴史学研究会編・刊、一九八五年六月は「歴史のなかの女性」を特集し、『歴史評論』校倉書房は、毎年三月を女性史特集号にあてている。

4　脇田晴子「中世女性の役割分担——勾当内侍・販女・勧進比丘尼」『歴史学研究』五四二号、一九八五年六月。

5　例えば、水田珠枝「女性史は成立するか」(『女性解放思想の歩み』岩波新書、一九七三年)において、イギリスにおける女性史論争を紹介している。

6　米田佐代子「現在の婦人運動と「女性史」の課題——井上清『日本女性史』などをめぐって」『経済』八三号、新日本出版社、一九七一年三月、古庄ゆき子編・解説『資料女性史論争』ドメス出版、一九八七年、所収。

7　伊藤康子「最近の日本女性史研究」『歴史学研究』三七六号、一九七一年九月、五一〜五六頁、前掲、古庄ゆき子編『資料女性史論争』に所収。

8　村上信彦「女性史研究の性格と方法について——伊藤康子の批判に関連して」『歴史学研究』三八〇号、一九七二年一月、四三〜四八頁、前掲、古庄ゆき子編『資料女性史論争』に所収。

9　犬丸義一「女性史研究の課題と観点・方法――マルクス主義史学の立場から」『歴史評論』二八〇号、一九七三年九月号、古庄ゆき子編『資料女性史論争』に所収。
10　鹿野政直・堀場清子『祖母・母・娘の時代』岩波書店、一九八五年。
11　ひろたまさき「福沢諭吉の婦人論にふれて――近代日本女性史研究の若干の問題点」『岡山大学法文学部学術紀要』三九号、一九七九年、一～一七頁、前掲、古庄ゆき子編『資料女性史論争』に所収。
12　井上輝子「新たな女性史の構築をめざして」『思想の科学』五一号、一九七五年、前掲、古庄ゆき子編『資料女性史論争』に所収。
13　前掲、水田珠枝「女性史は成立するか」参照。
14　原田二郎「水田珠枝著『女性解放思想の歩み』」『歴史評論』二八七号、一九七四年三月号、七六～八二頁、前掲、古庄ゆき子編『資料女性史論争』に所収。
15　米田佐代子「女性史の学び方」『歴史評論』三五九号、一九八〇年三月号、三〇～三九頁、前掲、古庄ゆき子編『資料女性史論争』に所収。
16　水田珠枝「女性史における家族・階級・意識――米田佐代子氏への疑問」『歴史評論』三七一号、一九八一年三月号、一六～三〇頁、前掲、古庄ゆき子編『資料女性史論争』に所収。
17　伊藤セツ「あれこれの婦人論（4）科学的婦人論をきずいた人々」日本婦人団体連合会編・刊『婦人通信』一九八〇年六月。
18　脇田晴子「歴史学と女性」『歴史学研究』五一七号、一九八三年六月、一七～二五、六八頁／女性史総合研究会編『日本女性史』全五巻、東京大学出版会、一九八二年、脇田晴子編『母性を問う――歴史的変遷』上・下、人文書院、一九八五年、など。
19　船橋邦子「新しい歴史学の方法論と今後の女性史研究への一視角」日本婦人問題懇話会『日本婦人問題懇話会会報』No.41. 一九八四年一二月、五二～五九頁、ゆのまえ知子「女性史論の流れと「関係史」への疑問」前掲、『日本婦人問題懇話会会報』No.41. 六〇～六六頁。
20　水田珠枝「男女平等への世界的潮流――個人の自立に向かって」『法学セミナー増刊・女性と法』日本評論社、一九八四年、二一～九頁。

21 鹿野政直「近代女性史の軌跡」近代女性史研究会『女たちの近代』柏書房、一九七八年。
22 荻野美穂「性差の歴史学――女性史再生のために」『思想』七六八号、一九八八年六月号、七三～九六頁。
23 鹿野政直『婦人・女性・おんな――女性史の問い』岩波新書、一九八九年。
24 高群逸枝、橋本憲三編『小説・随筆・日記　高群逸枝全集』九巻、理論社、一九六六年、三〇一頁。
25 前掲、高群逸枝、橋本憲三編『小説・随筆・日記　高群逸枝全集』九巻、三〇三頁。
26 舘かおる「高群逸枝と日本のフェミニズム」『歴史評論』四五五号、一九八八年三月、六六～六八頁。
27 高群逸枝『日本婚姻史』至文堂、一九六三年、及び『女性の歴史』印刷局、一九四八年、参照。
28 前掲、荻野美穂「性差の歴史学――女性史再生のために」／前掲、鹿野政直『婦人・女性・おんな――女性史の問い』参照。
29 前掲、高群逸枝、橋本憲三編『小説・随筆・日記　高群逸枝全集』九巻、三六七頁。
30 舘かおる「日本のフェミニズム理論――平塚らいてうにおける「母性」とフェミニズムをめぐって」前掲、女性学研究会編『講座女性学4　女の目で見る』所収。

◆5 女性学とジェンダー

1　はじめに

一九七五年頃の日本で「女性学」という名称が学問として、その成立を表明して登場してきた時、揶揄と反論と疑義を込めてまず述べられたことは、「女性学」を作るなら「男性学」も成立しなければ不公平というものであった。女性学を「女性を対象にする学問」、即ち「領域の学」と捉えての疑義であった。

すでにこのような枠組みでの議論は、日本においては明治二〇年の段階で行われている。明治女学校の創立者で『女学雑誌』を主宰していた巖本善治と『東京経済雑誌』記者、田口卯吉の間で行われた「女学」論争である。「女学」を提唱した巖本は、「女学」は「女性に関係する凡百の道程を研窮する学問」と定義するが（巖本、一八八八）、田口は「若し女学と云へるものあらば、余輩は男学もありて然るべしと信す」と批判する（田口、一八八八）。それに対する巖本の反論は、「女学」は女性が大いに忘却されているから起こった学問である、もし男女が同等の幸福を受けられる世の中になり、「男学」を設ける程の時勢となったら、「男学、女学混同等和して」「人類学と為る」であろう、しかしそのような世の中は簡単には来ないという語調のものであった。一九世紀の終わりの日本の近代学問に対して巖本は、「学問研究における女性の欠落」を注視しろというメッセージを送って批判し、その欠落を是正する学問として「女学」を提唱したのである。しかし巖本のいう「学問における女性の欠落」は、「女性」という「領域」の「補完」をまず志向し、「男学」の成立をも視野に入れた「新たな視点の学問」を展望するまでには至らなかった。

しかし巖本の提唱にもかかわらず、日本の近代学問の男性中心性は変わることなく維持され、一九七〇年代になってなお、女性を等閑視している学問への批判を叫ばざるをえない状況があった。加えてアメリカ合衆国を始めとする一九六〇年代後半からのウーマン・リブ運動の興隆は、性差別を明らかにする学問研究や女性解放のパワーとなる学問研究が存在していないことを気付かせ、女性学の成立を促した。

日本では一九八〇年頃、女性学はその担い手、目的、対象を「女性による、女性を対象にした、女性のための学問」であることを重視するか、「男女による、男女を対象にした、男女を含めた人間のための学問」を心掛けるべきか、と模索する女性学者達の表明があった（女性学研究会編、一九八一）。「女性による、女性を対象にした、女性のための学問」は、その担い手、目的、対象を「女性に限定」することを第一義としたわけではなく、「女性の視点」を創出するための方向性を示したものに他ならなかった。一方、「男女による、男女を対象にした、男女を含めた人間のための学問」は、現在の学問研究の担い手、目的、対象が男性に偏っていることを問題にし、どちらかというと「女性の視点の学問」の創出より、学問研究の領域や視点の偏向是正を第一義とした。従って女性学を一個の学問として成立させるか、女性学を成立させつつも他の学問分野での是正を主に志向するかで比重の置き方が異なっていたといえよう。

男性学との関連でいえば、アメリカ合衆国では実際一九七五年以降男性解放運動が起こり、Men's Studies（男性学と訳す。伊藤、一九九三）が生まれてきたが、それは、既成の男性の視点でものをみるのではなく、フェミニズムを経た視点で男性自身を問い返すことを前提としていた。「女性学」そして巖本が予想だにしなかった「男性学」の成立は、女性学の目的について、さらに議論を展開させた。その展開の方向には、「女性学」と「男性学」を学問研究の領域や視点の偏向是正を意図し、学問が「人間研究としてのバランス」がえられるまでの、過渡的な学問分野とみなすか、「女性の視点」から派生し、「女性と男性に関わる問題の視点」を顕在化する学問分野として成立することを意図するかの二方向があった。

そして現時点で私達は、女性学がめざしたものは、学問研究のバランス論では解消されえない一個の学問研究の成立であり、それがジェンダーという概念の創出に基づいた研究であると再提示することができる。女性学が求めていたのは、研究対象、担い手、目的の男女バランスがとれれば「人間研究」(巌本のいう人類学)に解消されるものではなく、「ジェンダー研究」であったのである。女性学は、「女性という共通項」にある問題を研究することにより、諸学問分野と連携しつつ、「ジェンダー」という概念を成立させた。女性学の展開により、ジェンダー概念の発見が可能となったのである。しかしジェンダー研究を学問研究として成立させることについては、女性学の有していた性差別批判の視点を緩和させてしまうものであるとの危惧も表明されている。だが、本章では女性学の展開の中でジェンダーの発見があり、そうした系譜においてジェンダーを位置づけることの重要性を示すことを意図している。本章では、女性学とジェンダーの関係を、こうしたコンテキストにおいて論じることにする。

2 「女性」の究明とジェンダーの発見

1 女性支配とは何か――性別カテゴリーによる支配の形態

■「女性」というカテゴリー

ジェンダーの発見の学問的系譜について筆者は以前、簡単にまとめたことがある(舘、一九九五a)。その時点では、文化人類学のマーガレット・ミード、哲学のシモーヌ・ド・ボーヴォワールをジェンダー発見の前史とし、精神分析のロバート・ストラーや性科学のジョン・マネーの提起したジェンダー概念を、アン・オークレー等の社会学が展開させ、様々な学問分野に広がったという整理の仕方をした。しかし私達は女性学研究におけるジェンダー概念発見という系譜こそ、是非とも位置づけておかねばならないのである。それは、女性学の成立を促した、一九六〇年代後半からの女性解放思想・運動の中に、ジェンダー発見の萌芽となる思想的営為がすでに存在していたことについての理解が、特に日本において十分に跡付けられていないからである。

現在、ジェンダーの分析概念の有効性は、一つには「女性」を単一体として、または領域として捉え、ゲットー化することの問題点をクリアできると指摘することにより認知されている（上野、一九九五）。しかし、ジェンダー発見の前史として、「女性」を単一体または共通項として捉え、「女性とは何か」「性差別」「性支配」の本質とは何か、といった問いを解明する女性解放思想・運動の思想的営為があったからこそ、ジェンダーの発見も可能となったことの重要性をここで確認しておかねばならない。

後に第二期フェミニズムと称されるようになった、一九六〇年代後半からの女性解放思想・運動の中でも特にラディカル・フェミニズムは、性差別、性支配の原因をマルクス主義・社会主義フェミニズムが重視する資本主義的生産様式や階級の問題のみに置かず、「女性とは何か」と問い続けた。男と女という人間の二つの種別が存在していることの現実世界で、なぜ女性の方が差別的状況の中に置かれるのか、男と女という存在は何が違うのか、といった究明が行われたのである。

ラディカル・フェミニズムの初期の理論を示す印刷物として一九六八年に『一年目の覚書』(*Note from the First Year*)、一九七〇年には『二年目の覚書』(*Note from the Second Year*)、一九七一年には、『三年目の覚書』(*Note from the Third year*) が刊行されている。そこに記した女性達にとっての「女性」とは、次のように表現される存在だった。ロクサーヌ・ダンバーは、一九六八年に書いた「社会革命の基礎としての女性解放」（『二年目の覚書』所収）において、女性を「カースト」として同定する。「歴史を再検討するなかでわれわれがみいだすことは（……）女性は一つのカーストとして別個な発展をとげてきている」、われわれは「西洋白人男性支配階級を頂点とし、底辺に被植民地世界の有色女性をもつ国際カースト制度」のもとで暮らしているという（Dunbar, 1970. ファイアーストーン他、一九七一、所収）。

バーバラ・バリスも、「第四世界宣言」の中で、世界中で女達が、「男性帝国主義」によって「植民地化されたカースト」を形成していると主張する。そして「真の人間社会がおこるのは、久しく抑圧され嘲笑された女性原理を主張することによってのみである」「私たちは、世界中のすべての民族、階級、国々のすべての女たちと同体である。女性文化は第四世界である」（Burris, 1971）と定義する。

また、ティグレース・アトキンソンは、「ラディカル・フェミニズム」（1970）において「女はひとつの階級」に他ならないと述べる（Atkinson, 1970. ファイアーストーン他、一九七一、所収）。「何がある特定の個人を「女」として、他の人びとから区別させるのか。それは性的な区別である」、つまり「女は性的機能によって特徴づけられた、ひとつの政治的階級である」という。またブノワット・グルーは、「女性は最後の植民地」と表現した（Groult, 1975）。

クリスティーヌ・デルフィーは、男女の分割とその関係性を説明する際に「性階級」（sex classes）という言葉を用いることの理由を次のように述べている。

「抑圧」の分析に用いられている用語のうちで、階級概念はかなり有用なものである。階級概念は、二つの集団が、別々に切り離して考えたり、支配関係を抜きに考えたりできない関係であることを意味する。階級の概念は、この支配関係を経済的搾取の関係として特色づけるが、社会的支配を階級組織の説明の中心に据えてもいる。また階級は二分法的概念であり、それ故に限界があるが、この概念が所定の社会で階層的で二分法的な区分（男／女、大人／子ども、白人／非白人など）にいかによく適合するものかを認識できる。性階級の概念は、性別にわけることによって性別集団を生み出す社会慣習、社会関係を発見することができるのである（Delphy, 1984）。

デルフィーは、以上のように述べ、性別集団間の階級性を重視した。

このようにラディカル・フェミニスト達は、「女性というカテゴリー」をカースト、第四世界、性別によって生じた政治的階級、最後の植民地、性階級などと表現し、男／女という性別カテゴリー間の関係性が、「支配」の関係によって結びつけられていることを明らかにしていった。

■パトリアーキーという性支配の形態

「女というカテゴリー」に生じる抑圧、被支配、差別の解明に向かったラディカル・フェミニズムは、マルクス主義が主張した経済的支配のみをその原因とせず、性支配の分析に向かった。女性を一つのカテゴリーと捉え解明しようとする試みが、「性別の違いによる支配」が存在することを突き止めたのである。

先の指摘に続けてアトキンソンは、性的区別には二つの側面「社会学的な」側面と「生物学的な」側面があると述べ、「なぜ生物学的分類が政治的分類になったのか？」「なぜ綿密な威圧的上部構造が築きあげられたのだろうか？」と問いかける。性的区別には二つのレベルがあり、生物学的性別が社会的性別になっていること、男と女という性別の関係は、綿密なヒエラルキー構造になっていることを指摘したのである。この指摘こそまさにジェンダー概念の発見であった（Atkinson, 1970. ファイアーストーン他、一九七一、所収）。

また、ラディカル・フェミニスト達は、男と女の支配・被支配の関係は、結婚制度、出産、家事・育児の再生産労働、性交、愛のイデオロギー、性格形成などに刷り込まれ、すべての女性に共通する性支配として構造化されている状況を個々に論じた。アトキンソンは、経済的抑圧以上に女の心理的抑圧を問題にした。「男達はその不安を和らげるために女達の実質を私有する」と述べ、「女は希望なき抑圧を処理する手段として愛を発展させる」「女達は敵との融合によって自分の定義上、政治上の損害を償おうとしているのだ。（……）融合によって、彼女は男性／女性役割の二分法を曖昧にぼかしたいと思うのだ」と、著書 *Amazon Odyssy* において鋭い分析の言葉を書き綴る。アトキンソンは、女性の心理的抑圧の内実を緻密に分析することで、性支配のメカニズムを摘出した。まだそれを、ジェンダーによる支配と呼ばなかっただけである（Atkinson, 1974）。

一方ファイアーストーンは、女性の抑圧の基盤は身体にあり、その再生産機能による分業が性支配の土台であると主張した（Firestone and Koedt, 1970）。しかしファイアーストーンによる、女性の抑圧からの解放としての人工子宮のアイディアに対しては、批判が相次いだ。また、ラディカル・フェミニズムのバイブルといわれる、『性の政治学』（*Sexual politics.* 一九七三）において、ケイト・ミレットは、こうした性支配の経済的・心理的・文化的社会システムを、パトリアーキーと定義した。以後、ラディカル・フェミニスト、そして社会主義フェミニストもパトリアーキーの研究に従事していくが、一九七五年頃には、パトリアーキーをジェンダー概念を用いて説明する状況もみられるようになる。

一九七五年に、ゲイル・ルービンは、ラディカル・フェミニズムの提起した性支配制度を共有し、それを、セックス／ジェンダー・システムと呼んだ。セックス／ジェンダー・システムは、セクシュアリティを編成し方向づけ、セックスとジェンダーを同一視させると主張したのである（Rubin, 1975）。一九七九年には、ハイジ・ハートマンが「（ファイアーストーンは）生物学と再生産を強調しすぎるきらいがある。私たちが理解しなければならないのは、性《セックス》（生物学的事実）がどのようにしてジェンダー（社会的現象）に転化するかということだ」（括弧内は引用者）と、ジェンダーという言葉を用いて、アトキンソンの指摘をも受け継ぐ提起をしている（Hartmann, 1979. サージェント編、一九九一、所収）。

このように、ラディカル・フェミニズムは「女性とは何か」「なぜ性支配が起るのか」「性支配とはどのような支配か」など、「女性というカテゴリー」に起る支配の形態を究明することにより、「階級以外の性支配要因」を摘出した。その性支配構造の解明は、「女性というカテゴリー」に起る支配（ヒエラルキー）→性別の違いによる支配→生物学的性別が社会的性別に転化する性支配システム＝セックス／ジェンダー・システムとして究明されていったのである。

2 「女性」を規定するものは何か——文化的社会的「性」規定要因への注目

女性解放運動の中において、実質的にはジェンダー概念が生み出されていたが、当初ジェンダーという言葉は用いていなかった。では、ジェンダーという言葉や概念は、いつ頃どのような文脈から登場するのであろうか。管見では、性科学者のジョン・マネーが一九五七年に発表した'Imprinting and the establishment of gender role'や精神分析学者のR・J・ストラーが一九六四年の『精神分析国際ジャーナル』に「ジェンダー・アイデンティティ研究」と題する論文を掲載し、一九六八年に『セックスとジェンダー』第一巻、一九七五年に第二巻を刊行していることが、文法上の用語の定義につけ加えて、再定義されたジェンダーの表示であると指摘されている。

ストラーは、sex に対応する性別語彙は male/female（オス・男、メス・女）であり、gender に対応するものは、masculine/feminine（男らしさ、女らしさ）であるといっている。そして性同一性障害（gender identity disorder）とよばれる患者の研究によって、male/female と masculine/feminine は必ずしも一致するものではないことを、明らかにした。生物学上は男であるが、出生初期に女であると特定されて養育され、身体は男性でも、性アイデンティティは女であると自認して生きてきた場合、たとえ身体が第二次性徴期になり男性として変化し始めても、性アイデンティティを男性に変更することはかなり難しい場合が多いとストラーはいう。ペニスを有していても女性として自認し、排泄の仕方について女性の方式で馴染んできた人に、実は男性だったから明日からは男子トイレに入り、立って排泄をしなさいといっても、その人は混乱し抵抗感のみが肥大し、ほとんどのことに適応できなくなる事例をあげ、身体の規定力以上に社会的規定力が強いと述べている（Stoller, 1968）。

また性科学者であるジョン・マネーは、半陰陽ないし事故で生殖器を失った患者の治療と研究を通じて、社会的文化的な性アイデンティティの規定力の強さを実証せざるをえなかった。マネーはむしろ、ジェンダーにあわせてセックスを変えたと報告している。つまり男性性器をもちながら女性の性アイデンティティをもつ場合、男性性器を削除して女性の身体になる手術を行った方が、自我が危機に陥らずに生きられる事例が多かったというのである（Money and Tucker, 1975）。ジョン・マネーは彼の性科学研究の成果を一九五〇年代後半から発表しはじめ、一九六五年に*Sex Research : New Developments's Holt*をまとめる。そして一九七五年にジャーナリストのパトリシア・タッカーと共著で*Sexual Signatures*（『性の署名』一九七九）を著す。マネーの研究におけるジェンダーの意味を、タッカーが、フェミニストの問題意識に基づき、平明にかつ生物学的決定論を覆す科学的事実として紹介したこともあり、女性学研究に大きな影響を与えた。

これにより、生物学的性別が人間の資質や性格、役割やアイデンティティを決定するわけではないこと、むしろ社会的、文化的に形成された性別認識が、生物学的、身体的性別の規定力より強く作用していることが明示され、その事実をジェンダーという概念により明確に認識することが可能になったといえる。以後ジェンダーという言葉とその概念は、性科学者や精神分析医の用語から、フェミニズム思想・理論の探究にとって重要な概念と受けとめられ、さらにあらゆる学問分野に急速に浸透していく。

3 「女性」と「男性」の関係性を構築するものは何か——男性優位二項対立メカニズムの分析

「女性というカテゴリー」に起る支配の形態を究明することを命題にした思想・運動であるフェミニズムは、その理論化を女性学という学問として展開した。ただ、女性学の内実は、それまでの諸学問分野をフェミニスト・パースペクティヴでそれぞれに捉え直し、その連関を明らかにする学際的学問として成立し、展開していった。それゆえに、特に一九七〇年代の女性学は、各学問分野における既成概念批判を試みつつ、性支配の探求を深めていった。

性支配の形態は、一つには「女性というカテゴリー」に課せられている役割の固定化として具体化している。例えばタルコット・パーソンズの『家族』に示された従来の社会学の役割理論においては、性による役割の固定化、分業は疑う余地のない当然の現象として捉えられていた。だが、一九六〇年代後半には、従来の役割論を批判する性役割研究が提起され、女性学の主要な研究分野となった。

そして社会学者アン・オークレイが、*Sex, Gender and Society* を著すのは、一九七二年のことである。オークレイは、社会における女性・男性の存在形態に関心をいだき、生物学、心理学の性差研究をたどり、文化人類学の成果を摂取し、世界各地の社会での男女の性的特性や役割の事例を考察していく。そしてジェンダー・アイデンティティの確立に関する、ストラーとマネーらの研究によって明らかになったジェンダー概念を、社会学の性役割研究に活用し、男女相方の性別により異なる性役割が学習され、再生産されていくことを提示した。

オークレイは、同書の最後のフレーズで次のように述べている。

> われわれの社会は、両性間の類似以上に、差異の方が組織化されるうちに、男性性と女性性が両極端をなすものとして繰り返し示され、それは生物学的原因に起因するものだという信念として見かけ上強められてしまっている。しかし、たとえ実際に生物学的な原因が存在するにしても、それは影響力のあるものかもしれないし、実質のない微弱なものなのかもしれない。このように生物学的な原因の重要性という先入観は、実際はただの偏見を合理化し適切でない考えを肥大させることになる。問題なのは、人々が認めることができる、ないしは認めようとする以上に、人々自身の築き上げたジェンダーの区別化（差別化）の中に、人間が存在していることにあるのだ（Oakley, 1972. 引用者訳）。

オークレイは、このようにして、性役割は生物学的に規定されているものなのではなく、人間が構築したものなのであるという、ジェンダー概念の導入によって、パーソンズなどの社会学者が所与のものとしてきた学問的前提を覆して、性役割研究を展開する可能性を示したのである。

また、文化人類学は世界各地の民族の文化的形態を明らかにする学問であり、特に各地域の人間形成システムや秩序化のシステムについては、マーガレット・ミードを嚆矢として、文化により性役割や性規範、性表象が異なることを明らかにしてきていた（Mead, 1935, 1949）。ただしミードは、両性間の序列的関係性についてはあまり留意していない。「文化」は往々にして序列社会の産物とはみなされないのだ。両性の関係は、二項対立的に象徴化されており、序列的というより相補的とみなされる傾向にあった。しかし、一九七〇年代後半からこれまでの文化人類学研究が、いかに男性中心主義であるかを認識せざるをえなくなり、フェミニスト人類学と称される研究が進む。各地域における男性優位の現象の普遍性を、シェリー・B・オートナーは「女性と男性の関係は自然と文化の関係か？」という論文で理論化しようとした（Ortner, 1974）。オートナーは、女性と男性の二項対立と女性の従属の普遍性について、文化が自然を弁別し統御するように、男性は女性を自然に近いものとして区別して非対称の二項対立図式に置き、男性が優位に立つのであると定式化を試みた。ミッシェル・Z・ロザルドも同書にて、男・女に対応した公私の領域が区分されていることの普遍性を指摘した（Rosald and Lamphere, eds., 1974）。社会における男性優位システムは、男は仕事役割、女は家庭役割、男は公的領域、女は私的領域という男女の二項対立的区分を基盤にし、しかも男性優位の権力関係が存在することを、オートナー、ロザルドらのフェミニスト文化人類学者達は文化構造論的に明確にしようとしたのである。

しかし、マリリン・ストラザーンは、パプア・ニューギニア高地のハーゲン民族のフィールドワークによると、オートナーの提起した女対男＝自然対文化の二項対立図式は必ずしもあてはまらず、また自然対文化の二項対立図式そのものが西欧の図式であることを詳細に示した（Strathern, 1980）。そして文化と自然の関係をジェンダー概念によって説明する。

「「文化」の観念の構築そのものは、自然と文化との関係が人為的だということを意味しているという一方で、それを自然自体に根ざさせることによって、その人為物を正当化しようとするのである。性別（訳書は gender を性別と訳している―引用者注）はこうした変形の際の決定的な操作子なのである」。

しかもジェンダーは、非対称で位階性をもつ象徴的な操作子として作用するとストラザーンはいう。文化人類学の文脈では、ジェンダーは「意味を賦与された象徴」として概念化されることが多いが、さらには象徴の作用形態を究明することに向かうことになる。オートナーも、女性の従属の普遍化、定式化から次第にジェンダー・ヒエラルキーの多様性と重層性の細部にわたる分析へと向かった（Ortner and Whitehead, 1981）。

文化人類学や社会学による男女の関係性の究明は、主に「象徴、シンボル」や「威信」の構造や「役割」の分業における男性優位の二項対立システムという構造把握を示し、それまでの文化の相補性（補完性）としてのみ男女の関係を述べる段階を超えていった。

ラディカル・フェミニスト達が、女という性別カテゴリーに生じる性支配の究明にかけた情熱的なエネルギーと理論的模索は、いままで述べたように、役割や規範や象徴、資質といった文化的・心理的な側面における性支配の構造の究明に貢献したが、社会主義フェミニズムにも大きな影響を与えた。ハートマンやデルフィーなどの経済学者、社会学者に、階級支配と性支配の関係性を分析する上での大きな示唆を与えたといってよいであろう（Sargent, 1981）。「女性」の究明から、性別による支配形態、性別の規定要因、性別の秩序維持／権力関係の構造の分析に向かった女性解放運動／女性学の系譜に位置づけられる思想的営為は、このようにしてジェンダー概念を発見していったのである。

3　女性学の展開とジェンダー概念の有効性

1　女性学研究誌におけるジェンダーの登場

女性解放思想におけるジェンダーの発見の系譜をみてきたが、女性学研究がジェンダーという言葉や概念を用い始めるのは、いつ頃どのようなコンテキストにおいてであろうか。女性学研究者の中には、ジェンダーの視点による研究に対し、フェミニズムの政治性を嫌い、学問的中立性を装いながら女性学の変革力を無化するものであると危険視する者もいる。しかし一方では、ジェンダー概念は女性学の学問的展開にとって有効であり、かつラディカルな変革力をもつと主張する者もいる。そこで女性学が自他共に認める女性学研究誌におけるジェンダーの登場や位置づけをみてみることにしたい。各々の論文タイトルにジェンダーという語彙が含まれていなくても、内容はジェンダーを論じていることは多々あるが、まずは論文タイトルを手掛かりに、概況を把握することにする。

女性学研究誌は一九七四年以降、アメリカ、イギリスなどの英語圏を中心に次々に創刊され、いまや各国において刊行されている（舘、一九九五b）。その嚆矢となったのが、一九七四年に創刊された *Feminist Studies* である。創刊の趣旨は次のように述べてある。

> 本誌は、フェミニストの論題を分析することを奨励し、研究、批評、考察の新たな領域を開くために創刊された。（……）フェミニスト運動は女性研究が、より一層の補強的な仕事になることを表示した。フェミニズムは、私達が世界を視る方法に新局面を開く基本的な可能性をもたらす。私達は、女性の経験をただ解釈するだけではなく、女性の状況を変えることを意図している。私達にとってフェミニスト思想は、意識、社会組織及び行動様式の変革を意味しているのである（*Feminist Studies*, 1974. 引用者訳）。

女性学が女性解放運動によってもたらされた研究であることが、直截に表明されているが、強調点の差はあれ、続刊される研究誌も同様の意図を共有していた。以後一九七五年秋に *Signs-Journal of Women in Culture and Society* が創刊され、一九七七年に *Feminist Review*、一九七八年に *Women's Studies International Forum* など、毎年新しいジャーナルが誕生し、刊行されている。一方、誌名にジェンダーを掲げた研究誌は、一九八〇年代後半から表れ始める。一九八七年に *Gender and Society* が創刊され、一九八八年には *Genders*、そして一九八九年には *Gender and History* などが創刊されている。

各誌の内容をみると、*Feminist Studies* の初期の頃の論考には、女性史関係のものが多いことに気付く。それに論文ばかりではなく、詩や写真などの芸術表現活動の創作と批評も重視していて、特に創作表現が豊かに紙面を飾っている。その他女性解放運動の報告として声明文や意見書なども掲載されている。ジェンダーという語彙を冠した論文が現れるのは、一九七九年春の Vol.5 No.l の「ビクトリア期イングランドにおける階級とジェンダー」である。Vol.6 No.1にも「ジェンダーシステム、イデオロギー、セックスの研究：文化人類学的分析」という論考があり、一九八一年 Vol.7 No.l には「ジェンダーと二項対立」、一九八二年 Vol.8 No.l に「階級とジェンダー——階級とジェンダーの不平等と経済開発における女性の役割」といった論文名がある。しかしその後、急速にジェンダーをタイトルに入れた論文が現れてくるわけではなく、中絶、ファシズム、住居、建築、レズビアンやセクシュアリティ等女性についての様々なテーマが実に詳細に論じられ、現在に至っている。

Signs は、一九八六年に作成された索引をみても一九七五年から一九八〇年の間にジェンダーと題した論文はまったくない（Jacobowitz, 1986）。その後の *Signs* におけるジェンダー論の隆盛と比較すると、その変化は顕著である。一九八〇年までの期間には、やはり女性史関係の論文が多いが、各学問分野における女性学の影響についての成果を示すものが多くみられ、特に心理学、政治学、社会学、文化人類学、経済学、人口学、自然科学分野における研究が記載されていることが注目される。さらに、家政学、建築学、都市計画学、医学、古典学、体育学、看護学、宗教学、図書館学などにおける女性学の影響も示され、*Signs* がより様々な学問分野において女性学研究を導入し、議論の喚起を意図していることが窺われる。また、性科学の論文やストラーの論文の紹介もある。

一九八〇年以降はジェンダーをタイトルにした論文が登場し、一九八〇年 Vol.6 No.l には、「人間のセックスとジェンダーに関する生物学的影響」といったタイトルの論文がみられ、「セックスとジェンダー」などジェンダーと性同一性障害に関する論考もみられる。一九八二年Vol.7 No.3には、性科学者ジョン・マネーの本の書評も取り上げられ、その後も時には宗教との繋がりや文化人類学のジェンダーとセクシュアリティの構造などの論文がみられる。一九八七年には、「内と外：女性、ジェンダー、理論」などといった特集を組んでいる。この頃からジェンダーとポストモダン、ジェンダーとフェミニズム・女性学との関係を位置づけた論考がめだってくる。一九九〇年Vol.16 No.1では、「ハード・ドライブからソフトウェアへ：ジェンダーとコンピュータと差異」といった特集があり、スザンナ・ケスラーの「ジェンダーの医学的構成」などの論考が掲載されている。一九九〇年頃からは、毎号といってよい程、タイトルにジェンダーを使用した論文がみられるようになり、一九九四年Vol.20 No.1には、リンダ・ニコルソン「〈ジェンダー〉を解読する」など、ジェンダー概念を論じた論考が掲載されている。

次に、一九七八年にイギリスで創刊された *Women's Studies International Forum* をみてみよう。同誌は、女性学の国際的な普及を意図しており、各国における女性学の概況や特色、問題点を明らかにするような論文を掲載している。地域的には最も広範であり、第三世界、ラテンアメリカ、イスラム、アラブ、東アフリカ、日本、東欧といった地域をフィールドにした女性学研究、さらに、ロシア、スイス、ニュージーランド、マレーシア、インド、ジンバブエなどの各国の女性学の状況が取り上げられている。また、女性運動の特集を組み、女性運動と女性学の繋がりを意識的に位置づけようとしていることが窺われる。その他にも、母性、セクシュアリティ、第一期フェミニズム、フェミニスト理論、男性と性、SF、八〇年代の女性学戦略、シスターフッド再考、国連女性の一〇年、第二回学際的女性国際会議、リプロダクティヴ、ポルノグラフィー、家族法、強姦罪、政治、行政、フォークロア、政治小説、AID、伝記（自伝）、中絶、暴力反対、帝国主義と西欧、科学、グローバル・フェミニズム、女性世帯、移住女性など実に多彩なテーマを取り上げている。

このジャーナルにジェンダーが登場するのは、一九八五年のことであり「ジェンダーと植民地主義」という表題であった。その後、一九八七年の四号の特集は、「スポーツとレジャー・体操のジェンダー化」、同年五号にはオーストラリアの女性学特集の中に「グリフィス大学におけるジェンダー研究」が登場する。一九八七年以降には、毎号タイトルにジェンダーと遺伝学、ジェンダーと親族、ジェンダーとフィールドワークなどの多くの分野における、ジェンダーの視点からアプローチした論文がみられる。また、クリスティーヌ・デルフィーの論文「セックスとジェンダー再考」は Vol.16 No.1.（1993）に掲載されている。

一九七七年に創刊された *Feminist Review* は、ソーシャル・フェミニズムの傾向が強い雑誌であるが、やはり階級、国家、性差別、性的虐待、中絶、ポルノ反対運動、レズビアン、政治組織などのテーマを扱っている。論文タイトルにジェンダーが登場したのは、一九七九年の「シャルロット・ブロンテ『シェリー』にみる階級とジェンダー」、一九八〇年の「ジェンダーと教育」などである。その後、ジェンダーを用いた論文タイトルは、あまりみられないが、一九八八年の「資本、ジェンダー、技術：スペイン農村地方の内職女性」、一九八九年の「黒人女性に対する暴力：ジェンダー、人種、国家の反応」、「ジェンダー・階級と福祉国家」などがある。その他英文の女性研究誌も各国で出版されており、英文以外の言語のものも実に多数刊行されている。

一方、誌名にジェンダーを掲げた研究誌には、アメリカ合衆国で一九八七年に創刊された *Gender and Society*（*Official Publication of Sociologists of Women in Society*）がある。同誌の創刊の辞は次のように掲げている。

> ジェンダーを社会秩序の基本的な原理ならびに主要な社会的カテゴリーとして扱う社会的、構造的な研究に重点をあてる。このジャーナルは、ミクロとマクロの構造的な視点からの理論と研究に力を入れ、社会分析とフェミニストの視点で枠組みづけられた人類学、経済学、歴史学、政治学、社会学、社会心理学などの研究を歓迎する。どのようなタイプのフェミニストの視点も排除せずに、民族、人種、文化、国家の多様性を注視することを意図している（*Gender and Society*, 1987. 引用者訳）。

論文タイトルには、「マイノリティグループの労働市場におけるジェンダーの不平等」などジェンダーを用いたものと「抑圧された女性のためのシェルターにおけるフェミニストポリティクス」などのフェミニズムや女性を用いたものとが半々位の割合で掲載されている。一九八九年にイギリスで創刊された、*Gender and History* も創刊の趣旨と目的を次のように唱えている。

本誌の意図は、フェミニストの視点からすべての歴史的社会関係を吟味すること、あらゆる制度に内在するジェンダーの性格を考慮しうる包括的な分析方法を構築すること、男女の権力関係が社会を形成してきた過程を明らかにすること、さらにはジェンダーと人種、階級、少数民族との関連も考察することにある（*Gender and History*, 1989. 引用者訳）。

以上のように比較的創刊年の古い女性学研究誌のバックナンバーをみてもわかるように女性学研究誌の論文名にジェンダーが登場するのは、一九八〇年以降のことである。そして一九九〇年代になるとジェンダー分析の成果が数多く掲載されるようになる。論文の内容をみると、ジェンダー概念そのものを論じている場合はさほど多くなく、女性学及びフェミニズムとジェンダーの関係をテーマとして論じているものも思いの他少ない。ジェンダーと階級・エスニシティなどとの関係性やジェンダーの作用形態に視点を置いている場合、ある対象領域、テーマをジェンダーの視点から分析する場合が多くみられる。女性学、フェミニズム研究の研究対象領域の拡大の過程で、「女性」の分析を緻密化することが必要になり、ジェンダーを分析概念として用いる論考が増えてきたことが窺われる。また、特に性科学や精神分析、心理学、社会学など男性、女性各々に生じている問題をトータルに理論化し、構造的に捉える学問が、早い時期にジェンダー概念を導入したといえる。さらに学問領域によっては、女性学の影響力は、「女性」というカテゴリー概念を用いるより、ジェンダー概念を用いる方が明瞭になると捉えられている場合もある。

近年は、フェミニズム・女性学研究の深化として、女性支配のシステム分析をジェンダー・システムやジェンダーの二項対立性、ポスト構造主義といった観点から論じることも行われている。一方、ジェンダー研究を標榜する前出の研究誌においても、「ジェンダーを社会秩序の基本的な原理ならびに主要な社会的カテゴリーとして扱う社会的、構造的な研究に重点をあてる」と述べているが、幅広い多様な考えの「フェミニストの視点で枠組みづけられた研究を排除せず歓迎すること」「フェミニストの視点から歴史的社会関係を吟味し、あらゆる制度に内在するジェンダーの性格を考慮しうる包括的な分析方法を構築する」ことを明記している。

こうしてみると、女性学研究誌上では、女性学やフェミニズム研究からジェンダー研究への移行といった、「研究分野の枠組みの転換」を強調するか否かという観点だけでは位置づけられていないことが窺い知れるであろう。女性学の進展にとって、ジェンダー概念が有効であり、緻密な分析と視野の広がりをもたらす研究になると認識され始めている状況といえる。また既に、ジェンダー概念を中核に据えた研究を提示している立場の研究者や研究誌においても、フェミニズムとジェンダーの継承性や同一目的性を明示している。そこには、フェミニズム、女性学の学問的展開の中に、ジェンダー概念が成立し、その分析概念としての有効性が共通理解として成立しつつあることが確認できる。

2　なぜ女性学研究の展開にジェンダー概念が有効なのか？

歴史家のジョーン・W・スコットが女性史／女性学が既存の学問に与えたインパクトについて、その不徹底さにいらだち、ジェンダーの「分析概念としての有効性」をアメリカ歴史学協会で述べたのは一九八五年のことであった。日本においても例えば「女性学が、単に「女性」という不可視の対象を可視化し、分断され細分化された学問領域を「女性」という対象の共通性で学際的に統合する――「老年学」や「地域研究」のように――と解される傾向に関しては、はっきり否《ノン》を言っておかなければならない（……）女性学とは女性を対象にした研究ではなく、女性がネグレクトされてきた認識の構造全体を問題にし、それを女性視点から「脱中心化 decentering」（ピアジェ）もしくは、「複中心化」する、一種の認識革命なのである」という指摘が行われていた（上野、一九八五）。

女性学の立場からジェンダーを唱導した研究者の多くは、女性学が女性についての学問と理解され、領域の学となり、既存の学問分野へインパクトを与えられず、女性学の当初の意図とは異なる、いわば危惧した方向へ向かっていることへの危機感をもっていた。確かに一九八〇年代後半には、女性学は大学の学問分野や学部編成でもゲットー化され始めていた。

しかしながら、女性学の学問的性格については、成立の当初から論議されていた。女性学 Women's Studies ないし Feminist Studies は、女性について研究するという「領域的な学問」（Studies on Women）であるか、女性の立場で、女性の視点で研究する「視点の学問」（Studies of Feminist Perspective）であるのかという問いである。そもそも女性学は、これまでの学問（知）では、わからない「女性」について私達が知りたいことを明らかにしていこうという要求から成立していき、つまり「女性」という領域を研究するのだということを、いわば命題としてもっていた。同時に既存の学問は、女性について明らかにされていない男性中心主義的な知であり、これを是正していくために女性学の存在意義があるとすることも使命として認識されていた。それゆえに、女性学の創始の段階では女性学は「女性について研究」する学問という定義の中に、「女性の視点で研究」ということが前提とされていたといえる。むしろ女性学が進展していく段階で、研究対象を女性にするのが女性学という、女性学の成立時の視点の前提を欠いた解釈が生じてくるようになってきたといえる。

確かに従来の学問において等閑視されていた「女性」を研究対象に取り上げる必要があるという意図はわかり易く、女性に関することは何でも研究対象にするという包括的な態度が、無尽蔵ともいえる研究テーマを示すことになった。特に女性学の創成期には、女性の置かれている状況や経験を顕在化し、女性の存在の多様性を映し出すことは、のちにそれを収斂していくためのいくつものモザイクの断片となった。

ただそもそも女性学が「女性というカテゴリー」に共通する概念を探ったのは、女性の抑圧や差別状況についての原因究明と問題解決のためであり、従来の学問研究の男性中心主義のバイアスを是正する目的のためであった。それを「女性の視点」と表現していたに他ならない。だがこの視点と目的は、女性学の展開を阻む様々な状況の中で弱まっていったことも事実である。女性学はまさに試行錯誤しながら、その学問の成立課題と存在形態を探らざるをえなかった。

このような論点は、女性学がその存続基盤の中心となる大学において「領域の学」として形造るか、「視点の学」として諸学問分野に参入していくかの方法選択に、即、関わっていたのである。女性学の領域性を重視する場合は、女性学部を作ることが目的化される。諸学問分野へのインパクトを目的にしていくと、各学科に女性学コースを設置していくという方向性をもつことになった。各国の大学教育研究システムのあり方（例えば、単位の取り方、教員組織のあり方）の違いによって、かなり左右されるが、アメリカ合衆国の幾つかの大学や韓国の梨花女子大学校などには女性学の学部が設置されている。しかし多くの場合は、各学問分野の中に女性学コースを設置し、そのプログラム化によって女性学を体系化させ、組織的には女性学担当教員組織をネットワーク化したり、女性センターを中核とする形を取っているようである。オーストラリアでは、総合大学全三九校の内、学部で学位が取得できるのは一九校、修士課程では二二校、博士課程では二〇校という状況下の女性学の今後の展望について、次のような論義が行われている。

オーストラリアの大学には、アメリカ合衆国のようにアメリカ研究 American Studies や黒人学 Black Studies のような既存の学際的プログラムがなく、むしろ伝統的な学問の領域を守ろうとする志向性が強い。オーストラリアでは、女性学の性格について学際的 inter-disciplinary、多学問的 multi-disciplinary、通学問的 trans-disciplinary なものであるといった議論をしてきた。それは、オーストラリアの大学が discipline を守ろうとする状況の中では女性学が領域 field であるといった定義をせざるを得なかったためでもあった。しかしながら、女性学は知の形態 form of knowledge の変革をこそ意図していた。今後は知の政治学 the Politics of knowledge として、より意識化した展開をする必要がある（Magarey, et al, 1994. 舘、一九九六）。

女性学が領域の学としてその性格を形造ってきたのは、マゲーリィのいうように、学際的な研究がその目的や方法についても学問として認められ、大学の研究教育システムの中に存在しえているか否かにかかっていた。しかし女性学は既存の近代「知」の変革を意図していたのであるから、「知」の政治学としてより女性学の目的を意識化しなければ、女性学はゲットー化し、そのインパクト力を発揮しえないことが、多くの女性学研究者達の認識として生じていた。

スコットは、分析概念としてジェンダーを導入することで、女性学のゲットー化を転回させようとした。スコットは、歴史研究を行う過程で「女性についての歴史」が数多く叙述され盛んになっても、歴史観や歴史学自体の変革には繋がらないことに対し、「女性」ではなく、「性に関わる知＝ジェンダー」を再検討する中で、新たな知を再構築することを提起したのである。

スコットはジェンダー概念導入の意図を次の観点から述べている。まず第一に、「女性」を研究対象に置き、その実態を明らかにすることを目的にした時、生物学的決定論により解釈してしまうところがないとはいえない。この「女性」の存在形態及び観念は、社会的文化的歴史的に構築されたものであるかも知れないという考察を絶えず喚起するためには「ジェンダー」として視ることが有効になる。第二に「女性」にのみ焦点をあて、他の現象と切り離して分析すると全体的な理解がなされにくくなる。両性の関係性及び両性に付与されていた意味、そして機能について探り出し、ジェンダー・グループのもっていた意味を理解することが、構造的把握を可能にする。第三に「女性」についての研究は新しい研究テーマを追加するにとどまらず、既存の学問研究がもつ前提や基準の批判的再検討を余儀なくさせ、新しい歴史学をさし示さねばならない。それには、階級や人種と同様にジェンダーが人間の社会関係においてどのような働きをするのか、ジェンダーは、歴史的知識の構成や認知にどのような意味を与えているのかなど、ジェンダーを分析概念として有効に用いることが重要なのである。

このような観点からスコットは、「女性の視点」という分析では捉えきれない生物学的規定性、領域的限定性を回避し、他の歴史変数との構造的連関性を把握することが可能な、「肉体的差異に意味を付与する知」というジェンダーの社会的構築性を徹底した定義を行うことで示したのである（Scott, 1988)。

またフェミニスト文学批評家のエレイヌ・ショウォールターは、「一九八〇年代における人文学の最も顕著な変化の一つは、分析カテゴリーとしてのジェンダーの出現であった」と述べている。続けてショウォールターは次のように主張する。

> ジェンダー理論は一九八〇年代初めの歴史、文化人類学、哲学、心理学、自然科学の分野におけるフェミニスト思想において発達し始めた。それは、一九七〇年代の女性史、女性批評（gynocriticism)、女性心理学のような女性中心の調査から、女性と男性両方を包含したジェンダー関係の研究へのシフトであった。このようなシフトは、何人かのフェミニストの学者が主張したように、女性研究はあまりに容易にゲットー化される可能性があり、学問的構造と慣習はそのままになってしまう状況があるので、究極的にはもっと過激に学問を変容させる影響力をもつ必要があるのだ（Showalter, 1989. 引用者訳)。

そして文化人類学者J・サピロが、フェミニスト研究の目標は、「女性」に焦点をあてることであってはならず、社会科学の学者が社会的差別の研究において、身分、階級、親族などを論じないわけにはいかないように、「ジェンダーの違いについての研究を、それぞれの社会科学研究の中心的研究にすることにある」と主張したことに賛意を示す。さらにショウォールターは、社会科学だけではなく、自然科学の領域でも、文学の領域でもジェンダーがそれぞれの学問変革に与えるインパクト力を評価する。

これまで述べてきたように、女性解放思想・運動は、「女性」というカテゴリーが置かれてきた意味を究明することによって、ジェンダーという概念を創出した。だが、女性解放思想・運動の学問版として成立した女性学が、女性解放運動と女性学の関係及び大学での諸学問分野における位置づけなどをめぐり、領域の学として学問世界への参入をはかるための戦略を展開しているうちに、ゲットー化の状況を呈することになってしまったと捉えているのである。

以上のように、女性学のラディカルな研究者達がジェンダー概念の有効性を強調するのは、女性学本来の目的が「領域の学としての女性学」に矮小化されることを回避するためなのであり、さらには、領域的イメージを払拭し、その学問変革性を示すために、学問研究の名称としてもジェンダー研究を積極的に称する方向に向き始めている。

4　おわりに――女性学とジェンダーの課題

初めに述べたように、本章はジェンダー概念が女性解放思想・運動、その学問版である女性学の進展の系譜に位置づけられることを示した。それは、女性学は、フェミニズム的視点に立つと明示するなら学問ではないと批判したり、ジェンダー研究を中立性を保つ学問として提唱することの誤謬を明らかにするためである。また女性学研究者がジェンダー概念に対して、そのラディカル性を再考してほしいが故である。これまで問題化してきた「女性の視点」とは、実は「ジェンダーの視点」として成立させるべきものであった。

女性学にとってジェンダー概念の有効性は次の点にあるといえよう。

第一に、「女性」を考察する際に陥りがちな生物学的解釈の陥穽に対し、それは社会的文化的歴史的に構築されたものであるという考察を絶えず喚起できること、第二に男性や女性として具現している現象や認識を、「社会的に構築された性別に関わる知＝ジェンダー」という一語で示せること、第三に、分化された両性の関係性及び両性に付与されていた意味や機能について総合的に探り出せること、第四に階級やエスニシティなどの他の概念との構造的連関や重層的作用形態を把握しやすいこと、第五に既存の学問研究の体系においてゲットー化されず、学問の前提や基準に対し批判的再検討を余儀なくさせるインパクト力をもちうること、などの点である。

さて、最後に女性学とジェンダー研究の今後の課題を少しあげておくことにする。

一つには性差と性別、性的差異をめぐる見解である。実はジェンダーは、「社会的文化的性差または性別」、「性差や性別に関わる知」と訳されていることがある。しかしながらジェンダーを性差と表現するか、性別と表現するかで、ジェンダーに対するアプローチは大いに異なる。例えば、法学者であり弁護士であるキャサリン・マッキノンは、区分された性別が非対称で性支配という権力関係にあることに注目することが重要なのであるから、ジェンダーを性差ないし差異と捉えることは批判されねばならないという。ジェンダーを性の「階層」ではなく、「差異」と解釈し、単純に「性差」といってしまえば、「ジェンダーが力によって押しつけられていることを不明瞭にし、正当化することになる」からである。ジェンダーが性の階層・カーストとして生起した原点を無化してはジェンダー概念のインパクトを失うことになるというのだ。

性差の概念は、「神、自然、社会（agent. 不特定の行為者達）、無意識、宇宙によって、私達の心の奥深くに刻み込まれ、教え込まれた生物学的、神話的、意味的な区分として、ジェンダーを静的に説明し、ジェンダー関係に働く力を背後に隠してしまう」と述べ、性差という考え方は男性支配の現実を維持するのに役立っていると、ジェンダーを性差ないし差異と捉えることを激しく批判する。「女性にとって差異を肯定することは、差異が支配を意味するときには、力のない者の特質と特性を肯定することになる」「女性の歴史は、女性に何が許され、何が許されていないかを示すものである。肯定すれば、私達に許されてきたことをあたかも女性の属性であるかのように認めることになる」「女性に許されてきたことを差異と呼ぶのは女性の可能性に対する侮辱である」（MacKinnon, 1987, p.32. 邦訳、一九九三年に一部引用者改訳)。

ショウォールターも、「ジェンダーは、両性は別々だが平等であることを前提とする差異(difference)の問題ではなく、権力(power)の問題なのである。なぜならジェンダー関係(gender relations)の歴史をみると、私達の知っている社会では、性的に非対称で不平等であり男性優位であることを見出すからである」と述べている(Showalter, 1989)。

ジェンダーの二項対立的区分化とその権力関係性は、ジェンダー概念の根幹ともいえるものである。性別を性差と表現することで、現在のジェンダーが人間を男女に二分化した社会構築的知であり、行為であることが曖昧にされてしまう。性差と訳し、ジェンダーの権力関係を無化するものに対しては厳しく批判する必要があるといえよう。

ただ、マッキノンが批判したギリガン、またリュース・イリガライなどのフランス女性思想家達の探究の中には、「差異の肯定」ではなく、実態としてある女性の差異を「差異化された女性」として問い続け、女性主体の創出に向かう方法とする思想的営為があると私には思われる。「差異化された女性」を明らかにすることで、ファロクラシー(男根主義)を解体する方法を取るのである。ジェンダー化された「女性」を性支配の構造分析の鍵とするか、いまだ見ぬジェンダー化されない女性主体をみつける核とするかは方法の違いである。

フランスの社会学者のデルフィーは「ジェンダーがセックスを作った」(つまり、人類の位階的な分割が解剖学的差異を二つに変化させ、社会慣行に適合した区別に変化させる)と述べる、徹底的な社会構築論者である。であるからこそ「結局、私達は非ジェンダーを想像できる日でなければジェンダーについて本当には考えられないであろう。でもニュートンはりんごが落下するのを見て真理を発見することができた。だから私達も女性として私達自身のための発見をすることができるかもしれない」と述べるのである(Delphy, 1993)。

また、ジェンダーとセックス、セクシュアリティの関係性の究明における「身体」の位置づけ、女性が主体になる際の有り様を、セクシュアリティ、欲望という視点で論じるジュディス・バトラーのようなポスト構造主義理論については、さらに詳細な議論が必要となるであろう。

さて、次に確認しておきたいことは、エンパワーメントの学としての継承性の課題である。いままで女性学を女性解放思想・運動の学問版と位置づけてきたが、そこで強調してきたことは、性支配の解明という学問的課題を主にしてのことであった。だが、女性学の成立意義として、同時に重要な課題があった。それは、学問が人間をエンパワーメントするものとして、その存在意義があるという観点である。

女性学は、女性が生きるための「知」を獲得していくところから始まった。それは、これまでの「知」が、あまりにも男性中心主義であり、女性を研究対象にすら取り上げず、取り上げてもジェンダー・バイアスに満ち満ちた見解を学問的真実として示してきたことへの批判から生じた。女性達は、女性とは何かと問い続けることにより、生物学的決定論の誤りと性別間の権力関係を明らかにし、自己の存在の価値や意味を省察してきた。それは女性が生きる力をえるためといっても過言ではない。

女性学は女性がエンパワーメントされるための学問に他ならなかった。そして今、女性達は、「知」の力により人間がエンパワーメントされることを知った。そして男性達も自明視し、呪縛されていた「知」のバイアスにようやく気付き始め、ジェンダー・バイアスを認識した、新しい「知」を探り始めた。

社会思想、運動、規範、日常行動の様々な場面、そして学問の場面におけるフェミニズム革命そしてジェンダー革命は、女性学の成立と発展なしには、起こりえなかった。その熱気や目標が、矮小化されないようにするために、女性学、ジェンダー研究は、ジェンダーによる分析の学であるとともに、女性がエンパワーメントされる学として始まったことを忘れてはならない。常に展開し変容する「女性」という存在及び女性の経験の顕在化と問題提起、理論化を行ってきた女性学は、劣等視され、自尊の念を喪失させられ、排除させられてきた女性達に生きる勇気を与える、女性をエンパワーメントする学問として機能した。人々がしばし忘れていた、学問の力が人をエンパワーすることを示した学問であった。今後の女性学、ジェンダー研究も、人間の可能性を開示する「知」を創出し、力を与える学問研究を志向することにより、より豊かな研究成果を生み出しうると思われる。

●引用・参考文献

本文中、訳書がない文献の訳は筆者（引用者）による。訳書があっても、筆者訳の場合は引用者訳と明記した。引用文献については訳書のあるものは、訳書のページを示した。

＊

Atkinson, Ti-Grace. 1970 'Radical Feminism,' in *Notes from the Second Year.*（「ラディカルフェミニズム」S・ファイアーストーン&A・コート編、ウルフの会訳『女から女たちへ――アメリカ女性解放運動レポート』合同出版、一九七一年、一五一〜一六一頁）

Atkinson, Ti-Grace. 1974 *Amazon Odyssey,* Links Books.

Burris, Barbara. 1971 'The Fourth World Manifesto,' in *Notes from the Third Year.*

Butler, Judith. 1990 *Gender Trouble : Feminism and the Subversion of Identity,* Routledge.（竹村和子訳『ジェンダー・トラブル――フェミニズムとアイデンティティの攪乱』青土社、一九九九年）

Connell, Robert W. 1987 *Gender and Power : Society, the Person and Sexual Politics,* Polity Press.（森重雄他訳『ジェンダーと権力――セクシュアリティの社会学』三交社、一九九三年）

Delphy, Christine. 1984 *Close to Home : A Materialist Analysis of Women's Oppression*（Translated and edited by Diana Leonard), Hutchinson in association with the Explorations in Feminism Collective.

Delphy, Christine. 1993 'Rethinking Sex and Gender,' in *Women's Studies International Forum,* Vol.16. No.1, pp.1-9.

Donovan, Josephine. 1985 *Feminist Theory : The Intellectual Traditions of American Feminism,* Frederick Ungar Publishing.（小池和子訳『フェミニストの理論』勁草書房、一九八七年）

Dunbar, Roxanne. 1970 'Female Liberation As A Basis for Social Revolution,' in *Notes from the Second Year.*（「社会革命の基礎としての女性解放」前掲、S・ファイアーストーン&A・コート編、ウルフの会訳『女から女たちへ』一九三〜二一一

頁）

Feminist Review, Feminist Review.

Feminist Studies, Feminist Studies.

Firestone, Shulamith and Anne Koedt.（eds.）1970 *Notes from the Second Year : Women's Liberation*, Radical Feminism.（前掲、S・ファイアーストーン＆A・コート編、ウルフの会訳『女から女たちへ』）

Firestone, Shulamith. 1971 *The Dialectic of Sex : The Case for Feminist Revolution*, Bantam.（林弘子訳『性の弁証法——女性解放革命の場合』評論社、一九七二年）

Gender and Society, Sage Periodicals Press.

Gender and History, Blackwell.

Genders : Art, Litelature, Firm, History, University of Texas Press.

Gilligan, Carol. 1982 *In A Different Voice : Psychological Theory and Women's Development*, Harvard University Press.（岩男寿美子監訳、生田久美子・並木美智子訳『もうひとつの声——男女の道徳観のちがいと女性のアイデンティティ』川島書店、一九八六年）

Groult, Benoite. 1975 *Ainsi soit-elle*, Grasset.（有吉佐和子他訳『最後の植民地』新潮社、一九七九年）

Hartmann, Heidi. 1979 'The Unhappy Marriage of Marxism and Feminism : Towards a more Progressive Union,' in *Capital and Class*, Vol.3 No.2, pp.1-33, summer 1979.（L・サージェント編、田中かず子訳『マルクス主義とフェミニズムの不幸な結婚』勁草書房、一九九一年、所収）

Irigaray, Luce. 1977 *Ce Sexe qui n'en est pas un*, Minuit.（棚沢直子他訳『ひとつではない女の性』勁草書房、一九八七年）

伊藤公雄　一九九三『《男らしさ》のゆくえ——男性文化の文化社会学』新曜社。

巖本善治　一八八八「女学の解」『女学雑誌』第一一一号、一八八八年五月二六日号。

Jacobowitz, S.（compiled）1986 'INDEX TO VOLUMES. 1-10, 1975-1985,' *Signs : Jounal of Women in Culture and Society*, Vol.11. No.4, part 2, summer 1986, supplement, University of Chicago Press.

女性学研究会編　一九八一『女性学をつくる』勁草書房。

Keller, Evelyn F. 1985 *Reflections on Gender and Science*, Yale University Press.

Magarey, Susan, et al. 1994 'Women's Studies in Australia', in Norma Grieve and Ailsa Burns (eds.), *Australian Women : Contemporary Feminist Thought*, Oxford University Press, pp.285–295.

MacKinnon, Catharine A. 1987 *Feminism Unmodified : Discourses on Life and Law*, Harvard University Press.（奥田暁子他訳『フェミニズムと表現の自由』明石書店、一九九三年）

Mead, Margaret. 1935 *Sex and Temperament in Three Primitive Societies*, Morrow.

Mead, Margaret. 1949 *Male and Female*, Morrow.（田中寿美子・加藤秀俊訳『男性と女性――移りゆく世界における両性の研究』上・下、東京創元社、一九六一年）

Millett, Kate. 1970 *Sexual Politics*, Avon.（藤枝澪子他訳『性の政治学』自由国民社、一九七三年）

Money, John. 1957 'Imprinting and the establishment of gender role', in John Money, J. G. Hampson and J. L. Hampson, *AMA Arch Neurol Psychiatry*, Vol.77. No.3, American Medical Association.

Money, John.（ed.）1965 *Sex Research : New Developments Holt*, Rinhart & Winston.

Money, John and Patricia Tucker. 1975 *Sexual Signatures : on Being a Man or a Woman*, Little Brown and Company.（朝山新一他訳『性の署名――問い直される男と女の意味』人文書院、一九七九年）

Oakley, Ann. 1972 *Sex, Gender and Society*, Harper Colophon Books.

Ortner, Sherry B. 1974 'Is female to male as nature is to culture?', in Michell Z. Rosald and Louise Lamphere (eds.), *Women, Culture and Society*, Stanford University Press.（三神弘子訳「女性と男性の関係は、自然と文化の関係か？」E・アードナー、S・B・オートナー他、山崎カヲル監訳『男が文化で、女は自然か？――性差の文化人類学』晶文社、一九八七年、所収、八五～一一七頁）

Ortner, Sherry B. and Harriet Whitehead.（eds.）1981 *Sexual Meanings : The Cultural Construction of Gender and Sexuality*, Cambridge University Press.

Parsons, Talcott and Robert F. Bales. 1956 *Family, Socialization and Interaction Process*, Routledge and Kegan Paul.（橋爪貞雄他訳『核家族と子どもの社会化』上・下巻、黎明書房、一九七〇、一九七一年。二〇〇一年に『家族――核家族と子どもの社会化』と書名変更）

Rosald, Michell and Louise Lamphere.（eds.）1974 *Women, Culture, and Society*, Stanford University Press.

Rubin, Gayle. 1975 'The Traffic in Women' in Rayna R. Reiter（eds.）, *Toward an Anthropology of Women*, Monthly Review Press.

Sargent, Lydia.（ed.）1981 *Women and Revolution : A Discussion of the Unhappy Marriage of Marxism and Feminism*, South End Press.（田中かず子訳『マルクス主義とフェミニズムの不幸な結婚』勁草書房、一九九一年）

Scott, Joan W. 1988 *Gender and the Politics of History*, Columbia University Press.（荻野美穂訳『ジェンダーと歴史学』平凡社、一九九二年）

Shapiro, Judith. 1981 'Anthropology and the Study of Gender', in Elizabeth Langland and Walter Gove（eds.）, *A Feminist Perspective in the Academy*, University of Chicago Press.

Sheridan, Susan. 1990 'Feminist Knowledge, Women's Studies Liberation, and Women's Studies', in Gunew Sneja（eds.）, *Feminist Knowledge*, Routledge, pp.36-55.

Showalter, Elaine. 1989 'The Rise of Gender', in Elaine Showalter, *Speaking of Gender*, Routledge, pp.1-13.

Signs : Journal of Women in Culture and Society, University of Chicago Press.

Stoller, Robert J. 1968 *Sex and Gender : The Development of Masculinity and Femininity*, Vol.1, Science House.（桑畑勇吉訳『性と性別——男らしさと女らしさの発達について』岩崎学術出版社、一九七三年）

Strathern, Marilyn. 1980 'No Nature, No Culture : the Hagen Case', in Carol MacCormack and Marilyn Strathern（eds.）, *Nature, Culture and Gender*, Cambridge University Press.（前掲、E・アードナー、S・B・オートナー他、山崎カヲル監訳『男が文化で、女は自然か？——性差の文化人類学』所収、二一一〜二八一頁）

Taylor, Jill McLean, Carol Gilligan and Amy M. Sullivan. 1995 *Between Voice and Silence : Women and Girls, Race and Relationship*, Harvard University Press.

舘かおる 一九九五ａ「性規範の現在」中内敏夫・長島信弘編『社会規範』藤原書店、一四二〜一六七頁。

舘かおる 一九九五ｂ「日本及び諸外国の大学等女性学研究施設」『お茶の水女子大学女性文化研究センター年報』第八号、お茶の水女子大学女性文化研究センター、一四七〜二二二頁。

舘かおる 一九九六「オーストラリア・ニュージーランドにおける女性学と大学・学校教育」原ひろ子・前田瑞枝・大沢真理編『アジア・太平洋地域の女性政策と女性学』新曜社、五一三〜五七八頁。

田口卯吉　一八八八「婦人に関する新語」『東京経済雑誌』第四一九号、一八八八年五月一九日。
上野千鶴子　一九八五「ジェンダーの文化人類学」『へるめす』創刊号　岩波書店、一三八～一五一頁、『女は世界を救えるか』勁草書房、一九八六年に所収。
上野千鶴子　一九九五「歴史学とフェミニズム」『岩波講座　日本通史別巻1』岩波書店、一四九～一八四頁。
Women's Studies International Forum, Pergamon.

◆6 オーストラリア・ニュージーランドにおける女性学と大学・学校教育

1 はじめに――太平洋地域におけるオーストラリア・ニュージーランド

本章で取り上げる調査研究は、「太平洋地域の女性政策および女性の参画と女性学」を研究課題とするものであったが、平成五（一九九三）年度の調査研究ではオーストラリアとニュージーランドを研究対象とし、しかも日程の関係上、オーストラリアはメルボルン、ニュージーランドはクライストチャーチとウェリントンを訪れるのみにとどまった。しかしながら後述するようにオーストラリアは、ニューギニア、メラネシア、アジア諸国との繋がりは深く、ニュージーランドは、ポリネシア、ミクロネシアとの関係を抜きには考えられない。そこで本章では、オーストラリアとニュージーランドを中心に論じるものであるが、オセアニア（オーストラリア、ニューギニア、メラネシア、ニュージーランド、ポリネシア、ミクロネシア）の女性政策と女性学というパースペクティヴをもって論じることにした。

本調査研究のアプローチとして、第一に女性政策推進の視点から小学校、中・高等学校、大学という学校教育機関を中心にした教育政策とその実践を明らかにするという研究視角をとった。その際、政策のガイドラインの内容及びその遂行の状況、小学校、中学校、大学での具体的なカリキュラムや教育実践、政策推進への取り組みなどを中心に調査研究を行った。

第二に、女性学については、特に大学における女性学の状況や現時点での研究課題等を把握することにつとめた。具体的には、オーストラリアのメルボルン大学、モナッシュ大学、ニュージーランドのカンタベリー大学を訪れた成果を報告することを中心にして、両国における女性学の歴史と現状についても概略的にふれることにした。なお、ニュージーランドでは、一九九三年が女性参政権獲得一〇〇周年であったことから、ニュージーランド史における女性参政権の世界史的位置づけが検討されていたことをつけ加えておく。

今回はフィジー等の太平洋諸島を具体的な研究対象にすることができなかったが、この二カ国の女性学研究の中からだけでも「オセアニアの女性学」といった研究課題の独自性が感知された。今まで力点が置かれることの少なかったオセアニアの女性政策、女性学といった分析視角の重要性が改めて確認され、研究の推進に繋がったことは、今後のオセアニア研究にとっても有益であったといえよう。

2　オーストラリアの女性政策と学校教育政策

1　女性政策と女性運動

オーストラリアの女性運動と女性政策の視点については、田中和子による調査研究報告やメアリアン・ソウァー(Marian Sawer) の論考がみられる (Sawer, 1990, 1991. 田中、一九九三ａ)。こうした論考によれば、一九七〇年代までオーストラリアの女性運動は、必ずしも女性の公的領域への進出に結びつかなかった。一九七〇年代からの女性運動は、この状況を変革すべく、活動の重点を政府組織の中にフェミニストを直接送り込み、「政策」を女性や女性運動を反映したものに作り変えるということにしぼっていき、以下のような官僚機構を形成することに成功したという。この運動の中心になった女性団体が、Women's Electoral Lobby (WEL) である。一九七二年、政党に属さない女性のロビー・グループとして発足してから、(1) 平等賃金、(2) 雇用機会均等、(3) 教育への平等なアクセス、(4) 無料の避妊サービス、(5) 中絶の権利、(6) 無料の二四時間保育、という六つの要求を掲げ、ジャーナリストと連携して、その存在を広め、また一人ひとりの国会議員にインタビュー調査を実施し、女性問題への関心を政治的争点にしていった。WELは政府内に、女性政策推進機構を作り、政策立法制定のための活動を続け、フェミニストを国会議員や閣僚として送り込む活動を展開したという。また行政の女性政策担当部門や機会平等部門にも、WELのメンバーが入っていった。また女性運動や女性達の要求を政策決定し施策に反映させるべく議員や官僚になった、こうした女性達は、フェモクラット（Femocrat）と呼ばれている（Sawer, 1990, 1991）。

フェモクラットは、フェミニスト（feminist）とビューロクラット（bureaucrat）を結びつけた造語であり、翻訳すれば「フェミニスト官僚」となる。アイゼンシュタインによれば、オーストラリアの女性運動を進めた女性達は、政府が男性のために男性によって運営されていること、女性政策も男性の利害を反映するものとなっていることを明確に認識し（Eisenstein, 1991a, 29–42）、さらに税制、社会福祉、教育などが女性の伝統的役割を強化し、従属的・依存的地位にとどめるような役割を果たしていることを理解した（Abramovitz, 1988）。それゆえにフェミニストが政策策定に直接的に関わることの必要性を考慮し、フェモクラットを誕生させたのである。このフェモクラット達は、女性政策推進のネットワークを政府の官僚機構内部に作り出していった。

2　女性政策推進機構

オーストラリアの女性政策推進機構の形成は、一九七二年のウイットラム政権（労働党）のもとで開始された。この女性政策推進機構形成の際に、フェモクラット達が留意したことは、国レベルにしろ地方自治体レベルにしろ女性政策担当部門が置かれることにより、女性問題が一部門に集中して、他の各省庁、部局への女性問題の浸透が妨げられることであった。そうした状況を防ぎ、効果的に女性政策の推進をはかるシステムを作るために取られたのが、

「中央／周辺（the centre-periphery）モデル」（Sawer, 1990）であった。これにより連邦首相府（Department of the Prime Minister and Cabinet）の中に女性政策全般を調整する組織〔現在は女性の地位局（Office of the Status of Women）〕と、保健省、教育省、社会保険省、移民・民族問題省など一一の主要省庁に女性担当課（Women's Unit）を置くシステムを作り出した。中央に女性の地位局を置き、周辺に各省庁の女性担当課を配置する放射状の二重の連携システムは、女性省、男女平等省といった独立した省を設置して官僚機構内部で女性問題がゲットー化されることを防ぐために有効だった、とソウァーは述べている（Sawer, 1990, 1991）。

一九七六年のフレイザー政権（自由党）の際に、こうした女性政策推進機構が誕生し、女性政策部門のネットワークをはかるワーキング・グループも発足し、女性問題に関して首相を補佐する女性問題担当大臣も任命された。さらに連邦政府と同様の女性政策機構が州政府レベルでも形成されるようになった。各省庁の女性政策部で実際に、女性政策の調整を行う担当職員（Women's Desk Officers：WDOs）も置かれ、女性の地位審議会（Women's Consultative Council）が、一般市民の女性や女性団体、女性運動の関心事を女性政策に反映させるために設置されている。

さらにオーストラリアの女性政策の大きな特徴は、女性の福祉、健康、性差別防止に関わる政府の財政援助による広範なサービス事業（保育所、家庭内暴力救援センター、レイプ救援センター、女性保健センター、中絶カウンセリング、女性のための情報サービス等）を行うとともに、女性政策の立案、制定、調整にフェモクラットが参画するのみならず、政府のすべての政策をフェミニストの視点から点検し、予算の使われ方を検討する「女性財政報告」というモニター制度の実施にある。各部門の活動や施策をジェンダーの視点から評価することは、すべての政策をジェンダーの平等を重視した（gender-inclusive）性格のものに変革することに繫がったといえるのである。

3　女性政策と学校教育政策

オーストラリアの女性政策は、一九八八年に策定された「女性のための国内方針」（National Agenda for Women）

に基づいて推進されている。これに従って「女性と労働に関する国内戦略」、「スポーツにおける女性のための国内政策計画」、「女性の健康に関する国内政策」などの各分野において国内計画が進められているが、教育においては「オーストラリアの学校における女子のための全国教育政策」（The National Policy for the Education of Girls in Australian Schools 1987）などの行動計画が進められている。

先に紹介したように、この行動計画においても遂行状況の報告書が作成されている。一九九一年に刊行された'Girls in Schools 4'は、一九八七年から実施された、この行動計画の最終報告となっている。それによれば、全国教育政策は、(1) 女子にとっての教育上の必要についての意識の喚起、(2) カリキュラムへの平等なアクセス、参加、(3) 女子を支援する学校環境、(4) 公平な資源の配分、の四つを目的としてきた。

(1)については、*The GEN*というニュースレターを刊行した。一九九〇年には、一万一九〇〇部発行し、ジェンダーの平等問題に関する情報を地域の人々、教師、行政官、その他の人々に提供している。また、全国的に重視すべきプロジェクトとしては、一九八七年からオーストラリア北部の少女や若い女性達の教育と訓練に関するプログラムを開発し、また同年に南オーストラリアの女性の社会経済環境の低い少女の教育についてのプログラムを実施した。一九九〇年からは、知的障害をもつ女子青年への教育プログラムが行われ、彼女達にとって適切な教育を権利として提供するように報告書にその見解が示されている。もう一つのプロジェクトとしては、ヴィクトリア州の宗教色の強いカソリック学校に対する特別な教育ガイダンスのために、ジェンダーや女性の社会経済的地位、地理的な問題に関する調査などのプロジェクトが行われている。

(2)については、ジェンダーの平等をめざしたカリキュラム改革プロジェクトが強力に推進されている。特に学校卒業後の女子の選択を広げるようなカリキュラムの開発を重視している。また『女子教育年報』（*Teaching Girls Bulletin*, No.2）が一九九〇年に刊行され、無償でオーストラリアのすべての学校に配布されている。また、青年アクセスセンター（The Youth Access Centre）が若い女性に対する情報サービスを提供している。特に就学の継続、キャリア・アドバイス、卒業後の就職のための勉強、伝統的に女性の仕事とされてこなかった領域の仕事に就くための情報の提供、雇用主側への意識の啓発、などへの留意が払われ、また農村の若い女性への情報サービスも行われるようになった。

(3)については、クラスルームにおける教師と生徒の様々な行動パターンについての研究が行われ、ジェンダーの平等を重視した教育学の発展につとめている。一九八四年からのプロジェクトはタスマニアと南オーストラリアの中学校、高校での調査を行っている。またもう一つの南オーストラリアでのプロジェクトは、「女らしさと現実」(femininity and reality)というもので、女子の学習に対する効果的な配慮を顧み、教師達へ向けて、調査レポートを提供している。

(4)については、中等学校生徒に対して、連邦政府が男女等しく財政的援助をするようにプログラムを作成し、モニターのシステムを置いている。また、今後の課題としては、卒業後の状況を視野において、「ジェンダーの平等を重視したカリキュラム」(gender-inclusive curriculum)作成のプロジェクトを進めることがあげられている。

こうした連邦政府の方針を受けて各州でも行動計画の策定がなされ、ヴィクトリア州では「教育における少女のための機会均等行動計画」(Equal Opportunity Action Plan for Girls in Education 1991 - 1993)が作成され、教師、生徒、校長、両親、行政官、学校、地域の人々の討議資料として「少女のための教育機会：その前進のために」('Opportunities for Girls in Education : The Way Forward,' 1993)なども刊行されている。この行動計画には、特別に留意すべき女子のグループとして、クーリ(Koori. オーストラリアの東南部のアボリジニ)の女子、英語を使用しない文化圏の女子、障害をもつ女子の三グループに焦点を置いたプロジェクトを行うなど、各州の状況に応じて、さらに具体的な行動計画が掲げられている。なかでも当面の課題とされた、ジェンダーの平等を重視したカリキュラム(gender-inclusive curriculum)への取り組みが目立ち、ヴィクトリア州では、「良いアイディア—中等学校におけるジェンダーの平等を重視した教育の実践的戦略」(*That's a Good Idea! —Practical Strategies for Gender-inclusive Education in Secondary School*, Ministerial Advisory Committee on Women and Girls, Department of School Education, Victoria, 1991）や「少女と数学、自然科学及びテクノロジー」（*Girls and Maths, Science and Technology*, School-Based Social Justice Initiatives, Ministry of Education and Training, Victoria, 1991）といった資料も刊行されていた。連邦政府の政策が各州で具体化され、その推進のためのマニュアルが作成されているといえよう。

またこうした各論的なマニュアルの他に、政策にそってガイドラインが作成されていることも政策推進の大きな力となっている。例えば、ジェンダーの平等を重視したカリキュラムにおいては、一九九〇年に、「すべてを公平に――ジェンダーの平等を重視したカリキュラムのためのガイドライン」（A Fair Go for All : Guidelines for a Gender-inclusive Curriculum）が刊行されている（Office of Schools Administration, 1990. 東京都生活文化局編・刊、一九九四に抄訳掲載）。「ジェンダーの平等を重視したカリキュラム」のストラテジーの概念は、「少年と男性の知識や経験に対するのと同等に、少女と成人女性の知識や経験に対して、その内容、言葉、方法において価値や有効性を与えられるようなカリキュラム」と定義されている。このカリキュラムのストラテジーを目的に掲げる理由には、男性中心的ないし、性差別的なカリキュラム内容や、教科書における言葉使い、女子の教育的向上を制限するかのような大人や教師の態度、そして将来に対する時代錯誤的な判断に基づいてなされる科目選択、男子生徒によるいやがらせ等々が存在すること、そして、いまだ学校が女子にとって不利益な環境となっていることを認識せざるをえないことから生じている。また「ジェンダーの平等を重視したカリキュラム」の実現のためには、教科書等のカリキュラムのみではなく、教育慣行や教師、生徒の言動といった「隠れたカリキュラム」（hidden curriculum）を取り上げ、男子生徒にとってもジェンダー・バイアスのない公正、正当かつ前向きな教育を提供することを意図しているのである。

「ジェンダーの平等を重視したカリキュラム」への変革として、同書で具体的に掲げられている項目について少し紹介しておこう。まず「言葉」については、spokesman, manmade, mankindといった女性を排除した言葉を用いず、spokesperson, synthetic or handmade or manufactured, humanity or peopleといった単語を用いることなどをあげ、現在の言葉のジェンダー・バイアスを問題にする。

次に、「カリキュラムの内容」が登場人物等だけでも男性の情報にいかに偏っているかを指摘し、同時に現行のカリキュラムを創造的に使う方法や有用な資料及び情報を提示してもいる。「学習と授業」では、男子と女子では授業中に教師が応対する時間や教師の注目度の割合及びそれらの質が異なっているという調査結果を詳述して、学校が男女に期待することの相違を取り上げ、また学校の設備、備品、空間の利用に関しても男子の所有権を主張するような強引な態度によって、女子は不利を被っていることに焦点をあてている。さらには多くの女子が直面する自尊と自信の喪失は、成人後も生活のすべての領域に影響を与えることを指摘している。それゆえ、またこれまで女子及び男子には不向きとされて十分に伸ばしきれなかった能力を見出し、発達させる学習スタイルを確立する必要性が述べられている。「評価と通知方法」については、男性に対しては「知性」を評価し、女性に対しては「知性以外の資質」を評価するなどの調査結果を紹介し、多様な評価の基準と評価を伝える通知方法についての改善の検討を提唱している。

また学校という組織が、政策展開や専門的な啓発、意思決定に対する責任を負っていることをあげ、女子を支援する環境の確立、例えば教師の言動、セクシャル・ハラスメント、トイレや更衣室などの快適さ等々の保障などを提言している。次に学校の運営に関わる関係者（校長、教職員組織、教育委員会、生徒、両親等）及び地域や学校支援センターなどの人々が、「ジェンダーの平等を重視したカリキュラム」の指導に積極的に関わることが重要とされている。

以上、女性政策が教育の分野で遂行されるために立案された教育政策、行動計画のポイントについて述べてきたが、それでは実際の学校の授業等では、どのような実践がなされているかを次に述べることにしよう。

4　学校教育実践への試み――訪問校の状況とジェンダー課題

教育政策においても少し紹介したが、オーストラリアは一九六〇年代以前の白豪主義政策を次第に転換していった。労働力確保のために受け入れた白人以外の移民に対し、白人との同化政策から統合政策へと転じ、かつ先住民アボリジニに対しては、隔離・同化政策を修正していった（窪田、一九九三）。一九七〇年代以降は多文化主義を標榜しているが、学校教育においてもジェンダーとともにエスニシティへの留意が同時に払われている。そして先述のように、教育におけるセクシズムの変革として、「ジェンダーの平等を重視したカリキュラム」がエスニシティとの関わりも含めて当面の課題とされている。こうした観点に立ったメルボルンの教育研究実践校を今回見学することができたので、その状況を紹介しておきたい。

ここに紹介する学校は、メルボルン大学教育学部にある教育におけるジェンダー研究部門（Gender Studies in Education Unit）の研究プロジェクトの研究実践校である。このユニットは、メルボルン大学教育学部（Institute of Education）の教員と学校教師の経験をもつ研究者であるティーチャー・リサーチャー（teacher-researcher）と研究実践校の現場の教師達の三者が合同して構成している。政策を遂行するため、研究と実践を結びつけて活動している興味深い研究プロジェクトユニットであった。プロジェクトのタイトルは、「ジェンダーの概念を導入した教育実践」ということであった。

まずメルボルンから車で四〇分の郊外にあるガヴァビル小学校（Gowerville Primary School）を訪ねた。ジェンダーとエスニシティに留意した実践校ということだが、五歳から九歳までの二〇名程の生徒が低学年、高学年の二クラスに分かれている複合クラスであった。移民の多い地域だが、必ずしも生活が厳しいという程でもないそうだ。但し、一〇数カ国の子ども達が在籍している。従ってガヴァビル小学校では、ジェンダーとエスニシティのテーマを人間発達（Human Development）コースの一環に組み込み、まずは言葉が通じない子ども達、文化環境、両親の教育方針も異なる子ども達相互の関係性作りが課題とされ、コミュニケーションの成立をめざしている。ジェンダーとエスニシティのテーマも、「ジェンダーやエスニシティに規定されない人間の発達」を共通目標にすることの中に位置づけられていた。

例えば、こんな実践があった。言葉が通じない子ども達に「友達」「フレンドシップ」というイメージの絵を描かせ、互いにその想いを語らせる。子ども達が、自分の親達の属する国家及び文化を超えたコミュニケーションの成立がはかれるよう、教師達は様々な方法を試みていた。なお、人間発達コースの中で、人格発達プログラム（Personal Development Programme）として設けられていた授業に、自己防衛（Self Defence）コースがあった。セクシャル・ハラスメントに対する自己防衛をトレーニングするために設けられており、女子も男子も攻撃から身を守る術や相手の急所をキックする練習をしていた。自分の身を守るためには、体をはって防衛する術を身につけることが不可欠なことと認識されているようであった。子ども達に性的な行為はこわいものという印象を与えないかという筆者の危惧に対しては、別のコースで好きな人との性的なふれあいの楽しさを伝えていると教師達は説明した。詳細な授業見学は行えなかったが、ジェンダーとエスニシティの問題を統合する理念として「人間発達」を掲げている点は、性差別以外の他の差別との関連をはかりつつ教育の観点から政策を推進する場合、説得力のある観点といえるであろう。

さて次に、ガヴァビル小学校から正反対の方向にやはり車で四〇分行ったところにあるテイラーズ・レイク中等学校（Taylors Lake Secondary College）を訪ねた。新設されて二年目の中等学校で、新興住宅地で中産階級の子ども達が多いという。ジェンダーに視点を置いた教育を行うことを目的としているが、究極の目標は、「人間の権利表現のスキル」を身につけさせることにあると教師達は語った。ジェンダー・バイアスやジェンダー・ステレオタイプは子ども達の能力の発達を阻害しているという観点に立ち、セクシズムの告発のみに留まらず、「ジェンダーを重視したカリキュラム」の作成及び実践に力を注いでいるという。

例えば、「テクノロジー」の授業では、男女ともに興味をもって参加できるように配慮し、自宅から持ってきたハンガーで最初はモービルを作って、針金を自由にあやつってデザインする表現活動と関連させて楽しみ、次にハンガーで電極の実験器を作るため、ハンガーをハンダづけするという活動を行う。モービルのデザインとハンダづけの作業を、男女ともに積極的に行うことに留意していた。「物語」の授業では、日頃物語を創作する経験の少ない男子のみに対して行われていた。中学校の男子生徒が小学校の生徒達にお話を作って、ワープロまたはパソコン入力し、挿絵も入れて冊子にし、読み聞かせるという活動を行っていた。ワープロやパソコンの能力を発達させながら、ジェンダーの固定化によって未発達になっている能力を開発することを意図しているという。「メディア」の授業では、新聞に記載されている記事の中からスポーツの記事を取り上げ、男性、女性のどちらについての記事が多いか統計を取ってグラフを作成してあった。女性と男性の写真の数等の比較も行っており、メディアにおける女性の取り上げ方も討議するという。ジェンダーの平等を重視したカリキュラムがメディア研究とともに、統計を取る数学の勉強にもなり、結果的に人間にとっての認識や基本的能力の形成にも結びつくのだと、教師達はその意欲を語っていた。

このようにわずかながらでも、教育実践校を訪ねてわかったことは、ジェンダーの問題に対する教師達の関心の高さと意欲の強さであり、また授業実践及び研究を行う際の「ネットワーク体制」の見事さである。学校教育において、「ジェンダーの問題が解決すべき当然の課題」としてあることが、「自明の前提」となっているところに、日本との教育政策の違いを改めて実感させられた。日本では学校におけるセクシズムの認識が希薄なまま、「男女平等教育」の実践が唱導されている傾向がみられるようである（亀田・舘、一九九〇）。近年では、諸外国のガイドラインなどを参考に日本においてもガイドラインが作成されてはいるが、現場の教師達の中にいまだジェンダー問題の認識が深まっているとはいえない（東京都生活文化局、一九九四、一九九五）。オーストラリアでは教育政策のジェンダー・バイアス、「学校」という制度におけるセクシズム、男女特性教育論というステレオタイプの教育論、フォーマルカリキュラム、教育方法、教育慣行の中にある隠れたカリキュラムへの総点検が十分なされた上でガイドラインが作成され、行動計画が推進されていた。また、学校教育におけるジェンダーとエスニシティを統合させた試みは、オーストラリアの教育政策が、女性政策及びオーストラリア全体の政策の中で、明確に位置づけられ推進されていることを表しており、筆者はその総合的なパースペクティヴに大きな示唆を受けた。ここでは、先住民アボリジニの女性の教育について具体的に取り上げられなかったが、ジェンダーとエスニシティをめぐる課題として教育政策にも掲げられていることを特記しておきたい（Office of Schools Administration, 1991）。

3　オーストラリアの大学における女性学研究と大学教育

1　大学と女性政策

大学における女性政策の推進として、本論では女性学の研究と教育の状況と同時に、大学におけるアファーマティヴ・アクションについても取り上げてみたい。

今回訪問したメルボルン大学とモナッシュ大学のいずれも、大学の行政事務機構の中に、機会均等委員会（Equal Opportunity Unit, Equal Opportunity Committee）が設置されていた。そして大学におけるアファーマティヴ・アクション・プログラムが実施されていたことは興味深いことであった。例えば、メルボルン大学では、一九九一年の機会均等政策（Equal Opportunity Policy）を受けて、大学では、教育、雇用、福祉における機会の均等の原則に従い、差別のない環境を創り出す責務のあることを明記し、不平等を是正するためのアファーマティヴ・アクションを取ることを方針として掲げた。ガイドラインの中には、セクシャル・ハラスメントに関する苦情を扱う組織を大学内に設置すること、大学教職員、学生のために必要な育児体制を提供すること、すべての大学出版物から性差別的な言葉の使用をなくすこと、大学院や大学の意思決定組織に女性が進出するよう促すこと、ジェンダーとエスニシティの視点から知識の構築をはかるようカリキュラムを考慮すること、「女性のためのアファーマティヴ・アクション・プログラム」を実行すること等が項目として挙げられている。こうした方針にのっとり、まず行われたのが大学の教職員、学生に関する統計的な把握及び分析であった。

次に紹介するのは、メルボルン大学とモナッシュ大学における統計データである（メルボルン大学は The Equal Opportunity Unit, The University of Melbourne, eds. and pub, 1991. 一九九一年一二月。モナッシュ大学は Monash University Equal Opportunity Committee, 1991. 一九九一年三月三〇日時点でのデータである）。やはり教員においては、教授レベルの女性教員数の少なさが問題となっている。また教員の専門分野のジェンダー・バイアスも如実に表れている。

表1にあるようにメルボルン大学教員の職階は教授（Professor）、准教授（Reader）、上級講師（Senior Lecturer）、講師（Lecturer）、助手（Tutor）の五段階に分かれている。全学部の合計をみると、教授クラスに女性は七％しか存在していない。講師になると四五％が女性である。助手には、女性の方が多く配置されることが日本でも指摘されているが（舘、一九九四b、八）、メルボルン大学でも、研究助手の六四％が女性である。

表2にあるように、各学部別にみてみると、学芸（arts）学部では教授の一六％が女性である。法学部では二九％が女性教授であるが、経済・商学部では、女性教授は〇％である。医学部でも女性の教授は五％、自然科学部では一〇％、工学部、農林学部では〇％となっている。講師クラスには女性の教員も増えてきているようで、学芸学部には五六％、法学部は四六％、経済・商学部には四四％、医学部では四〇％の女性教員が存在するが、自然科学部では二〇％、工学部では九％、農林学部では〇％といった状況を呈している。人文科学、社会科学系の女性の進出に比べ、

表1　メルボルン大学大学教員の男女数と女性比率

〈全学部〉　（単位：人・比率：％）

職階	女	男	計	女性比率
教授	9	122	131	7
准教授	17	164	181	9
上級講師	84	329	413	20
講師	198	246	444	45
助手	48	49	97	49
教員合計	356	910	1266	28
研究員	116	177	293	40
研究助手	117	67	184	64
合計	589	1154	1743	34

表2　メルボルン大学学部別教員数の男女数と女性比率

〈学芸学部〉　（単位：人・比率：％）

職階	女	男	計	女性比率
教授	3	16	19	16
准教授	8	25	33	24
上級講師	24	56	80	30
講師	48	38	86	56
助手	6	5	11	55
教員合計	89	140	229	39
研究員	8	3	11	73
研究助手	4	3	7	57
合計	101	146	247	41

〈法学部〉　（単位：人・比率：％）

職階	女	男	計	女性比率
教授	2	5	7	29
准教授	1	3	4	25
上級講師	6	13	19	32
講師	6	7	13	46
助手	4	2	6	67
教員合計	19	30	49	39
研究員	4	2	6	67
研究助手	—	2	2	—
合計	23	34	57	40

〈工学部〉　（単位：人・比率：%）

職階	女	男	計	女性比率
教授	—	14	14	—
准教授	—	14	14	—
上級講師	2	35	37	5
講師	3	29	32	9
助手	1	6	7	14
教員合計	6	98	104	6
研究員	2	25	27	7
研究助手	1	11	12	8
合計	9	134	143	6

〈経済・商学部〉　（単位：人・比率：%）

職階	女	男	計	女性比率
教授	—	12	12	—
准教授	—	4	4	—
上級講師	3	17	20	15
講師	11	14	25	44
助手	9	8	17	53
教員合計	23	55	78	29
研究員	3	5	8	38
研究助手	1	1	2	50
合計	27	61	88	31

〈農林学部〉　（単位：人・比率：%）

職階	女	男	計	女性比率
教授	—	3	3	—
准教授	—	5	5	—
上級講師	—	12	12	—
講師	—	10	10	—
助手	3	3	6	50
教員合計	3	33	36	8
研究員	—	5	5	—
研究助手	4	—	4	100
合計	7	38	45	16

〈医学部〉　（単位：人・比率：%）

職階	女	男	計	女性比率
教授	2	35	37	5
准教授	4	45	49	8
上級講師	14	73	87	16
講師	18	27	45	40
助手	7	4	11	64
教員合計	45	184	229	20
研究員	71	80	151	47
研究助手	74	30	104	71
合計	190	294	484	39

〈自然科学部〉　（単位：人・比率：%）

職階	女	男	計	女性比率
教授	2	19	21	10
准教授	2	45	47	4
上級講師	2	35	37	5
講師	7	28	35	20
助手	6	13	19	32
教員合計	19	140	159	12
研究員	15	39	54	28
研究助手	18	10	28	64
合計	52	189	241	22

自然科学系、特に工学、農林学といった分野での女性の大学教員の少なさに驚かされる。

表3にあるように、モナッシュ大学においても女性の学部長は0%、女性の教授は六・八%である。モナッシュ大学の教員の職階は八段階あるが、上級助手、助手レベルに女性が多く配置されている。このデータは一六六人のスタッフが除かれているが、特に全体の女性比率が変わる程データ変更

表3　モナッシユ大学大学教員（教育・研究）の男女数と女性比率

〈職階別〉　（単位：人・比率：％）

職階	女	男	計	女性比率
学部長	–	10	10	0.0
教授	9	123	132	6.8
准教授	4	69	73	5.5
助教授	6	105	111	5.4
上級講師	77	422	499	15.4
講師	155	252	407	38.1
上級助手	61	34	95	64.2
助手	58	53	111	52.3
合計	370	1068	1438	25.7

表4　モナッシュ大学学部別教員数の男女数と女性比率　（単位：人・比率：％）

学部別	女	男	計	女性比率
学芸	114	200	314	36.3
ビジネス	32	73	105	30.5
コンピュータ・情報工学	36	75	111	32.4
経済・政治	45	133	178	25.3
教育	52	63	115	45.2
工学	8	168	176	4.5
法学	33	49	82	40.2
医学	137	235	372	36.8
専門教育	61	72	133	45.9
自然科学	62	233	295	21.0
モナッシュ大学ギプスランド分校	52	114	166	31.3
その他	34	42	76	44.7
合計	666	1457	2123	31.4

はないということなので、このデータに依拠して概観してみることにする。表4で学部ごとのスタッフをみてみると、工学部の女性教員比率が極端に低いことに注目せざるをえない。

次にモナッシュ大学

表5　モナッシュ大学一般事務職男女数及び女性比率

〈職種別〉　（単位：人・比率：％）

職種分類	女	男	計	女性比率
組織運営職	13	55	68	19.1
コンピュータ・オペレーター	6	6	12	50.0
データ準備	11	—	11	100.0
秘書	380	6	386	98.4
電話交換手	2	—	2	100.0
管理事務	296	192	488	60.7
一般事務	172	47	219	78.5
専門職員	9	58	67	13.4
技術者	144	261	405	35.6
建築専門家	1	2	3	33.3
整備業種	—	87	87	0.0
構内整備業種	1	28	29	3.4
守衛	113	67	180	62.8
運送	—	19	19	0.0
料理・サービス	41	20	61	67.2
書店	6	3	9	66.7
印刷業種	8	2	10	80.0
図書館	162	68	230	70.4
その他	33	6	39	84.6
合計	1398	927	2325	60.1

注　164人不明。

では一般事務職の職種別統計及び賃金別統計が作成されていたので紹介するが、大学においても男女の職種別区分が存在し、それがまた賃金格差にも繋がっていることが明確に示されている。

表5は、一般事務職の職種別人数統計であるが、女性はデータ準備職員や秘書、電話交換手、一般事務職員、印刷業務、図書館員などに多く、男性は、専門職員、組織運営職員、整備・守衛

関係職員などに多いという状況がある。

次に職種別の賃金統計をみると表6の教育職員については、例外的な男性教員八人を除くと、年間報酬の格差が歴然としている。年収五万オーストラリアドル以上の教育職員の九〇%以上が男性なのである。表7の一般事務員では一一四一人の女性が年収二万〜二万九千オーストラリアドルのクラスに集中している。

表6　モナッシュ大学常勤教員男女別俸給表

（単位：人・比率：%）

年俸（オーストラリアドル）	女	男	計	女性比率
80,000 ドル以上	—	4	4	0.0
70,000〜79,999	—	17	17	0.0
60,000〜69,999	10	139	149	6.7
50,000〜59,999	50	469	519	9.6
40,000〜49,999	137	421	558	24.6
30,000〜39,999	237	251	488	48.6
20,000〜29,999	232	148	380	61.1
20,000 未満	—	8	8	0.0
合　計	666	1457	2123	31.4

表7　モナッシュ大学常勤事務職員男女別俸給表

（単位：人・比率：%）

年俸（オーストラリアドル）	女	男	計	女性比率
60,000 ドル以上	2	14	16	12.5
50,000〜59,999	19	54	73	26.0
40,000〜49,999	42	87	129	32.6
30,000〜39,999	210	249	459	45.8
20,000〜29,999	1141	533	1674	68.2
20,000 未満	82	56	138	59.4
合　計	1496	993	2489	60.1

以上紹介してきたように、両大学においてアファーマティヴ・アクションを行うために、まず統計データを作成し、状況を把握し分析している段階であった。しかしながらメルボルン大学の場合、機会均等委員会が設置されるとともに、この委員会による政策の実施を支援し、監視する副学長直属の機会均等担当官（Equal Opportunity Officer）が置かれている。また機会均等政策の実施にかかる費用は、各学部、大学院、各委員会、各課が負担することが取り決められ、この政策は少なくとも三年ごとに見直され、政策の推進をはかるということである。こうした政策をみると、今後の展開が期待されるところである。

2　女性学の概況と動向

オーストラリアの女性学の歴史的な概観については、田中和子による紹介がある（田中、一九九三b）。田中はリンドール・ライアン（Lyndall Ryan）の論考に依拠しつつ、その特色を述べているが、今回訪問したメルボルン大学のヴェラ・マッキー（Vera Mackie）やマイラ・スティブンス（Maila Stivens）へのインタビューによっても、ライアンの行ったポイントの整理は、概ねオーストラリア女性学関係者の共通理解となっていると把握してよいようである。

まず、オーストラリアの女性学は、三期に分けて考えることができ、第一期（一九七二〜一九八二年）は、オーストラリア女性学の離陸期にあたるという。一九七二年にニューサウスウェールズ大学で「オーストラリア史における女性」という講義が行われたのを嚆矢として、他大学でも次々に女性学の講座が開講されていった。それらの多くは、「女性と歴史」「女性と政治」など「女性と○○」といったタイトルが表しているように、既存の学問分野の領域内で女性を可視的存在にする性格のものであった。さらに、より根源的な女性抑圧のメカニズムに焦点をあてて、ジェンダーと権力との関係を解明する研究も現れてきたという。*Refractory Girl*（1972）や*Hecate*（1975）といった女性学雑誌が創刊され、八〇年代初めにはほとんどの大学で、女性学のクラスが少なくとも一つは置かれるようになった。

第二期（一九八三〜一九八八年）は、アカデミズムの内部で女性学が明確な認知をえたオーストラリア女性学の確立期にあたるという。一九八三年にアデレート大学に、女性学研究センター（Research Centre for Women's Studies）が設立され、一九八五年に*Australian Feminist Studies*が創刊された。一九八四年に、シドニー大学でも女性研究センター（Women's Research Centre）が設立されている。女性学の研究論文も多様なアプローチをみせて充実し、七つの大学で学部レベルの女性学専攻コース、六つの大学で大学院レベルの女性学コースが設けられるに至った。この間のオーストラリアの女性学の大学への参入についての議論は、スーザン・マゲーリイ（Susan Magarey）が、「オーストラリア概観：通学問的教育に向けてのオーストラリアの女性学」（'Australia—An Overview：Women's Studies in Australia：Towards trans-disciplinary learning'）という論文にまとめている（Magarey, 1983）。オーストラリアの大学が保守的な性格という状況において、女性学の定着の方向を、各専門分野内へ浸透していくことをめざすか、学際的（inter-disciplinary）な学問としての一つの確立をめざすかの議論がどのように行われているかを窺い知る一助となっている。

第三期（一九八九年～現在）は、オーストラリアの女性学にとって新たな局面を迎えているといわれる。オーストラリアの全国レベルの学術団体である「オーストラリア女性学会」（Australian Women's Studies Association）が八〇年代末に結成され、研究者のコミュニケーションがはかられ、女性学の深化に繋がった。また女性学の学位が取得できる大学も増加し、少なくとも一〇の大学で大学院レベルの学位の取得が可能となった。一九九二年にまとめられたオーストラリアの大学における女性学の概況は表8にあるように、オーストラリア全三九大学のうち学部で学位（B.A.）が取得できるのは一九校、修士段階では（M.A., MLitt, MPiL）二二校、博士段階では（Ph.D.）二〇校が学位取得可能となっている。

一方、最近ではオーストラリア国立大学の女性学プログラムの予算削減と規模縮小といった事態も生じているという。ヘスター・アイゼンスタインは、オーストラリアの大学は米国のアメリカ研究・アメリカ学（American Studies）や黒人研究・黒人学（Black Studies）のような既存の学際的プログラムがなく、むしろ伝統的な学問領域の境界を守ろうとする志向があることを指摘している（Eisenstein, 1991b）。オーストラリアの女性学は設立から約二〇年を迎えた。マゲーリイやライアンは最近の論考において、オーストラリアの女性学の今後の展望を述べている。それによると、これまで女性学の性格を学際的（inter-disciplinary）、多学問的（multi-disciplinary）、通学問的（trans-disciplinary）なものであるという議論をしてきたのは、女性学が、「領域」（field）であると定義せざるをえなかったためでもある。しかしながら、女性学は知の「形態」（form of knowledge）の変革をこそ意図していたのに他ならない。

一九九〇年代の女性学はポストモダンの観点からも、知の政治学（the politics of knowledge）としてより意識化することが大事であり、またオーストラリアの白人中心の女性学の限界を超えるべく、女性学の需要の高まりに応えて、国際的にも、国内的にもチャレンジしていくことを目標に掲げる必要があるとの提言がなされている（Magarey et al., 1994）。

表８　オーストラリアの大学における女性学取得学位一覧

大学名＼学位等	BA	Hons	BLitt	GDip	PGD	MLitt	MPhil	MA	PhD	C'tre
オーストラリア国立	○	○		○		○		○	○	
カーティン工科	○[1]	○						○	○	***R***
ディーケン	○	○	○[2]	○[3]				○	○	R
エディス・コーエン	○[4]			○[3&5]				○	○	***R***
フリンダース	○[6]	○			○			○[3]	○	
グリフィス	○[4]	○					○	○	○	R
ジェームズ・クック	○[1]			○				○	○	
ラ・トローブ	○	○						○[3]	○	
マーキュリー	○	○						○	○	
モナッシュ	○	○						○	○	R & T
マードック	○	○		○			○		○	***R***
クイーンズランド工科	○[4]									
スウィンバーン工科				○[7]				○	○	R
アデレード	○	○		○[3]				○[3]	○	R
メルボルン	○	○		○[3]				○	○	
ニューイングランド					○			○	○	
ニューサウスウェールズ								○[8]		
クイーンズランド	○	○			○			○	○	R
南オーストラリア	○									R
シドニー	○	○				○	○	○	○	R & T
西オーストラリア							○[3]			***R***
西シドニー								○[3&8]	○	R
ヴィクトリア工科	○			○[3&9]				○[3]	○	
ウォロンゴン	○[1]	○						○	○	

注１・学位の略称は次の通り。　BA＝３年制大学終了　Hons＝４年制大学終了
BLitt = Bachelor of Letters（Literature）　GDip = Graduate Diploma 学部卒業修了証（学士）
PGD = Post Graduate Diploma 大学院卒業修了　MLitt = Master of Letters（Literature）
MPhil = Master of Philosophy　MA = Master of Arts 修士　PhD = Doctor of Philosophy 博士
C'tre = Centre

注２・表中の数字・記号は以下を表す。

1＝女性学とよばれていないがその研究領域で広範囲に行っている。

2＝ディーケン大学にはBLitt（４年制）もある。

3＝実際には女性学と名付けられている（例・女性の健康等）。

4＝副専攻のみ。　5＝エディス・コーエン大学には女性学に適用される準学士がある。

6＝第２主専攻のみ。　7＝機会均等行政という婉曲的なタイトル。

8＝ニューサウスウェールズ大学と西シドニー大学にはMA（４年制）がある。

9＝ヴィクトリア工科大学には、１年で卒業できるパートタイムの学生のみを対象とした女性学修了課程もある。

R＝西オーストラリア連合大学女性学研究センターはカーティン大学、エディス・コーエン大学、マードック大学、西オーストラリア大学によってなりたっている共同事業。

R＝調査。

T＝トレーニング。

出典　*Gender Theory Group*, Curtin University of Technology（eds.）, 1992, pp.84-85.

されている。

3　メルボルン大学及びモナッシュ大学における女性学研究と教育

メルボルン大学の女性学講座は、B.A. からM.A.、Ph.D. レベルまでの学位が習得できるようプログラムが提供されている。また女性学のディレクター、歴史学の女性史担当教員を中心にジェンダー研究部門（Gender Studies Research Unit）という研究組織が設けられ、アジア・太平洋地域におけるジェンダーと社会変化といった研究領域に重点を置いていた。メルボルン大学教員のパトリシア・グリムショウ（Patricia Grimshaw）やノーマ・グリーブ（Norma Grieve）は一九七〇年代からオーストラリア女性史研究の発展を推進してきたためその蓄積も厚い。日本にも二人の編になる『フェミニズムとオーストラリア』（*Australian Women : Feminist Perspectives*）（勁草書房、一九八六）が紹介されている。近年は特に、いままでは白人オーストラリア女性史中心の歴史研究であったことを問い直し、先住民アボリジニ、数多くの移民に対する研究へと対象を拡大させているが、こうした課題の重要性はオーストラリア女性学全般に認識されるようになったという（Vera Mackie へのインタビュー、一九九三年八月一六日）。筆者の訪問後も、一九九三年一〇月一日から三日間、第四回アジア女性会議（Women in Asia Conference）、アジア研究協会オーストラリア女性コーカス（Asian Studies Association of Australia Women's Caucus 主催）がメルボルン大学で開催されるなど、オーストラリアにおけるジェンダーとエスニシティ研究が活発化していることを印象づけられた。なお、メルボルン大学では女性学の講義の見学ができなかったが、モナッシュ大学では二つの講義に参加することができた。

講義の様子を述べる前にモナッシュ大学の女性学センター（Centre for Women's Studies）について紹介しておこう。同センターが設立されたのは一九八七年で、三五人の教員が半期はセンターに、もう半期は学部に所属という形で連携して、数多くの女性学講座をセンター及び各学科で提供し、M.A. が取得できるようになっている。女性学センターが提供するプログラムは、フェミニスト理論（Feminist Theory）、フェミニスト研究（Feminist Research）といった女性学としての基本的な研究方法や理論を獲得するためのものが多い。各学部の学科で行う女性学の講義、例えば地理学科の「ジェンダーと都市の再構築」（Gender and Urban Restructuring）や政治学科の「アジアの政治におけるジェンダー」（Gender in Asian Politics）と連携して、女性学の基本を学びながら各学問分野との関連でもテーマを深めるといった効果的なプログラムが提供されているといえよう。

モナッシュ大学では、まず学部レベルの文化人類学・社会学科のルーシ・ハーレイ（Lucy Healey）の「人種と性の政治学」（Race and Sexual Politics）の講義に参加した。女子学生二〇人、男子学生一〇人位の参加者で、ちょうどアフリカにおけるメイドとマダムの日常を描いた*MAIDS and MADAMS*というビデオを観て、人種とジェンダーの問題を考えさせる授業の時間だった。学生達は、驚きあきれた様子をみせる者、時々嘆息をつきながら真剣に観ている者などがみられた。講師の説明だけで学生の意見が聞けなかったのが残念だったが、概ね興味深く視聴していた。次の授業ではディスカッションと、その後理論研究に入るプログラムが組まれていた。

次に、現在モナッシュ大学女性学研究センターの所長を務めているキャサリン・ギブソン（Katherine Gibson）の学部の地理学科の講義に参加した。「ジェンダーと都市の再構築」という、都市計画とジェンダーがテーマの講義であり、受講者は昼休みの時間にかかるためか女性が九人であった。ギブソンの講義展開は次のようであった。まず、ドロレス・ハイデン（Dolores Hayden）の*Redesigning the American Dream : The Future of Housing, Work and Family life*（邦訳『アメリカン・ドリームの再構築――住宅、仕事、家庭生活の未来』勁草書房、一九九一年）の中から関係する章を読み、受講者全員に問題を提示する。そして二〇世紀アメリカのシカゴといった都市の建築が工業化社会の中で、男性の領域は工場や会社、女性の領域は家庭とジェンダー分化されていった状況を説明する。それゆえに一方、子どもを産み育てながら仕事をしている女性達は、女性のネットワークを作り、例えばジェーン・アダムズ（Jane Addams）は、ハル－ハウス（Hull House）のような場所（建物）を設立したことを紹介する。次にオーストラリアのシドニーの場合を例にとり、スライドを映写しながらその変化を追って、着眼すべき点をコメントしていく。一九世紀末から二〇世紀にかけて、シドニーの住宅は一階建て住宅、テラスのあるコロニアル風建築などの歴史的変化をたどる。特に、鉄道が敷かれてからの街並、車の増加による道路の変化、工場の建設、カントリーハウスの間取りなど、都市の形成とジェンダーの関係を具体的に論じていき、これからの都市計画はジェンダーの視点を入れて再構築していくべきことを提起した。学生は皆強い関心をもって熱心に聴き、スライドに見入っていた。日本でも近年「まちづくり」への女性の参加がみられ始めたが、地理学や都市計画学、建築学の学生達が自分の職業選択と関わらせて受講することが大きな意味をもっているといえよう。

日本の女性学関連授業と比べての感想を述べるなら、オーストラリアは英語圏内なので、これまでの欧米圏内での明確なフェミニズム的主張をもった著作から理論的水準を短期間に摂取し、現在はオーストラリアにおけるデータ作りや理論の構築という次の段階の作業に向かっているところが、日本の場合と異なる状況であろうと推察された。しかし、「欧米のフェミニズム都市計画研究を基本に立論」してしまうからこそ、オーストラリアにおける「女性学の白豪主義」も意識せず生じてしまうのかもしれないと思った。例えば都市計画の歴史でも先住民との関係については、少なくともこの講義の中ではふれなかった。アボリジニ出身の女性学研究者、ジャッキー・ハギンズ（Jackie Huggins）は、白人の女性学研究者はアボリジニの女性の歴史や現状について「分析」しようとするが、「理解して認める」ことは少ないという。ハギンズは、オーストラリアの女性学研究は白人の中・上層階級の女性の経験を普遍化するのみではなく、白人以外の女性達の経験を顕在化し、尊重することが重要だと強く訴えている（Huggins, 1994）。

オーストラリアの女性学におけるジェンダーとエスニシティの探究は、ようやく本格化されたといってもよいであろう。例えばモナッシュ大学政治学准教授のスーザン・ブラックバーン（Susan Blackburn）は「ジェンダーとアジアの政治学」（Gender and Asian Politics）を担当しており、先に紹介したアジア研究協会オーストラリア女性コーカスの中心メンバーとして活躍していた。ブラックバーンは、これからますます女性学の立場からアジア研究を行うことが重要となってくることを述べていた。オーストラリアの先住民アボリジニと非白人系移民達、アジアとの繋がり等々の視点での研究がようやく現れ始めている（Grieve and Burns, 1994）。

オセアニアの中でも最もアジアに近く、中国をはじめ多くのアジアの人々も移住したオーストラリア。その地理的状況と歴史的状況から、従来の白人女性中心の女性学研究ではなく、アジア・太平洋地域の女性学研究としてオーストラリアの女性学は多くの研究課題に取り組み始めたといえよう。

4　ニュージーランドの女性政策と学校教育政策

1　女性運動と女性政策

一九九三年のニュージーランドは、世界で最初に女性が参政権を取得してから一〇〇年にあたることから、各地で数々のイベントが行われていた。ニュージーランドの女性運動については、千種キムラ・スティーブンによる論文（千種キムラ・スティーブン、一九八八。以下、「キムラ・スティーブン論文」と記す）があり、サンドラ・コニー（Sandra Coney）の *Standing in the Sunshine* など幾つかの著作が刊行されている。本章においては、女性解放運動の歴史的な素描と女性政策との結びつきについてまとめている、キムラ・スティーブン論文（一九八八）をもとに近年の動きを簡単に確認しておきたい。

ニュージーランドの女性運動は一九七〇年には各地で活発な組織作りが行われ、一九七二年には女性解放運動の全国大会も開催された。フェミニスト雑誌 *Broad Sheet* が発行されたのも同年である。その後、毎年、全国統一女性大会が開催され、一九七九年以後は規模が大きくなりすぎたので各地に分散しての開催となっている。

なお、ニュージーランドの女性運動については、マオリ女性とパケハ（マオリ語で白人の意味）の女性との人種、民族問題をめぐっての批判と連帯の軌跡に注目することが重要である。ニュージーランド政府は国名を表示するとき New Zealand と Aotearoa（マオリ語で白い雲の意、マオリにとっての国名）を並べ、様々な刊行物にも必ず英語とマオリ語を併記するようになった。

女性運動が女性政策に結びついていった経緯には、「キムラ・スティーブン論文」（一九八八）でも指摘しているように、一九八五年には三つの政党の党首がいずれも女性であったこと、特に一九八四年の選挙で与党になった労働党は、党首マーガレット・ウィルソン（Margaret Wilson）が大学の准教授でフェミニスト弁護士であった。彼女は、党首になる以前は副党首であり、労働党内部でフェミニストが強い影響力をもつ土壌が培われていたことなども大きく作用したといえる。

女性運動の成果は政策化され、次々と法改正をもたらした。一九七三年に労働党内閣は単親家庭のための援助手当支給制度を導入し、翌年の、離婚法も改正させ、結婚後にえた財産の半分は妻のものと認められるようになった。また、妊娠中絶法改正のため、国内外の女性達の連帯の闘いの成果も実った。こうした中、国連女性の一〇年最終年にあたる一九八五年に女性事業省（Ministry of Women's Affairs）が設置され、大臣にはフェミニストの女性議員が就任し、ディレクターや副ディレクターも公募により抜擢され、職員二〇名もすべて女性であった。一九九三年に職員は、四〇名になった。女性事業省の職員のヘレン・バーグレホール（Helen Boaglehole）は、女性事業省の主な仕事は、各省で作成される法案をチェックすることと女性政策の視点から法案を提出することであると説明した。また、各種の委員会や審議会に女性の専門家を推薦することも重要な職務であり、一九八八年段階ですでに約四〇〇名が任命されているという（「キムラ・スティーブン論文」一九八八）。

女性運動と女性政策の関連について筆者がインタビューすると、バーグレホールは、地域のどんな小さな女性の活動も把握しニュージーランド全体の女性ネットワークを基盤に政策を推進していくことが一番重要なことであると述べていた（一九九三年八月二六日のインタビュー）。確かに女性事業省のライブラリーにはニュージーランド各地の女性グループの活動を伝えるパンフ等の資料がきちんと整理されており、それを閲覧する女性達も多くみられた。諸外国、例えばフランスなどの女性省の活動との比較についての筆者の質問に対しては、同省の設置は国連及び国連女性の一〇年を契機にしてはいるが、国内の女性運動が政策化を求めて実現したものであるから、自国の女性達の状況をよくしていくことが国際連帯になるという返答がもどってきた。国内マシナリーの設立は、国内の女性運動の成果であり、それを有効に機能させることが基本であるという、ニュージーランドの女性事業省の理念に改めて感銘を受けた。

2　女性政策と学校教育政策

さて、次に教育政策との関連を述べておこう。女性事業省は一九九二年から一九九三年の政策提言として、雇用機会と技術の開発をはじめとする一五項目をあげ、教育の項目については単親家庭の学生への手当等八項目をあげている（Ministry of Women's Affairs/Corporate Plan/Minitatanga mō ngā Wāhine Te Kaupapa Tōpū 1992/3）。その多様で具体性を有した政策提言の中で、ここでは特に学校教育を中心に取り上げることにする。

学校教育政策については主に教育省（Ministry of Education）の政策局（Policy Division）に設けられた少女及び成人女性課（Girls and Women Section）が政策推進にあたっており、ニュージーランドでは一九七〇年代後半から教育と男女平等に関わる取り組みを始めている。まずは教科書の中の性差別的記述に対する調査が行われ、教育部（Department of Education）は一九八〇年に『数学教科書における性役割固定化』（*Sex-role Stereotyping in Mathematics Books*）、『学校関係の雑誌における性役割の固定化』（*Sex-role Stereotyping in School Journals*）、『科学雑誌における性役割の固定化』（*Sex-role Stereotyping in Science Books*）などの調査報告書を公刊して問題を顕在化させ、対応策を検討し始めた。一九七五年に続いて一九八八年には女性教育諮問委員会（Women's Advisory Comittee on Education：WACE）が「ニュージーランドにおける少女及び成人女性のための全国教育政策」（National Policy for the Education of Girls and Women in New Zealand）をまとめ、全国レベルの総合的な女性教育政策の指針を示している。そこで確認された内容は、少女及び成人女性に平等な教育機会を提供するような方策を確立することを意図し、具体的には次のような目標を掲げた。

(1)　全国に配置されている教育委員会が、課された責任を自覚し行動計画を確立すること。

(2) 幅広いコミュニティと教育機関において、少女と成人女性の教育要求についての認識を覚醒させること。特にマオリと太平洋諸島の少女と成人女性の教育要求については、より明確に意識化するように働きかけること。

(3) 教育における性差別主義（セクシズム）と闘う教員を養成する教育と現職教員の再教育を提供すること。

(4) 少女と成人女性が経済的社会的生活に十分で平等な参加ができるようなカリキュラムにアクセスし、享受できるよう保障すること。なお、そのカリキュラムについては、幼児教育から高等教育に至るまでの基本的なカリキュラムの見直しと改革、カリキュラムの特別な分野の改革（保育、マオリや太平洋諸島の少女や成人女性、移住女性、キャリア機会、教科書における女性の描かれ方等）、柔軟で敏感な（センシティヴ）カリキュラムの供給の三点について留意することが必要である。

(5) あらゆる教育段階において、マオリの少女と成人女性のための教育的効果を向上させるように保障すること。

(6) 組織的制度と実践、教育と学習のプロセスとクラスルーム／ワークショップの運営、社会的文化的環境、物理的環境、財源の配分などの変革を通して学習環境の公正をもたらすこと。

また、進学率の男女比、退学後の女生徒の就職、特にマオリと太平洋諸島の少女と成人女性の不利な状況を鑑みて、緊急に「少女と成人女性のための全国教育政策」の施行が必要とされることが述べられている。

ニュージーランドの学校教育政策は、このような問題意識と方針のもとに進められた。提示された目標からも明らかであるが、マオリと太平洋諸島の少女と成人女性に対して特別の配慮がなされている。この状況についての詳細は、「キムラ・スティーブン論文」（一九九六）を参照されたい。

その後、教育省が重点を置いて展開したのは、教育者達に対する教育とカリキュラム改革であった。ニュージーランド教育省（部）は「少女と成人女性の全国教育政策」が提供された翌年の一九八九年に「教育における性差別主義との闘い：教育者の実践のためのガイド」（*Countering Sexism in Education : A Practical Guide for Educators*）を作成した（Department of Education, 1989）。教育における性差別をなくしていくため、教師向けに具体的な指導方法や考え方がまとめられているが、教育政策の具体化が包括的に示されているので少し詳しく紹介したい。

第一部には、性差別と闘うための背景の説明と行動のためのフレームワークが説明されている。またこのガイドブックには用語や概念の定義が行われている。例えば、equity については、公正さと正義の到達を示すものであり、カリキュラムとは学習環境として設置されているすべての活動、行事、経験を示し、「隠れたカリキュラム」（hidden curriculum）は既成事実や思い込みまたは不注意に〝教えられる〟価値観や態度を意味するというものである。また、「ジェンダーの平等を重視したカリキュラム」（gender-inclusive curriculum）は教育方法や言葉、内容において女性の興味や展望も含んだ、女性に役立ち、女性の価値が認められたカリキュラム、とされている。

「行動のためのフレームワーク」では、教育の機会均等を保障し、すべての教育機関において、性差別的な教育をなくしていくことが強調されており、また、教育における人種差別においては、マオリや太平洋諸島の少女及び成人女性は性差別と人種差別の二重の差別の中にいることを配慮し、彼女達のニーズに対し具体的な研究と指導が必要とされている。

次の項では「ジェンダーについての固定観念が学習に及ぼす影響」として、次のような説明がなされている。「ジェンダーそれ自体は、学習を限定するものではない。しかしながら、ジェンダー・バイアスに基づく役割、可能性、興味、向上心の見方によって作られたいわれのない思い込みは、学習過程に明らかに影響を及ぼしてしまう。教師によってなされる学習者への多くの思い込みは、現実よりむしろ神話に基づいているのである。こうした神話は、しばしば社会において維持され、それゆえに意識的または無意識にかかわらずまるで真実か現実生活での出来事のように維持される。教育者が女性達に対する思い込みや偏った問いかけを同一化していることはとても重大な問題である」。大切なことは、「学習者がこうした思い込みに対し挑戦することである」との説明があり、ディスカッションの議題として「少年や男性が、少女や成人女性より良い教育を受けるのは、男性が一家の稼ぎ手だからである。これは真実？」といった質問項目をあげている。このようにジェンダーに関わる固定観念が学習活動に大きな影響を与えることを、教師達自身が認識するように明示してある。また性差別社会において、性差別的な教育や生活がもたらす事柄について、幼児教育、科目選択、学習達成度、職業、収入、精神衛生の面において女性が男性に比べて差があること、またその中でもマオリや太平洋諸島の女性達が、より困難な状況にあることを指摘している。

次に教育現場に変化をもたらす一つの方法としてアクション・リサーチの枠組みが提示されている。アクション・リサーチの方法は七段階に分けられる。第一段階では、取り組むべき問題を選ぶ、第二段階では、その問題について調査をしてみる、第三段階ではその問題を分析する、第四段階では、分析して明らかになった問題点を解決する計画を立てる、第五段階に、その計画を実行に移す、第六段階では、アクション・リサーチをする前の段階と比べて評価し、第七段階で次の段階に進むという。そしてアクション・リサーチを進めるにあたっては、できれば一人ではなく協力者と共に取り掛かること、身近な小さなことから取り上げていくこと、現状をよく調査すること、できることから始めること、積極的であることなどが留意点としてあげられている。

このようにアクション・リサーチについて明確に説明した後に、教育現場の性差別解消の度合をはかるチェックリストのモデルが紹介されている。チェックリストは、まず教科書の使い方、教育内容に関するもの、男子と女子とでスポーツにかける費用の差などの教育環境に関わることを生徒に尋ね、教育者に対しては男子と女子へ配慮する時間の違い、ジェンダーの問題に気付くためのスタッフに対する現職教育の提供、経営については教育の機会の平等政策があるか、セクシャル・ハラスメントを打破する窓口があるか、女子と男子の職業選択のデータベースがあるか等の六〇項目にわたって構成されている。

そして第二部では特に「隠れたカリキュラム」について取り上げている。教育現場での教師の言動や生徒との相互作用は隠れたカリキュラムとして形成されている。この隠れたカリキュラムこそが、何にもまして少女及び成人女性を相対的に不利な教育境遇に置いているという認識のもとに、次の六項目にわたり隠れたカリキュラムの変革があげられている。

まず第一は、先生の生徒に対する「期待」が及ぼす影響についての意識化の問題である。一般的に、「男はこうすべきだ」と教えたり、「女はこれができる」といったり、男らしさ、女らしさを固定した表現を用いたりしがちだが、生徒に対する教師の「期待」の内容についての解明である。第二には、少女と成人女性のための学習環境の改善があげられている。男子中心のクラスルームの「雰囲気」を変えていくための教師の役割や、男子と女子の扱われ方の違いなどのディスカッション等が必要なことが示されている。第三には、教師と生徒、生徒間での相互作用を問題にしており、クラスルーム内での発言が男子に偏らないためのワークシートを作成している。ワークシートには、教師が男子生徒、女子生徒の名前をどう呼ぶか、質問に対する返答の仕方への対応を男子と女子で変えているかなどがあげられ、一方、生徒に対しても先生があなたの姓だけではなく、名前まで知っているか、先生からよく質問されるか等、具体的な質問項目があげられている。

第四には、生徒の評価や注意の仕方、例えば、女子と男子とではほめ方や叱り方が違うか等、生徒指導についての面である。第五は、学校における性的ないやがらせについてであり、男子生徒や教師による女子生徒に対する性的ないやがらせと取り組むためのアクション・リサーチがあげられている。第六は性差別用語に対する取り組みである。男の子には怒った／反抗的（angry／outraged）、女の子にはヒステリカル（hysterical）とラベリングした表現を用いているか、女子を侮辱するような表現、男子と女子の互いの名前の呼び方、ほめるときの言葉の違いなどの点についてあげられている。

第三部には、性差別主義と闘うためのさらなる手段として五つの方法があげられている。これまで政府は性差別的で、固定的なカリキュラムの改善に取り組んできたが、さらによいカリキュラムを用意することを第一にあげ、指導に役立てるようチェックリストが示されている。例えば、数学についての知識欲についての構造図が掲載されている。数学に対する社会的尺度（頭のよい人だけ数学ができる、数学は男のものという認識）、数学の教え方（教師の期待）、性の固定化（数学は女性的かつ直観的なものではなく、論理的／理性的なもの）、数学の本質の受けとめ方（特殊な用語と意味によって成り立っているもの）の四つの要因がさらに複合的に連関して数学への知識欲を形作るというのだ。また数学への恐怖心を解消する方法も示されている。

第二は、補習の問題で、例えばニュージーランドでは補習の恩恵に浴するのは男子であることが多いと述べている。女子は数学を苦手とする者が多いが、補習体制が整っていないので、意欲を失っていく場合が多いことも指摘されている。第三は、学校内の施設や道具の使い方、第四にはコンピュータの利用についての男女の差のチェックが必要なこと。そして、第五に学校組織全体の問題として、性差別のない教育方針を決定する者のあり方、時間割や必須科目及び評価についての学生相談の状況、両親の啓蒙、情報収集や研究調査でのチェックポイントが示されている。

以上紹介してきたように、ニュージーランドの学校教育政策は性差別主義の撤廃のために、このように詳細なガイドラインを作成している。しかもこのガイドラインの特色は「アクション・リサーチ」の方法として強調されているように、調査・研究に裏付けられた分析に基づき、問題の解決への行動計画が実施に移されるように具体化されていることが特色である。これまで提案した問題のすべてにわたって参考文献が紹介されており、研究調査の豊富さにも驚かされる。ガイドラインの内容は教育組織（体制）からフォーマルカリキュラム、隠れたカリキュラムを含む広範な視野のものであることからも、本格的な政策的取り組みであることが窺われた。

これまで述べたガイドラインにあるように現職の教員が教育のセクシズムに気付き、変革していくことに重点が置かれているが、教員養成においても積極的な位置づけが行われている。筆者が訪問したクライストチャーチ教育大学（Christchurch College of Education/The Whare Whai Mataurака ki Otaatahi）の教員養成科目プログラムガイドブック（Secondary Programms Course Book, 1993）には、教室における社会的公正と正義（Social Justice and Equity in the Classroom）や社会における女性と教育（Women in Society and Education）、教育におけるマオリの主導権（Maori Initiatives in Education）など女性、マオリ、クラスルームにおける公正の問題をテーマにした講義が設けられていた。

また教育省は、教育や職業訓練に関わるニュージーランドの少女及び成人女性の地位を明らかにする統計的データの作成につとめ、一九九三年に公刊した。そこには、就学前教育から後期中等教育、高等教育、職業訓練教育、女性の労働に関わるデータが掲載されている。〔なお、この報告書は一九八六年の労働党内閣のもとに設置された少女及び成人女性担当部のスタッフ四人が進めてきたが、国民党内閣になり一九九二年にこの担当部が廃止されてしまい、最終的にはプルー・デンセム（Prue Densem）らの支援のもとにフィオーナ・スタロック（Fiona Sturrock）が一人でまとめたということである。一九九三年八月一六日、筆者と千種キムラ・スティーブンとで教育省のデンセムら四人に対して行ったインタビューによる。〕

表９　大学登録学生数と学位別男女比

学位	1971年				1991年			
	女		男		女		男	
	（人）	（%）	（人）	（%）	（人）	（%）	（人）	（%）
〈大学院〉								
博士号	94	11.6	719	88.4	572	35.9	1022	64.1
修士号	426	24.8	1290	75.2	2292	45.3	2766	54.7
大学院1年課程修了証	57	27.5	150	72.5	901	46.5	1037	53.5
学士号	5	15.6	27	84.4	52	37.1	88	62.9
修了号	168	26.9	457	73.1	2320	51.1	2220	48.9
その他	—	—	—	—	271	51.9	251	48.1
〈学部〉								
学士号	8772	33.4	17509	66.6	35251	52.8	31459	47.2
修了証	918	39.2	1422	60.8	2683	51.9	2482	48.1
認定証	276	39.9	415	60.1	1199	72.1	465	27.9
中間認定証	220	11.9	1624	88.1	857	40.0	1285	60.0
その他	166	34.0	322	66.0	2384	50.8	2309	49.2
合計	11102	31.7	23935	68.3	48782	51.8	45384	48.2

注・内部登録のみ含む。
出典　Sturrock, 1993, p.73.

　高等教育に関して、この統計データの内容を簡単に紹介しておこう。表9にあるように一九七一年には大学院、大学で学位等を取得する際の男女差は著しかったが、一九九一年にはめざましい進展がみられた。例えば、博士課程の女子学生数は、一九七一年の九四人から一九九一年には五七二人になり、修士課程の女子学生数も四二六人から二二九二人となっている。しかしながら、図1にあるように、大学での専攻分野のジェンダー・バイアスはまだまだ著しい。一九九一年では一部、獣医学や法学は女子学生数の方が上回ったが、工学、農学・園芸学・林学、

図1　大学学部登録学生の専攻分野と男女比（1981、1991年）

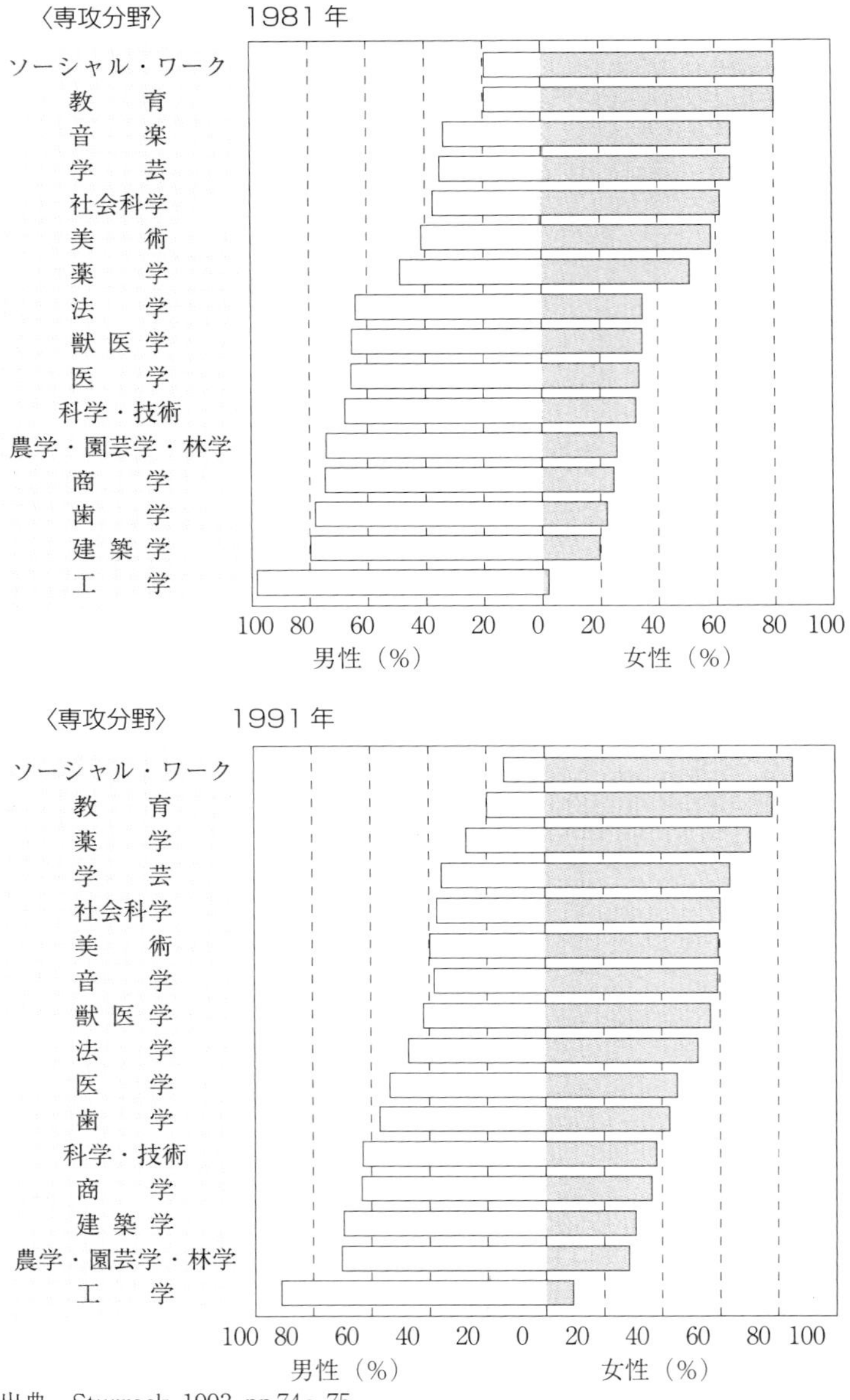

出典　Sturrock, 1993, pp.74～75.

建築学などを専攻する女性はさほど増えていない。

図2の一九九一年のポリテクニークの専攻課程でも、女性は保健医療、法律秘書、教育などに八〇%近く分布し、運輸・通信や工学、工業・貿易・工芸などは二〇%に満たない状況である。

教育省のデンセムは筆者の質問に対し、こうした女性の現状の統計を取り、その原因究明の研究をしながら政策を策定し、推進することが大事であると強調した。先に述べたように、少女及び成人女性担当部が国民党政権により廃止されたことから、男女平等教育に関わる政策の推進はこれまでのようなスピードでは望めなくなったが、それでも教育省の女性官僚達で、政策を推進していくネットワークはできていると語った（一九九三年八月二六日のインタビューによる）。

図２　ポリテクニーク登録学生の専攻分野別男女比（1991 年）

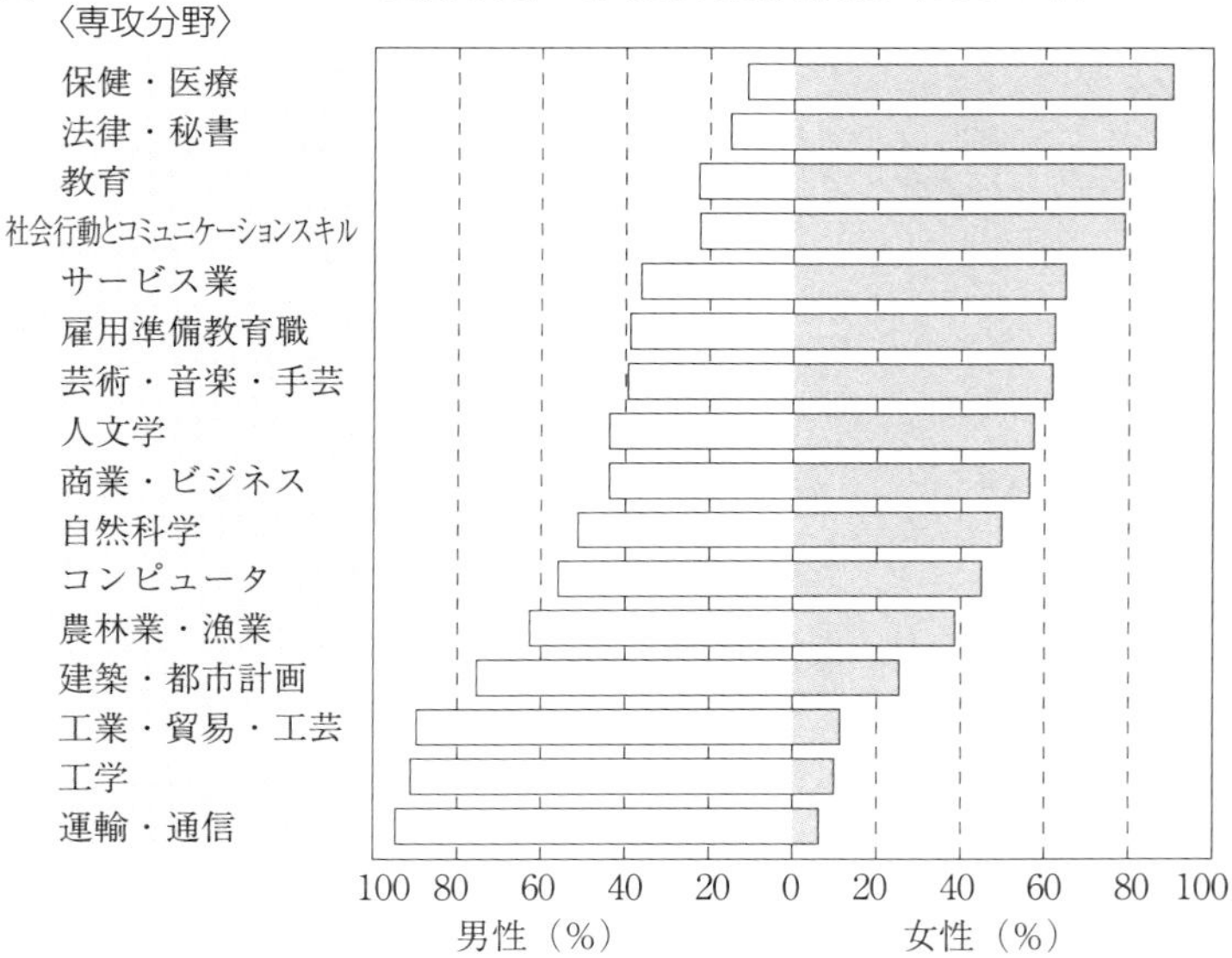

出典　Sturrock, 1993, p.80.

3　学校教育における実践と研究——訪問校の状況とジェンダーの平等を重視したカリキュラム研究について

それでは次に筆者の訪問した学校での実践を紹介し、また、ニュージーランドの「ジェンダーの平等を重視したカリキュラム」(gender–inclusive curriculum) 研究の中心的存在であるアドリアン・アルトン－リー（Adrienne Alton–Lee. 一九九四年からヴィクトリア大学所属）の研究内容について、簡単に紹介することにする。

一九九三年八月二三日に筆者はクライストチャーチにあるエルムウッド（Elmwood）小学校を訪問した。住宅街にある白人がほとんどの小学校であった。教師のショーン・スティール（Shon Steele）に男女平等教育について質問するとエルムウッド小学校では教師のためのチェックリストを作成しているということであった。その内容は、小学校教育段階に細かく配慮したものであり、例えば、昼食時間に男子と女子が同じく学校の備品を借りに来るか、誰が校庭で遊び、誰が教室内にいるか、誰がスポーツをしているか、教師はtomboy（おてんば娘）とかsissy（めめしい少年、弱虫）といった表現をしていないかなどの項目にわたる具体的なものである。

そうした質問の中で特別に重視されていたのはスポーツに関する項目であった。女子が体操やスポーツをするように奨励する配慮がなされているかという点である。これは、担任の教師が自分の研究テーマにしていることにもよる。スティールは、このテーマで教員養成大学の体育の専門の教授と共同研究を行っているという。スポーツに関して教師が調査する事柄には、水泳に参加している男女比、学校の生徒達の役割の中でチームのポジションについている者の女性比率、コーチの男女人数、女子向け、男子向け、男女向けのスポーツの現状などがあげられている。

八月二四日に訪ねたクライストチャーチ・ポリテクニークでも一九九〇年の女性の生活研究プロジェクトのレポートで「女性とスポーツ」（Women in Sports : Are Women invisible?）と題するものがみられた。それによるとニュージーランドのメジャースポーツへの参加率は一九八七年の調査では女性が四二％くらいである。しかし、クリケットやゴルフ、ラグビー、サッカーなどは男性が占めていて、屋外スポーツは男性、室内スポーツは女性という区分ができていると報告されていた。また、夕方六時半のスポーツニュースでは男性スポーツの報道が六九％、女性スポーツの報道は一三％の割合という（Christchurch Polytechnic, 'Women's Lives' Research Project, 1990）。スポーツは男性が中心というイメージがメディアにより作られてしまっている。

このような状況から、小さい時から女性が屋外スポーツを楽しみ、かつ選手になる才能を引き出すことが留意されているらしい。スティールは「体育における公平な扱い」（A Fair Deal in Physical Education）というガイドラインに基づき、女生徒に対する教師の期待、価値づけ、教育方法、役割モデル、風潮等について実践を行っているという。教室には岩登りをする女生徒の写真が大きく貼ってあった。ポリテクニークのアリソン・クーパーも語っていたが、ニュージーランドでは伝統的に女性がスポーツをすることをあまり奨励しない風潮があり、現在では、女性の性的自立のためにスポーツをする、運動をすることが大切という方向で、女性にスポーツを奨励しているという。また、八月二三日の午後訪問したヒュートン中等学校（Heaton Intermediate School）ではラグビーは男女混合で行っているということであった。

さて、エルムウッド小学校のリーダーのクラスでは教科書がジェンダーの平等を配慮した視点から変革された、という説明を受けた。旧版の*Saturday Morning*と題された教科書では、朝食後、父親は子どもと一緒に車を洗う。母親は「昼食ができたから庭で食べましょう」と呼びかけるという内容であった。一九八三年版ではこの内容が、母親が子どもと車を洗い、父親が昼食の用意をして庭で食事をするというものに代わり、さし絵も明るい調子になっている（School Publications Branch Department of Education Wellington, 1983）。初等教育ばかりではなく、すべての教科の中に男女が意欲的に取り組めるような変革は中等教育段階でも行われている。八月一九日に訪問したバーンサイド高等学校（Burnside High School）のグラフィック・デザインの授業では、これまで機械や橋の模型作りをやっていたが、最近、車や小物をデザインするカリキュラムに変えたところ、女子も興味をもつようになって、建築やインテリアの専門学校に進む学生も増えてきたという。家政学の授業では、ケーキを作るだけではなくRestaurant Surveyと称してレストランに行ってシェフの仕事について調査したりしていた。Project mealという課程では、フランス料理のデザートの盛りつけの研究をして、生徒達で作り合い、皆で評価しあっていた。担当教師のロビン・ジョハンソン（Robyn Johanson）によれば、料理することは家庭の仕事としてイメージするのではなく、シェフといった職業に就く可能性があることを知るように働きかけ、就業に結びつくような資格試験等の情報も提供しているという。

以上のように、訪問校においては授業におけるカリキュラム上の工夫がなされ、ジェンダー課題という共通理解が学校の中に明確に浸透していたといえる。

それでは次に、ニュージーランドの教育政策に大きな影響を与えたといわれるカンタベリー大学准教授のアドリアン・アルトン－リーへのインタビューとその研究内容を紹介しよう。

ニュージーランドがジェンダーの平等を重視した学校カリキュラム（Gender-inclusive school curriculum）に注目したのは、ここで紹介するアルトン－リーとデンセムのいくつかの研究成果に基づいている（デンセムは先述したように現在は教育省の役人になっているが、以前はカンタベリー大学の教員であった）。アルトン－リーは女性が従属的地位を受容していく過程においてカリキュラムが決定的な役割を果たすことを、「ジェンダーとカリキュラム」の研究成果によって示した（Alton-Lee and Densem, 1992）。

彼女の研究は生徒の数名を選んで、その単元の前と後、そして一年後に詳細なインタビュー調査をして、カリキュラムがその生徒に与えた影響を生徒の中に残る記憶や知識のあり方を検討することで明らかにするというものである。一九九三年八月二四日に訪問した時点では、ビデオを教室に備えつけて連続的に撮影して、授業中及び休み時間も含めての教師や生徒の言動すべてを分析対象にしていたが、ビデオを用いる以前は録音資料の詳細な再生とインタビュー調査を複合的に用いていたという。発言したり行動した人は、教師か生徒か、男か女か、社会人学生か、教材は教科書かスライドか、ゲストを招いての授業か等の詳細な記録を対応させ、また時には生徒自身に回想して記述させる方法も導入している。

具体的な実践例として総合カリキュラムとして組まれている小学校三年生用の「英国の中世」についての単元を紹介しよう。「英国の中世」の単元の、ある課程において、男性について言及している回数は四二一回、女性についてはたったの二回であり、それも「タペストリーに刺繍をする侍女達とノルマンの淑女達」であった。この総合カリキュラムの中で通算、男性について言及したのは一万回、女性は五〇七回でわずか四・八％にすぎなかった。女性についての記述も女性の存在を重視したものではない。子ども達に単元を振り返っての中世のイメージについてイラストを描かせると、国王、男爵、法王、騎士、男の農奴といずれも男性ばかりを描く。一年後に生徒に「英国の中世」についいて覚えていることを確認するインタビュー調査をしたところ、覚えているのは男性のことばかりだった。「女の人達がしていたことは?」という質問に対し、ある男子生徒は、「男の人のやることを眺めていた、美しく振る舞うようにしてた」と答えた。また、女子生徒は、「女の人は男爵でもないし、騎士でもなく特別な人ではなかったので覚えていない」と答えた。彼女は学校で学んだことはすべてであり、男性に偏っていたとは思っておらず、女性に言及されていなかったのは、女の人が重要な人物ではなかったからだと思っているのである。もう一人の男子生徒は女子修道院(nunnery)についてまったく覚えておらず、「修道士の寝場所だと思う」と答えた。修道士については学んだが修道女については学んでいないという。

このように、現行のカリキュラムにおいては男性の権力者を中心に教材を提供しているのみであり、男達が十字軍に行っている間、女達が家族を養い、家事をして土地を管理していたことはまったく伝えていないのである。

アルトン-リーはこうした生徒の反応の中でまれな例に着目することによって、新しい知見が開けることがあると述べている。この「英国の中世」の単元の中で、ある男子生徒が例外的に、紡ぎ車と織物という村の女の仕事について明確な記憶をもっていた。教室に紡ぎ車をもってきたゲストへの記憶が鮮明に残っていたが、それには尊敬する継母の紡ぎ車を自分自身で使ったことがあるという経験が大きく作用したのである。アルトン-リーは自分の経験や関心事の有り様が如何に知の獲得に繋がるかを示しているという。

次の「ニューヨーク——文化的相違の研究」の単元においても、女性への言及は二・五%であった。単元終了後、子ども達に「女の人のことがどのように思い浮かんでくるか」とインタビューしたところ、ある女子生徒は、女の人の姿は浮かばない、絵の具をつけた先住民がいるところに、私達ニュージーランドの白人のような「文明的な」人達がきたのだと答えた。その白人達は男か女かと尋ねると「女の人の姿は思い浮かばない」と笑って答えた。その女子生徒は白人入植者の男性と自分を「文明的な」人という形で同一視し、先住民に対して優越性を感じていることを表明している。権力関係とそれを維持するカリキュラムは、同時に人種的覇権主義を生み出しているのである。ニュージーランドの白人女性は、「知らず知らず白人男性文化と同一化してしまい、先住民に対するその優越性によって自分自身の性、女性であることを結果的に軽視し、排除すること」を学んでしまうのである。

現在のカリキュラムの教育は、男子が男性支配を永続することを正当化するだけではなく、この過程で女子が「無意識に共謀」してしまう隠れたメカニズムを提供しているのである。白人女子の「知」は覇権主義のメカニズムの一つとして作用している。往々にして子どもは、力の弱い集団を「その他」と括ってしまい、力の強い集団の側に立ちたがる。残念なことに自分自身が「その他」である子ども達は、自ら抵抗しない限り、むしろ自分自身に対する抑圧に手を貸すことを身につけていくのである。

アルトン＝リー達の研究はニュージーランドにおけるジェンダーの問題がマオリとパケハというエスニシティの問題と深く交差していることを如実に示したのであった。なお、こうした研究は教員養成大学においても、教育実践課程のカリキュラムに生かされ、学生達が教科書の登場人物の性別と記述の仕方のチェックをしてみているという。そうすると、初めて現在のカリキュラムが「正当な」ものでないことに気付くというのである（一九九三年八月二〇日の筆者のインタビューに対するアルトン＝リーの発言）。

いまニュージーランドがめざす「ジェンダーの平等を重視したカリキュラム」とは、どのようにして女性と男性の体験を一緒に理解できるか、階級、人種・民族と性別はどのように重層的に作用するかを明らかにし、カリキュラムの同一化、一般化ではなく、多様性に基づいた人間の体験の包括的ビジョンをもち、従来のカリキュラムの枠組みを変革して、生徒に権限を付与した実践を行うカリキュラム変革のことである、と位置づける段階まで到達している（Alton-Lee and Densem, 1992, 215-216.）。一九九三年に教育省は The New Zealand Curriculum Framework/Te Anga Marautanga o Aotearoa という新たなカリキュラムの枠組みを提示し、さらなる取り組みを開始していた。カリキュラムの変革こそが、学校教育を通じて性別、人種、民族、階級の差別を解消することに繋がるという、研究に裏付けられた透徹した認識がこのように浸透していることに、筆者は驚きと勇気を与えられた。

5　ニュージーランドにおける女性学研究と大学教育

1　女性学の概況と動向

ニュージーランドには、一九九四年の時点では七つの大学があり、すべて国立大学である。それらのいずれの大学においても女性学が開講されているが、その概況を紹介する前に、大学の女性学を推進させる強力な力となった大学における女性教員の存在について確認しておきたい。

「ニュージーランドの大学における女性教員数と女性比率」(Smith, 1992, 104) によれば一九八六年から一九九一年にかけてニュージーランドの大学において女性の教員数は、確実に増加していった。全女性教員数の実数は一九八六年から一九九一年の間に四二五人から七三九人にまで達し、全教員数の中での割合も一五・〇%から二七・八%になっている。職階の中では教授レベルの人数はほとんど変わらないが、講師レベルで大きな動きが生じている。各大学ごとのフルタイムの女性大学教員割合をみると、ワイカト (Waikato) 大学で約二六%、ヴィクトリア (Victoria) 大学で二四%、マッセイ (Massey) 大学、オタゴ (Otago) 大学が約二〇%、リンカーン (Lincoln) 大学とカンタベリー (Canterbury) 大学が一五%前後となっている (Smith, 1992, 106)。大学に女性の教員が増加してきたことにより、従来の男性中心の大学のアカデミズムの体制が変化せざるをえなくなってきていることの指摘がなされるようになった (Smith, 1992)。特に、夫や同僚をまき込んで、仕事と育児、家事の両立をはかっている女性教員や女性学を担当する女性教員達は、実際に大学に変革をもたらしているようだ。

さて、ニュージーランドの女性学の状況については、ケイ・モリス・マシュウズ (Kay Morris Matthews)「女性について・女性のために：一九七三年から一九九〇年のニュージーランドの大学における女性学」('For and About Women : Women's Studies in New Zealand Universities, 1973–1990') に依拠しながら整理しておきたい (Matthews, 1993)。

最初の女性学コースは、一九七四年から一九七九年の間に確立された。そのうちの三つは社会学の分野においてであった。ワイカト大学で一九七四年にローズマリー・セイモア（Rosemary Seymour）がSociology of Womenを開講し、一九七五年にカンタベリー大学でローズマリー・デュ－プレシー（Rosemary DuPlessis）のWomen in Societyが設けられ、一九七八年にマッセイ大学のエフラ・ガレット（Ephra Garett）がWomen in Societyを開講した。他のコースは一九七七年にオークランド大学に心理学をベースとするジェーン・リチィ（Jane Ritchie）のWomen and Psychology、法律ではマーガレット・ウィルソン（Margaret Wilson）によりWomen and Lawが開設された。オタゴ大学では一九七九年に古典学の領域にWomen in Greek and Roman Worldが設けられている。一方、女性学が学際的コースWomen's Studies : An Introductionとして設けられたのもワイカト大学であった。初めは各学問領域に依拠していた女性学担当教員も、女性学の進展にともなって、互いにリンクしあうようになっていった。また「女性と建築学」（Women and Architecture）「女性と宗教」（Women and Religion）といった領域にも女性学は浸透していった。

一九八〇年代前半には、マオリとレズビアンの女性について明示化するよう焦点があてられ、一九八〇年代後半には人種、ジェンダー、階級の問題が中心となってきたといえる。これからもニュージーランドの大学において女性学は発展し、大学のアカデミズムのあり方を変えていくことが展望されている。なおワイカト大学でのマオリ女性の研究は注目される（Yeatman, 1992）。また各大学の女性学の状況については、個別により詳細な歴史的状況と現状を呈しているが、本章では筆者が訪ねたカンタベリー大学の女性学の状況について少し紹介しておきたい。

2　カンタベリー大学における女性学研究と教育

カンタベリー大学では一九七五年に女性学が開講されたが、一九九三年の女性学（Feminist Studies）のコースガイドには一七コースの開講状況が案内されている。その内容も、フェミニスト・パースペクティヴやフェミニスト思想史、差異の政治学：異文化交流とジェンダー、身体の政治学、フェミニスト研究、アフリカ系アメリカ女性作家等多岐にわたっている。

一九九三年八月二〇日にはカンタベリー大学のケイト・ボーナス－デュウィズ（Kate Boanas-Dewes）の「女性と平和」（Women and Peace）という講義に参加することができた。受講生には、若い学生の他、社会人学生、平和運動の活動家など様々なタイプの女性達がみられた。ボーナスはまず初めに「女性と平和」の問題を論じる時、マオリと太平洋諸島の女性との繋がりを深く考え、グローバルな視点で取り組むことの重要性を訴えていた。これまでも、そして現在も、太平洋諸島の女性達の主要な運動は、反核運動であるという（Women Working for an Nuclear Free and Independent Pacific, 1987）。確かに自分達の住む海洋において核実験がなされ、被害が生じているところからくる切迫感によるものが大きい。オセアニアの中に位置するニュージーランドでは、太平洋諸島の女性の苦闘は、それだけ身近で必然的な課題なのである。ボーナスは、実際に平和運動、反核運動、反戦運動に携わった女性達をＯＨＰを使って紹介しながら、平和運動のパースペクティヴを語った。次に軍縮の問題に転じて各国の政策とニュージーランドの状況を説明する（LIMIT, 1993）。最後に平和教育に話を移し、平和教育の本の中から女の子、男の子の戦争や平和への志向性の違いを明らかにし、ジェンダーの問題として取り上げることを強調した。

学生の質問を受けたあと、兵器の一部を回覧したり、大砲がペニスとして描かれたコミックや戦争や兵器が好きな男性を戯画化した挿絵などをみせながら、「男性性と戦争」の関係性の分析などを行った。邦訳されているベティ・リアドン（Betty A. Reardon）の『性差別主義と戦争システム』（*Sexism and the War System.* 山下史訳、勁草書房、一九八八年）などの著作に示されているような、女性の平和運動ないし、平和研究にジェンダーの視点を導入した分析が行われている。従来の女性の平和運動を女性学研究の成果から、理論的にも、実践的にも進展させる方向性が明らかなことを痛感した。

八月二二日にインタビューしたカンタベリー大学の女性学のディレクターであるナビア・ジャバー（Nabia Jaber）

も、ニュージーランドの女性学はマオリと太平洋諸島の問題との連係の中で、発展するのだと述べていた。ちなみにジャバーはレバノン出身でアメリカで大学教育を受け、ニュージーランドの大学に就職した女性である。中東の女性学についても詳しく、移民女性の問題についてもテーマにしている。クライストチャーチ及びカンタベリー大学は、マオリの人々が少なく、初めてマオリの女性が大学の教師になったワイカト大学に比べれば、マオリ及び太平洋諸島への関心がさほど強い方とはいえない。それでもニュージーランドの女性政策と女性学には、オセアニアという地域性がもたらす課題について、明確な認識が共有されているように思われた。

なお、筆者はこの国際学術研究調査の最後に八月二七～二九日まで、ニュージーランド女性参政権獲得一〇〇周年を記念して開かれた世界女性歴史家会議に出席し、日本からのペーパーを発表した（Yukiko Matsukawa and Kaoru Tachi, 1994／Kaoru Tachi, 1995. 会議の内容については、参考文献の舘、一九九三、一九九四ａを参照されたい）。またアメリカのナンシー・コットやエレン・キャロル・デュボイス、キャロル・ペイトマン、オーストラリアのパトリシア・グリムショウ、スーザン・マゲーリイといった壮々たるメンバーが参加したこの会議の報告書は、Caroline Daley and Melanie Nolan eds. *Suffrage and Beyond : International Feminist Perspectives.* としてオークランド大学出版から一九九四年に刊行された。女性参政権の今日的な研究段階を示すものといえよう。

6　おわりに――オセアニアの女性政策と女性学

本章の初めに、オーストラリアとニュージーランドの女性政策と女性学をオセアニアというパースペクティヴで論じたいと述べた。このオセアニアのパースペクティヴとは、北と南、先進諸国と開発途上国の問題を「先住民」と「非白人系移民」や「白人系植民地移民」との共存、共生という課題としておくことであり、それをジェンダー、エスニシティの視点から分析することであると筆者には思われた。

太平洋諸島は、「南海の楽園」としてイメージされる一方、現実には列強大国の植民地支配を受け、軍事戦略のために基地化された歴史をもち、いま現在も核実験が繰り返された場として被爆の恐怖にさらされている。「海のチェルノブイリ」とも称されるほど汚染が進んでいるといわれる中、太平洋諸島の人々は民族の自律をめざし、活発化してきている（佐藤、一九九三／熊谷、一九九四）。オーストラリアやニュージーランドでも、英国系移民が「建国」し支配してきたこれまでの国家政策が見直され、土地権の認可をはじめとする先住民の復権運動が盛んである（高橋、一九九二）。オーストラリア政府もニュージーランド政府もこうした民族問題の総合的政策と連携して、女性政策を位置づけていることは今回の調査研究でも明らかであった。

従って、本章においても両国の女性政策の視点からの学校教育政策は、ジェンダーとエスニシティという二つの視点を統合して展開されていることを紹介した。オーストラリアとニュージーランドの多文化主義（multi-culturalism）、二文化主義（bi-culturalism）などの政策についてはすでに議論されているが、オーストラリアにおいては非白人系移民政策の結果によって標榜された多文化主義政策において、特に先住民アボリジニを位置づけることが重要であるという提言もなされている（窪田、一九九三）。また、「ニュージーランドにおいては、マオリとパケハの二文化主義が成立してはじめて、多文化主義の可能性がひらける」という指摘もあり（青柳、上橋、内藤、一九九三）、ニュージーランド政府は、すでに本格的な政策実施に移り始めているといってよいであろう。

このような先住民と移民との共存、共生という視点において、オーストラリアとニュージーランドでは、多少異なる現状を呈しているのは、これまでの歴史的経緯も大きく影響している。例えば、参政権を例にとってエスニシティとジェンダーの位置づけをみてみよう。オーストラリアにおいて白人男性が国政参政権を取得したのは一九〇〇年、白人女性は一九〇二年、そして先住民のアボリジニの男女が取得したのは一九六七年のことである（Oldfield, 1992）。ニュージーランドでは白人男性が一八五二年、マオリの男性が一八六七年、そして白人女性とマオリの女性は同じく一八九三年に取得している（Grimshaw, 1972）。参政権とはその社会、国家の形成に参加する権利であり、参政権をもつことは、その社会の構成員として認められたことを意味している。その意味では英国の植民地であったオーストラリア政府は、先住民アボリジニを六〇年近くも「国家」の構成員として認めなかった。

一七八八年にオーストラリアに到着した英国系移民は先住民アボリジニを殺戮し、一九〇〇年頃にはアボリジニの人口はわずか五~六万人になったと報告されている（高橋、一九九二）。オーストラリアの英国系白人移民は、アボリジニを絶滅させる程の暴力的な戦いの後、一八四五年には白人が使用しない土地にアボリジニを隔離する政策を行い、一八五五年にはヴィクトリア州で中国人排斥法を成立させ白豪主義政策が開始された。その結果、一九四七年のオーストラリア民族構成は、英国とアイルランド出身者が約九〇%を占めるという状況を呈した。一九七八年には英国とアイルランド出身の白人が八〇%弱となり、イタリア系四・二%、ドイツ系四・一%など、少しは英国系以外の民族圏もみえるようになったが、先住民のアボリジニは全人口の一%であった。一九九一年の段階ではオーストラリア全人口一六八五万人のうち、アボリジニの人口は二五万七千人となり、約一・五%に増加している。なお、第二次世界大戦後はオーストラリアの白豪主義が国際社会からも批判されたことから、アボリジニの隔離政策は、同化政策に移行したが、混血アボリジニの子が「より早く白人らしく」育ち、同化するために、アボリジニの母親から子どもを強制的に引き離すボーディング・スクールの方針をとったという（青柳、一九九三）。

また、ニュージーランドでもマオリと英国系白人の戦いが起り、一八八四年にはワイタンギ条約が結ばれたものの、マオリの人口もやはり一九〇〇年頃四~五万人となったという（シンクレア、一九八二）。しかしながら参政権取得にみられるように、ニュージーランドの英国系白人とマオリは、オーストラリアよりは共存の道を探ってきた（青柳・内藤、一九九三）。その結果マオリの人口は次第に増加し、一九九三年には全人口約三四〇万人のうち約一〇%となっている。

さらに、ジェンダーの視点から考察を加えれば、アボリジニ出身のジャッキー・ハギンズの次のような提言が示唆を与えるであろう。オーストラリアにおいて多文化、多民族との共存、共生を企てるならば、英国系移民の人々は、女性学研究の場においてこれまでの覇権主義の徹底批判に基づいた研究をしなければならないとハギンズはいう(Huggins, 1994)。これまでのような、有色の先住民であるアボリジニの母親から子どもを引き離し、白人の様式を重んじるよう育てると発想してきたことを問い返さなければ、白人とアボリジニの女性の間の、平和で真実にみちた政治的な同盟をもたらすことはできない、アボリジニの文化が尊敬され、アボリジニの人々、女性達の尊厳が認められるようになれば、たとえ互いの要求が異なったとしても、共有できることが生まれるであろうという。「人種問題はジェンダー分析に不可欠という認識をもつこと」、「異なった民族の女性の経験を表明し、互いに尊重しあうこと」によってこそ、「女達は男達とは異なるユニークな視座に立ちえるのである」。そして女性学の研究者は常に少数者や異なる文化の女性に対し、抑圧や思い込みをしていないかと疑うところから、差別の撤廃に繋がる女性学研究を生み出すことができるのだというハギンズの主張は、英国系白人女性の研究者達に、大きなインパクトを与えているようだ。

確かに女性学は「近代知」の解体とフェミニスト知(feminist knowledge)の創出をめざしている。そのフェミニスト知〔それはジェンダーの平等を重視した知、カリキュラム(gender–inclusive knowledge, curriculum)に他ならない〕が、西欧中心主義に陥らないためには、男性中心主義の批判と同時に西欧中心主義批判が重要な鍵となろう。先住民の女性達の「知」の創出は、オセアニアの女性学をより公正なものにし、女性政策推進の力を生み出すことになると思われる。

また本章では、大学における女性学と学校教育における男女平等政策について述べることを中心にしたが、その連関について確認しておきたい。現在女性学は、ほとんどは大学で行われているが、女性学の研究成果と教育は、学校教育の中では「ジェンダーの平等を重視したカリキュラム」(gender–inclusive curriculum)という、より統合的な教育政策の形で導入されているといえよう。先に述べたが、女性学が生み出した「知」とは、男性中心主義のバイアスを是正するジェンダーの平等を重視した「知」に他ならないからである。この新たな「知」は学校教育の場ではカリキュラムと表現されているが、このカリキュラムは、単に「教材」のみを示すのではなくシステムをも含む全体

「知」なのである。アルトン－リーは、これまでの社会を変革しようとするとき、女性学、ジェンダー研究がどれほど大切なものかと力を込めて述べていた。新しい社会システムを形成していく人間の認識と行動の基礎になる「知」の力を提供するのは、ジェンダー、エスニシティ、階級、そして障害、年齢などに関わる公正を重視したカリキュラムに他ならないのである。

学校が発達した社会ではむしろ、学校が、性別や人種・民族、階級等による選抜と差別の場となってきた。その学校を、すべての民族、階級、年齢、身体の男女に平等と公正をもたらすカリキュラム＝「知」の享受と創出の場に転じさせること、それを可能にする研究と政策を推進することの価値を共通認識とすること、そのことこそが、女性政策と女性学の最終目標に他ならないであろう。このオセアニアの事例は、現在の日本の女性政策、教育政策の課題を明らかにする示唆的な知見を提示しているといえるのではないだろうか。

●参考文献

Abramovitz, Mimi. 1988 *Regulating the Lives of Women : Social Welfare Policy from Colonial Times to the Present*, South End Press.

Alton-Lee, Adrienne and Prue Densem. 1992 'Towards a Gender-Inclusive School Curriculum : Changing Educational Practice', in Sue Middleton and Alison Jones (eds.), *Women and Education in Aotearoa 2*, Bridget Williams Books, pp.197-220.

Australian Education Council. 1987 *The National Policy for the Education of Girls in Australian Schools*, Common wealth Schools Commission.

Christchurch Polytechnic 'Women's Lives', in Research Project. (1990) 1990 *Women in Sport : Are Women Invisible?*, Christchurch Polytechnic/Te Whare Runanga o Otautahi.

Clark, Margaret. 1989 *The Great Divide : Gender in the Primary School*, Curriculum Corporation.

Coney, Sandra. 1993 *Standing in the Sunshine : A History of New Zealand Women Since They Won the Vote*, Viking.

Daley, Caroline and Melanie Nolan.（eds.）1994 *Suffrage and Beyond : International Feminist Perspectives*, Auckland University Press.

Department of Education. 1989 *Countering Sexism in Education : A Practical Guide for Educators*, Department of Education.（東京都生活文化局編・刊『男女平等社会への道すじ――ガイドライン海外事例集』一九九四年、に抄訳、所収）

Department of Employment, Education and Training.（eds.）1991 *Girls in Schools 4 : Report on the National Policy for the Education of Girls in Australian Schools,* Australian Goverment Publishing Service.

Else, Anne.（ed.）1993 *Women Together : A History of Women's Organizations in New Zealand*, Daphne Brasell Associates Press.

Eisenstein, Hester. 1991a 'Speaking for Women? Voices from the Australian Femocrat Experiment', in *Australian Feminist Studies,* Vol.6, Issue 14, pp.29–42.

Eisenstein, Hester. 1991b *Gender Shock : Practicing Feminism on Two Continents*, Beacon Press.

The Equal Opportunity Unit, The University of Melbourne. 1991 *Statistical Analysis of the Academic Staff*, The Equal Opportunity Unit, The University of Melbourne.

Gender Theory Group, Curtin University of Technology.（eds.）1992 *Women's Studies in Australian Universities : A Directory*, Women's Research Centre, University of Western Sydney, Nepean.

Grieve, Norma and Patricia Grimshaw.（eds.）1981 *Australian Women : Feminist Perspectives,* Oxford University Press.（加藤愛子訳『フェミニズムとオーストラリア』勁草書房、一九八六年）

Grieve, Norma and Ailsa Burns.（eds.）1994 *Australian Women : Contemporary Feminist Thought*, Oxford University Press.

Grimshaw, Patricia. 1972 *Women's Suffrage in New Zealand*, Auckland University Press.

Grimshaw, Patricia and Andrew May. 1994 'Inducements to the Strong to Be Cruel to the Weak : Authoritative White Colonial Male Voices and the Construction of Gender in Koori Society', in Grieve and Burns（eds.), *Australian Women : Contemporary Feminist Thought*, Oxford University Press, pp.92–106.

Huggins, Jackie. 1994 'A Contemporary View of Aboriginal Women's Relationship to the White Women's Movement', in

Grieve and Burns. (eds.), *Australian Women : Contemporary Feminist Thought*, Oxford University Press, pp.70–79.

Jones, Alison. 1991 *At School I've Got a Chance : Culture/Privilege : Pacific Islands and Pakeha Girls at School*, Dunmore Press.

LIMIT. (A Wellington Womens Peace Group) 1993 *On the Limited Budget : Misappropriating the Military*, LIMIT.

Magarey, Susan. 1983 'Australia—An Overview : Women's Studies in Australia : Towards Transdisciplinary Learning', in *The Journal of Educational Thought*, Vol.17. No.2, pp.162–171.

Magarey, Susan, Lyndall Ryan and Susan Sheridan. 1994 'Women's Studies in Australia', in Grieve and Burns (eds.), *Australian Women : Contemporary Feminist Thought*, Oxford University Press, pp.285–295.

Matsukawa, Yukiko and Kaoru Tachi. 1994 'Women's Suffrage and Gender Politics in Japan', in Caroline Daley and Melanie Nolan (eds.), *Suffrage and Beyond : International Feminist Perspectives*, Auckland University Press, pp.171–183.

Matthews, Kay Morris. 1993 'For and About Women : Women's Studies in New Zealand Universities 1973–1990,' in *Women's Studies Journal*, Vol.8. No.1, The Women's Studies Association of New Zealand, pp.16–29.

Middleton, Sue. (ed.) 1988 *Women and Education in Aotearoa*, Allen and Unwin Port Nicholson Press.

Ministerial Advisory Committee on Women and Girls. 1991 *Working for Gender Justice in Schools*, Ministry of Education and Training.

Ministry of Education. 1993 *The New Zealand Curriculum Framework/Te Anga Marautanga o Aotearoa*, Learning Media, Ministry of Education.

Monash University Equal Opportunity Committee. 1991 *Monash University Affirmative Action Program : Statistics*, Monash University Equal Opportunity Committee.

Office of Schools Administration. 1990 *A Fair Go for All : Guidelines for a Gender-inclusive Curriculum*, Ministry of Education, Victoria. (東京都生活文化局編・刊『男女平等社会への道すじ——ガイドライン海外事例集』一九九四年、に抄訳、所収)

Office of Schools Administration. 1987 *Equal Opportunity Action Plan for Girls in Education 1988–1990*, Ministry of Education and Training, Victoria.

Office of Schools Administration. 1991 *Equal Opportunity Action Plan for Girls in Education 1991–1993*, Ministry of Education and Training, Victoria.

Oldfield, Audrey. 1992 *Women's Suffrage in Australia : A Gift or a Struggle?*, Cambridge University Press.

Ryan, Lyndall. 1991 'Women's Studies in Australia Higher Education : Introduction and brief history', in *The Australian Universities Review*, Vol.34. No.2, pp.2–7.

Sawer, Marian. 1990 *Sisters in Suits : Women and Public Policy in Australia*, Allen and Unwin.

Sawer, Marian. 1991 'Why Has the Women's Movement Had More Influence on Government in Australia than Elsewhere?', in Francis G. Castles (ed.), *Australia Compared : people, Policies and Politics*, Allen and Unwin, pp.258–277.

School Publications Branch, Department of Education, Wellington. 1983 *Saturday Morning [Ready to Read]*, pictures by Lesley Moyes, Department of Education, Wellington.

Shuttleworth, Vicki. (ed.) 1993 *Opportunities for Girls in Education : The Way Forward*, Directorate of School Education, Victoria.

Sturrock, Fiona M. 1993 *The Status of Girls and Women in New Zealand Education and Training*, Date Management and Analysis Section, Ministry of Education, Wellington.

Smith, Anne B. 1992 'Women in University Teaching', in *Women's Studies Journal*, The Women's Studies Association of New Zealand, Vol.8. No.2, pp.101–128.

Tachi, Kaoru. 1995 'Women's Suffrage and the State : Gender and Politics in Pre–war Japan', in Vera Mackie (ed.), *Feminism and the State in Modern Japan*, Japanese Studies Centre, pp.16–30.

The Equal Opportunity Unit, The University of Melbourne. (eds. and pub.) 1991 *Statistical Analysis of the Academic Staff*.

The University of Melbourne. (eds. and pub.) 1988 *Affirmative Action Program for Women*.

Women Working for Nuclear Free and Independent Pacific. (eds.) 1987 *Pacific Women Speak*, Green Line.

Women's Advisory Committee on Education. 1988 *A National Policy for the Education of Girls and Women in New Zealand*, Women's Advisory Committee on Education.

Yeatman, Anna. 1992 'A Vision for Women's Studies at Waikato University', in *Women's Studies Journal*, Vol.8. No.1, The

Women's Studies Association of New Zealand, pp.30-47.
青柳まちこ・上橋菜穂子・内藤暁子　一九九三「先住民と学校教育――アボリジニとマオリの場合――」石川栄吉監修、清水昭俊・吉岡政徳編『オセアニア3　近代に生きる』東京大学出版会、一一五～一三八頁。
井野瀬久美恵　一九九三「帝国のレディは植民地へ向かう――世紀末イギリスの女性移民と子どもの移民」（上・下）『へるめす』四三・四四号、岩波書店。
亀田温子・舘かおる　一九九〇「教育と女性学研究の動向と課題」女性学研究会編『女性学研究第一〇号　ジェンダーと性差別』勁草書房、一三〇～一四九頁。
窪田幸子　一九九三「多文化主義とアボリジニ」前掲、石川栄吉監修、清水昭俊・吉岡政徳編『オセアニア3　近代に生きる』九九～一一三頁。
熊谷圭知　一九九四「太平洋島嶼諸国への視点」熊谷圭知・塩田光喜編『マタンギ・パシフィカ――太平洋島嶼国の政治・社会変動』アジア経済研究所、三～一八頁。
中村ひで子　一九九三「ワールド女性レポート第29回　オーストラリアの女性学」『新婦人情報』五月号、新日本婦人の会中央本部、二六～三〇頁。
佐藤幸男　一九九三「世界システムと太平洋マイクロステートの政治経済学」前掲、石川栄吉監修、清水昭俊・吉岡政徳編『オセアニア3　近代に生きる』二一七～二三一頁。
シンクレア・キース、青木公・百々佑利子訳　一九八二『ニュージーランド史――南海の英国から太平洋国家へ』評論社。
瀬田智恵子　一九九六「女性政策としての成人教育――オーストラリア・ニュージーランドの事例研究」原ひろ子・前田瑞枝・大沢真理編『アジア・太平洋地域の女性政策と女性学』新曜社、四三一～四五三頁。
高橋康昌　一九九二「民族意識形成の時代一九―二〇世紀」高山純・石川栄吉・高橋康昌編　一九九二『オセアニア　地域からの世界史17』朝日新聞社。一一三～一五八頁。
舘かおる　一九九三「『女性参政権』の研究課題――ニュージーランド国際女性歴史家会議に参加して」『婦人展望』No.443.一〇月号、婦選会館出版部、四～五頁。
舘かおる　一九九四ａ「女性参政権とニュージーランド――女性参政権百周年にちなんで」『季刊女子教育もんだい』58号、労働教育センター、九二～九四頁。

舘かおる　一九九四b「大学教育とジェンダー――全国四年制大学教員数・学生数調査から」お茶の水女子大学女性文化研究センター編・刊『ライフコースの多様化の時代の大学教育と女性』四～二四頁。
舘かおる　一九九五「性規範の現在」中内敏夫・長島信弘編『社会規範――タブーと褒賞』藤原書店、一四二～一六七頁。
田中和子　一九九三a「各国男女平等政策の背景と現状――オーストラリア」東京都男女平等指針研究会（代表・田中和子）『男女平等への指針作成のための文献調査　一九九二年度報告書』。
田中和子　一九九三b「オーストラリア女性学事情」『国学院法学』三〇巻四号、三三九～三五〇頁。
千種キムラ・スティーブン　一九八八「ニュージーランドにおける女性の教育・実践活動」『婦人教育情報』No.17. 国立婦人教育会館、三六～四二頁。
千種キムラ・スティーブン　一九九六「アオテオロア・ニュージーランドにおけるマオリ女性の現状と政策」前掲、原ひろ子・前田瑞枝・大沢真理編『アジア・太平洋地域の女性政策と女性学』四六九～五一二頁。
東京都生活文化局（女性青少年部女性計画課）編・刊　一九九四『男女平等社会への道すじ――ガイドライン海外事例集』。
東京都生活文化局（女性青少年部女性計画課）編・刊　一九九五『男女平等社会への道すじ――ガイドライン』。
東京女性財団編・刊　一九九五『ジェンダー・フリーな教育のために――女性問題研修プログラム開発報告書』。

【謝辞】

本調査研究及び本章をまとめるにあたっては、多くの方にお世話になった。特にヴェラ・マッキー、田中和子、パトリシア・グリムショウ、ゲール・ヒルデブランド、アンドレア・アラード、岸澤初美、坂口瑛子、ジャン・ハーパー、マイラ・スティーブンス、キャサリン・ギブソン、中村ひで子、スーザン・ブラックバーン、ケイト・ボーナス－デュウィズ、アドリアン・アルトン－リー、ナビア・ジャバー、アリソン・クーパー、プルー・デンセム、ヘレン・バーグレホール、ジョリッサ・グレスウッド、松川由紀子、島津美和子、オズボーン・太田、ガヴァヴィル小学校、テイラーズ・レイク中等学校、バーンサイド高校、エルムウッド小学校、ヒュートン中学校の先生方、そして本調査研究の共同研究者であった千種キムラ・スティーブンの協力に感謝する次第である。

◆7 ジェンダー概念の検討

1 はじめに

本章は、現在の日本社会における「ジェンダー」という語の用法を確認するとともに、概念化の状況を検討し、現時点でのジェンダー概念の論点について考察することを目的としている。ここで、ジェンダーを概念として検討するのは、近年のジェンダーという語の用いられ方の様相を鑑みると、ある程度の認識を共有しあう必要性を痛感するからである。

なお、本章で「概念」とは、「事物やその過程の本質的特徴を反映する思考方式」、「事物や事象から共通の特徴を取り出し、それらを包括的、概括的に捉える思考の構成単位」を意味し、また事象の共通特徴の把握、概括を行うゆえに、意味内容と適用範囲を明確に限定するという定義に拠っている(1)。例えば、「机」や「人間」という概念は、その意味内容を明確に把握し限定するため、これは「机」ではない、「人間」ではないという、適用範囲の限定を導く。ジェンダーの場合、ジェンダーを概念として成立させた系譜が幾つかあり、その系譜の違いによる意味内容の検討が十分に行われてはおらず、さらにそのような状況で新たなジェンダー概念の捉え直しも行われ始めていることから、その意味の適用範囲も一律ではない。

ジェンダーに関わる事象は、実に急速に展開している。世界的規模で起きているジェンダーという語の用いられ方と、ジェンダー概念の成立と変容、さらなる概念化の動きのすべてを視野に入れられるものではない。そこで、本章では、まず第一に、一九九五年以降の現代日本におけるジェンダーという語の用法と、それが示している意味や意図を確認することにする。具体的には、政府の「男女共同参画」政策における「ジェンダーに敏感な視点」という用法、地方行政や学校教育の場で広がりつつある「ジェンダー・フリー」という用法、学問研究の場で用いられるようになった「エンジェンダリング（ジェンダー化）」の三つの用法を取り上げ、分析することにする。第二に、ジェンダー概念の論点を提示するために、まず、ジェンダー概念成立の系譜を跡付け、次にジェンダー概念の根幹である「社会構築性」をめぐっての議論を検討し、最後に現時点での課題にふれることにする。

2　ジェンダーの用法

1　「ジェンダーに敏感な視点」――「不平等是正」を重視する政策課題

ジェンダーという言葉が、日本社会における言葉の社会的認知度を計る一つの指標である『広辞苑』に登場するのは、第四版の一九九一年のことである(2)。一九九五年以降は、新聞紙上にも頻繁にみられるようになった。ジェンダーが学術用語としてばかりではなく、広く一般に使用されるようになったことは、ジェンダーという語を用いて表現を行う社会状況認識が生じてきたことを示すものであろうが、その背景には、国連の性差別撤廃目標達成の動きや日本政府の男女共同参画政策推進の動きがある。

ジェンダーという語が、一九九五年以降、めざましい勢いで流布し始めるのは、一九九五年の北京世界女性会議において採択された *Report of the Fourth World Conference on Women* (Beijing 4-15, September 1995), *Beijing Dec-*

laration and Platform for Action（『第四回世界女性会議決議　北京宣言及び行動綱領』）の文章において、ジェンダーという語が多用されたことに起因している(3)。『北京宣言及び行動綱領』の英文におけるジェンダーの用法をみてみると、例えば「宣言」（declaration）のところでは、gender sensitive policies and programmes (19) とか a gender perspective is reflected in all our policies and programmes (38) といった表現がなされている。ジェンダー・パースペクティヴは、「ジェンダーの視点」と日本語訳され、ほぼ定着しているといっていいだろう。ジェンダー・センシティヴは、「ジェンダーに敏感な」と訳され、後述する『男女共同参画ビジョン』『男女共同参画二〇〇〇年プラン』には用いられているものの、一般にはさほど広まってはいないようだ。その他に gender equality（Chapter IV 57）という表現もあり、「男女平等」「ジェンダーの平等」と訳されている。

一方、北京世界女性会議以後の日本国内行動計画の改定は、男女共同参画審議会の答申である『男女共同参画ビジョン』に基づき、平成一二年度までの国内行動計画である『男女共同参画二〇〇〇年プラン』策定という形で行われた(4)。この間のジェンダーの用法をめぐっては、興味深い経緯がみられる。まず、一九九四年八月に、内閣総理大臣から男女共同参画社会形成に向けてのビジョンについての諮問を受けた男女共同参画審議会は、審議の途中段階の一九九五年一二月二七日に「男女共同参画審議会部会における論点整理」(5)を示し、「二一世紀の男女共同参画社会についての意見・提案」を募集した。その結果は、『「男女共同参画審議会部会における論点整理」に対する意見・要望』にまとめられている(6)。その中には、「論点整理」で用いたジェンダーの用法についての批判的意見がかなり寄せられている。「論点整理」には、「性別にとらわれない視点（ジェンダーにとらわれない視点）の定着と深化」、または、「性別にとらわれず生きる権利」等の「性別にとらわれない」という表現が数多く示されている。「論点整理」の意味する「性別にとらわれない視点（ジェンダーにとらわれない視点）」とは、「社会的、文化的に形成された女性と男性の格差（ジェンダー）の解消に向けて検討する視点」であると説明されている（三頁）。これを批判した「意見、要望」には、「（論点整理にある）ジェンダーにとらわれない」という表現は、「ジェンダーを気にしない」あるいは、「性別に起因する問題など気にしない」といった、まったく逆の意味合いに読み取られかねないので、「性別による不利益が生じない」または「ジェンダー平等社会の構築に向けた」といった表現の方がよいという意見が多く寄せられ、また『北京宣言及び行動綱領』にあるように「ジェンダーに敏感な」という表現の方がよいという意見も多くみられた（六七～八四頁）。

これを受け、『男女共同参画ビジョン』では、男女共同参画社会とは、「女性と男性が、社会的・文化的に形成された性別（ジェンダー）に縛られず、各人の個性に基づいて共同参画する社会の実現を目指すものである」（三頁）とするとともに、男女共同参画社会の目標の一つとしての表現を、「社会的・文化的に形成された性別（ジェンダー）に敏感な視点の定着と深化」という表現に変えた（四頁）。そして、内容を説明する表現も、「あらゆる社会システムの構築とその運営に当たっては、それらが実質的に女性と男性にどのような影響を与えるかを、常に検討する必要がある。社会の制度や仕組みが性差別を明示的に設けていないだけでは、あるいは文面の上で男女平等が規定してあるだけでは、男女共同参画社会の実現には不十分である。このようなジェンダーに敏感な視点を定着・深化させ、事実上の平等の達成に向けて努力しなければならない」と、より明確なものになっている（四頁）。その他の部分でも「性別にとらわれない視点」は「ジェンダーに敏感な視点」と表現を変えてある。最終的に国内行動計画として策定された『男女共同参画二〇〇〇年プラン』においては、「社会的・文化的に形成された性別（ジェンダー）に縛られず」というジェンダーの用法はなくなり、「ジェンダーに敏感な視点」という用法のみになった。

以上の経緯から明らかなことは、女性差別撤廃の「行動綱領」や「行動計画」といった、政策課題を提示する文書においては、「ジェンダーに敏感な視点」という表現で、「女性・男性が、実質的に不利益をこうむっていないかを検討し、事実上の平等の達成に向けて、政策課題をあげ是正していく」という考え方を示している。従って、ここでのジェンダーの意味内容は、性別の有り様を「社会的につくられた不平等や権力関係」としてみることをさしている。この意味でのジェンダーは、後述する性支配の解明から成立してきた、「社会構築された性別の権力関係」として概念化されたジェンダーに他ならない。そして、このジェンダーの用法は、「ジェンダー間の不平等の是正、公正や正義の実現」を志向するものとして位置づけられている。

こうした意味内容としてジェンダーを捉えた場合、「論点整理」にある「ジェンダーにとらわれない視点」という表現は、やはり奇異なものといわざるをえない。「ジェンダーにとらわれない視点」の意味を、「男女格差の解消に向けて検討する視点」と説明することには無理がある。一方、「社会的文化的性別（ジェンダー）に縛られず、各人の個性に基づいて共同参画する社会の実現」という文脈での表現なら、奇異ではない。「社会構築された性別の不平等」を、個人が感じる「抑圧」の面から表現していると解釈できるからである。

ただし、『北京行動綱領』の中に、「ジェンダーにとらわれない、縛られない視点」というジェンダーの用法はみられない。それは、世界的規模に立った、ジェンダーの不平等に対する認識の重さがもたらすものであろう。『北京行動綱領』は、社会構築されたジェンダーの呪縛／抑圧は、ジェンダーの不平等、不公正がもたらすものであり、この抑圧要因の是正なしには、個々人の自由が訪れないことを世界中の国々で認識し、政策課題として取り組むことを目標にするために作成されたという位置づけがあるからである。各国からの修正意見による妥協ももちろんあるが、ジェンダーの不平等の是正を徹底することを第一義とした政策を、課題として取り上げ推進することへの目的意識が貫徹しているからだと思われる。

なお、日本の行動計画である『男女共同参画二〇〇〇年プラン』においても、最終的には「ジェンダーに敏感な視点」を、ジェンダーの用法の中心に据え、ジェンダーは、不平等を指摘し、それを是正する文脈で用いられるようになった。このように、特に国レベルの行動計画においては「不平等是正」を重視する政策課題として位置づける責任があることを、ジェンダーの用法の点からも検討していかねばならない。ちなみに、内閣総理大臣を長とする「男女共同参画推進本部」及び「男女共同参画社会」の英語表現が、それぞれ Headquarters for Promotion of Gender Equality, Gender-Equal Society となっていることを紹介しておく(7)。

2 「ジェンダー・フリー」――「固定的な性別意識の呪縛」さらには「性別カテゴリー」からの自由を求めて

ところで、ジェンダーの用法で近年急速に広がり始めたものに、「ジェンダー・フリー」ないし「ジェンダーフリー」という表現がある。「ジェンダーにとらわれず」という表現は批判をあびたが、「ジェンダー・フリー」は、地方行政のキャッチフレーズとして、学校教育における新しい男女平等教育を意味するものとして、めざすべき社会像として、用いられるようになった(8)。

この「ジェンダー・フリー」という表現が流布した背景には、東京都により設立された公設民営（第三セクター）方式の財団法人、東京女性財団によるアピールの大きな影響がある(9)。また、東京女性財団によるアピールが影響力を有した背景には、ジェンダーフリーという語感に込める潜在的欲求があったからだと思われる。その欲求とは、『男女共同参画ビジョン』にあった、「ジェンダーに縛られず、各人の個性に基づいて共同参画する社会の実現」という、男女間の「平等」とは異なったニュアンスを含んだ、「固定的なジェンダー意識の呪縛からの自由」というものであった。

もともと、「ジェンダー・フリー」という表現は、東京女性財団が委嘱した研究プロジェクトグループが、バリアフリーにヒントをえて用い始めた用法である(10)。バリアフリー（barrier free）という言葉は、障害者、高齢者、子ども、妊産婦等に困難な状況をもたらす障壁・段差（バリア）をなくす建築や街づくりとして提唱され始め、次第に障害者等の社会参加を困難にしている社会的、制度的、心理的なすべての障壁の除去という意味でも用いられるようになり、かなり定着したといってよいであろう。東京女性財団の研究報告書において「ジェンダー・フリー」とは、「（バリアフリーのように）男女というジェンダー・コードの「段差」を発見し、これを「平ら」にする試み」であり(11)、性別により隔てられている障壁（バリア）を外すことを示す表現として用いられている。このような文脈でのジェンダーの用い方は、「ジェンダーに敏感な視点」の用法と異なるものではないが、「制度としてのバリア」だけではなく、自らの内にある「心のバリア」に注目したところに、この用法の独自性がある。その観点を重視したことについて、別の研究メンバーは、「ジェンダー・フリー」は「制度や待遇面での男女の不平等の撤廃」を中心テーマにするのではなく、性別に関して人々がもっている「心のありかた」をテーマにするために用いたのだと述べている(12)。人々の行動を不自由で不幸せなものにしてしまう、「ネガティヴで固定的な性別意識や行動の呪縛から自由になることへの呼びかけ」を意図したのである。

ジェンダーの分別化、固定化があまりにも強固な日本社会においては、「固定的な性別意識の呪縛から解き放たれる」という「性別認識」をもつことを強調したいという状況があり、「ジェンダー・フリー」という語の響きに魅かれるものがあったのではなかろうか。特に学校教師達は、教師自身がジェンダーによって呪縛されていることにより、生徒達に「性別によって異なった社会化」を自明視して強要することが生じていた。学校教師のみならず、何より自分自身がジェンダーの呪縛から自由になることが、制度や仕組みの変革に際しても大切であり、それは、めざすべき社会のイメージでもあるというメッセージを伝える語感が、「ジェンダー・フリー」にはあったのである。

また「ジェンダー・フリー」の意味の中に、ジェンダーの固定的分別化を問題にし、そこからの解放が意図されているとともに、人間の存在形態を「女と男に二分化」し、「非対称で可変性がない（交換不可能）」ものとする、性別二分法システム、性別カテゴリー自体の打破を視野に入れている場合もある。そして、「ジェンダー・フリー社会」という言葉に、現在のような固定的なジェンダー意識及び制度に縛られた社会を変革し、二一世紀の新しい社会形成のイメージを込める者もいる(13)。

いずれにせよ「ジェンダー・フリー」という表現は、「性別カテゴリー」間の不平等に注目しつつも、「性別カテゴリー」認識の呪縛から「自由になること」に力点を置いている。また、「現状認識」よりも、それを踏まえた上での「目標（イメージ）」を志向する文脈において用いられているということができる。

こうしたジェンダーの用法は、「性別カテゴリー」自体への問い、社会構築されたジェンダーの規定性と変革主体たることとの関係性についての考察が必要であることを促す。後述するように、この問題は、まさに、ジェンダー概念の新たな検討課題となっている。

3 「エンジェンダーリング（ジェンダー化）」——学問研究における「知」の組み換え

実は、「ジェンダー化」という表現は、engendering（gendering）とgenderedという二つの英語の訳語である。genderedを「ジェンダー化された」と訳している場合は、性別に対する認識が呪縛され、社会制度が性別によって固定化、秩序化されている様態であることを示すものである(14)。「ジェンダー化」という日本語をこのような意味において理解することに、そう困難は生じないであろう。

だが、もう一つの「ジェンダー化」という日本語表現は、engendering、genderingの訳語として用いられており、対象をジェンダーの視点から分析し、「知」を再構築するという意味で使用されている。例えば「「労働」概念のジェンダー化」(15)あるいは、「労働のジェンダー化」(16)という場合は、「労働」概念をジェンダーの視点から解析すること、「労働という知の体系」を「ジェンダー概念に立って組み換える」ことを示している。他方、「ジェンダー化された労働」という場合は、「労働分野」や「労働観」において、性別に対する認識や制度にバイアスがあり、固定化、秩序化されていることを意味する。もちろん、文脈を理解すれば意味の把握を誤ることはないのだが、ジェンダー概念についての混乱が少なくなるように、(en) genderingは「ジェンダー概念による知の組み換え」などと表現するようにしたら、無用の混乱が生じなくてすむのではないだろうか。後述するように、学問研究に与えるジェンダー概念のインパクトを考えた場合、「ジェンダー概念による知の組み換え」の意図をクローズアップすることが、今後、きわめて重要と思われるからである。

その他に、ジェンダー観、ジェンダー関係、ジェンダー・バイアス（偏向／偏在）、ジェンダー間、ジェンダー・ギャップ、ジェンダー問題、ジェンダーの公正、ジェンダーの正義など、ジェンダーを用いた表現はますます増加している。ジェンダーを「女性」や「男と女」もしくは「性役割」と同義に使用している場合もまだある(17)。用法の広がりとともに、ジェンダー概念についての確認と捉え直しが必要になってきているといえよう。

4　「ジェンダー」と「階級」の用法の類比

ここで、ジェンダーの用法についての確認のために、「階級」との類比で捉えてみようと思う。現在あるジェンダーの用法についての混乱や疑義は、ジェンダーという語を用いる際に、「性別は社会構築されたもの」とする視点や概念として用いるか、「社会構築された性別の権力関係」の様態を明らかにし、問題化するために用いるか、「社会構築された性別認識／意識」を自覚化して、自らの意識の解放と認識変革を志向する文脈で用いるか、この三つの用法の違いによって生じている。

こうしたジェンダーの用法は、「階級」の用法と同様の性格をもっていると筆者は考えている。階級の視点、階級概念として用いる場合は、「階級が社会構築された身分」であると捉えることを意味し、また、労働者階級、階級問題と述べる際は、階級としての存在形態を顕在化し、その不平等性や権力関係を問題化するために用いている。階級意識や階級主体として用いる場合は、階級意識による抑圧と階級意識からの解放、認識変革を主題としている。

日本における現在のジェンダーの用法として、前述の「ジェンダーに敏感な視点」や「ジェンダー・フリー」「エンジェンダーリング」は、それぞれ、「性別は社会構築されたもの」という思考方式や視点に立ち、「女や男の様態」や「性別間の権力関係、差異化」を問題化すること、「性別意識」による抑圧とそこからの解放、性別認識の変革を志向すること、さらには、社会構築された性別により成立しているすべての「知」の「組み換え」を意味している。

なお、ジェンダーの用法については、現時点ではこのような理解を行いつつも、さらに変容していく、ジェンダーの用法を確認していくことが不可欠であろう。ジェンダー概念は、日々刻々と捉え直され、「ジェンダー概念による知の組み換え」は進んでいる。

それでは次に、ジェンダー概念成立の系譜と現時点での論点について、検討を試みることにしたい。

3 ジェンダー概念成立の系譜

ジェンダーについての個別事象の研究は、多々生まれてきたが、「ジェンダー概念の成立と展開」という視点から概観した論考は少ない。日本では、上野千鶴子「差異の政治学」と荻野美穂「女性史における〈女性〉とは誰か——ジェンダー概念をめぐる最近の議論から——」などがその責を担っている(18)。また、先に筆者は、「女性学とジェンダー」において、ジェンダー概念の成立を女性学の系譜に位置づけることを試みた(19)。本章では、前述したようなジェンダーの多様な用法をみるにつけ、ジェンダー概念についての認識を共有することを意図することにした。まず、ジェンダー概念の検討に入る前に、ジェンダー概念が、性自認形成要因を示す概念として、また性支配の権力関係を分析する概念として成立したことを、跡付けておこう。

1 「性自認形成要因」を示すジェンダーの系譜

周知のように、ジェンダーは、もともと文法上の性の分類を示す用語であった(20)。例えば、ドイツ語で「日」は die Sonne で女性名詞、「月」は der Mond で男性名詞であるが、フランス語で「日」は le soleil で男性名詞、「月」は la lune で女性名詞である。オスやメスといった生物学的性別の状態を有しているわけではない「日」や「月」に、人間が言語学上の性別を付与したことから敷衍して、ジェンダーという言葉が「社会的文化的性別」と再定義され、用いられ始めた系譜は、性科学者ジョン・マネーや精神分析学者ロバート・ストラーの一九五〇年代からの研究に遡ることができる。マネーは、半陰陽や、事故で生殖器を失った患者の治療と研究を通じて、「生殖器官による性(sex)」を示す用語ではなく、「性愛から社会的役割などを包括的に扱える性」を表す用語を求め、文法上の用語であるジェンダーを用いることを思いついたのだった(21)。そして、患者の治療と研究を通じて、マネーは、ジェンダーにあわせてセックスを変えたと報告している。つまり男性性器をもちながら女性と性自認している場合、男性性器を除去して女性の身体になる手術を行った方がよい結果を生む事例が多かったというのである(22)。

ストラーは、sex に対応する性別語彙は male/female（オス・男、メス・女）であり、gender に対応するものは、masculine/feminine（男らしさ、女らしさ）であるとして、性同一性障害 gender identity disorder とよばれる患者の研究によって、male/female と masculine/feminine は必ずしも一致するものではないことを明らかにした。そして「(人間の性自認は) 身体的規定力以上に社会的規定力が強い」ことを確認した(23)。

このようにジェンダーは、性自認の形成要因をめぐって、生物学的性別（生殖器官に関わる性別）による形成要因以外の要因として名付けられた。同時にジェンダーは、セックス以上に大きな性自認形成要因となるという認識ももたらした。性科学と精神分析学に系譜づけられるジェンダー概念は、人間の性自認はセックスが決定するものではなく、男女の特性や役割もセックスによって決定されないという、「生物学的決定論を打破する知見」として成立したのである。

この系譜におけるジェンダー概念の成立は、「性自認」を軸にしている点に特色がある。今日的課題に繋げれば、性科学者達が「性自認と性別カテゴリー」について葛藤せざるをえなかったことを重視すべきである。性自認の有り様の複雑な症例に直面するにつれて、人間を女と男という二つの性別カテゴリーに分類することに戸惑い、マネーは「人の数だけ性自認、性の署名 *Sexual Signatures* はあるのだ」と述べるに至る(24)。しかしながら性科学者達は、現在も性別再判定手術の際、女か男か二つの「性の分類」を施すことを遂行している。性自認形成要因を示す系譜におけるジェンダーは、人間にとっての「性別カテゴリー」の意味を、「アイデンティティ」との関係において省察する課題を担い続けている。

2 「性別の権力関係を分析する」ジェンダーの系譜

次に、性支配の解明からジェンダー概念を成立させた系譜を辿ることにしよう。マネーは、ジェンダーを生殖器官以外の「性愛から社会的役割などを包括的に扱える性」として再定義し、ジェンダーに人間の資質、能力、役割、規範、性愛など、「女らしさ」や「男らしさ」として社会的に形成されるものすべてを含めた。しかしながら、性別による権利付与の制限など、性別が社会組織の中でどのように位置づけられ、固定化され、階層化されているかという観点にまでジェンダー概念を展開させることは、他の学問分野との接合なしにはありえなかった。「性差別」「性支配」の解明の営為の中から、性別間に生じるミクロ・マクロの権力関係を分析する概念としてジェンダーを成立させたのは、女性学をはじめとする社会学、文化人類学、歴史学、経済学などの学問分野であった。

ここで、ジェンダーを性支配の解明の系譜から論じた論者達の知見を幾つか確認しておこう。まず、ジェンダーを性役割概念として提起し、ジェンダー概念の理解に多大な影響を与えたのは、アン・オークレーであろう。オークレーは、性役割は、生物学的に決定されていて「自然に」具現化するものではなく、社会が意図的に「男と女を非対称に」形成した結果生じるものであることを詳細に検証することを課題とした(25)。それゆえ一時期、性役割研究は、ジェンダー研究と同義となった程である(26)。一方、例えば、ハイジ・ハートマンは「セックスがジェンダーに転化する」メカニズムを経済的基盤との関連を中心に解明することを試みた(27)。マリリン・ストラザーンは、「文化」の観念が構築される際に、ジェンダーは非対称で位階性をもつ象徴的な操作子として作用することを、フィールドワークの分析から提起した(28)。クリスティーヌ・デルフィーは、性別を分割して作った性別集団間の関係性は「階級性」があり「序列化」されていることを重視した(29)。性役割分業の固定化、公私領域の区分化、家事・育児等の再生産労働の無償性、男性優位の表象等の知見は、性別間の関係性のバイアスを具体的に示すものとして確認されたのである。

さらには、異性愛を正常とする性的指向の正常認定により婚姻制度が維持され、性支配システムに内在するものとして強制的な異性愛主義があることも指摘された(30)。ゲイル・ルービンは、セクシュアリティをこのように方向づけ、セックスとジェンダーを同一視させている性支配システムを、セックス／ジェンダーシステムと名付けた(31)。ジャネット・ジールは、フェミニズムが提起した両性間の平等に関わる構造的障害の問題は、ジェンダーの社会学においては「ジェンダー関係の構造と両性間の平等度」を繋げる「ジェンダー階層理論」となったと位置づけている(32)。

性支配の解明の中から成立したジェンダー概念は、性別の生物学的分類が社会的分類に転化させられる「政治性」を問題としたため、社会組織における権力関係を分析する概念としての性格を明示することになった。ジェンダー・バイアスという表現がよく用いられるが、それは、このジェンダー・カテゴリー間に生じているバイアス（偏在／偏向）に敏感になり、そこにある権力関係に気付くことを意図している。ジョーン・W・スコットは、ジェンダー概念は「両性関係の社会的構造」を表現するために導入されたと述べ、またジェンダーは「権力関係を表す第一義的な方法」であるとしている(33)。

このようにして、ジェンダーは、人間が女と男という二つの性に分別（カテゴリー化）され、差異化して意味づけされ、階層に分けられ、序列的に位置づけられた様態を、両性間の権力関係やマクロ、ミクロレベルの権力作用として顕在化し、分析する概念として認識されたのである。

4　ジェンダー概念の社会構築性の検討

1　セックスとジェンダーの関係性

ジェンダー概念は、性自認形成要因を示す用語として再定義され、性差別や性支配の形態を顕在化する権力分析概念として活用されていったが、概念化の根幹は、「性別はつくられるもの、社会構築されるもの」という点にある。

「構築されるもの」の中には、性別の自己認識も性別間の権力関係も、性別の社会組織化も含まれる。ジェンダー概念の根幹は、この「性別の社会構築性」という発見であり、従ってジェンダーは、「社会構築的性別概念」というものでもある。つまり、ジェンダー概念を「社会構築的性別概念」として鍛えていくことが、その有効性を高めることになる。それには、セックスとジェンダーの関係性に関わる議論をしなければならない。

現在、セックスを生物学的性別、ジェンダーを社会的文化的性別と「区別して」説明する用法が流布している。ジェンダーは、具体的には性役割や「らしさ」を示すという理解も普及している。また、「現象として存在している性の局面」を問題にするためには、セックス、ジェンダー、セクシュアリティと整理して把握する必要もある。だが、概念としてのジェンダーは、「性」の局面を捉える三つのうちの一つなどではない。「性別が社会構築されている」という思考方式であり、「性別が如何にして社会構築されているか」を分析して課題化し、「知」を組み換えていくための概念なのである。

セックスとジェンダーとを区別するジェンダー理解を流布させ、ジェンダー概念を矮小化させたと批判されたオークレーは、必ずしも生物学的原因としてのセックスの影響力を容認していたわけではなかった。一九七二年の著作には、「実際に生物学的な原因が存在するにしても、それは影響力のあるものかもしれないし、実質のない微弱なものなのかもしれない。生物学的な原因の重要性という先入観は、偏見を合理化し適切でない考えを肥大させている」(34)と述べている。ただし、オークレーは、「人々が築きあげたジェンダーの区別化（差別化）」を研究対象にし、ジェンダーの社会構築性を明らかにする研究を産出することに力点を置き、セックスについてはとりあえず不問にしたことは確かである。それが次第に、セックスは所与のものであり、セックスは変えられないが、ジェンダーは変えられると捉える理解を生じさせることになった。その結果「人間の性別認識は、どこまでがセックスによって決定され、どこからがジェンダーによって形成されるのか」という議論を生むことになった。しかし、ジェンダー概念が成立したのは、セックスとジェンダーとセクシュアリティの、人間の性を規定する力の大きさを競ったり、性の局面の違いを表すためではなかった。「性別の社会構築性」を解明するために成立したのである。

セックスとジェンダーの区分的把握に対する批判はすでに幾つか行われている。一つには、セックスの社会構築性を不問にすることについての批判である。モイラ・ガーテンスは、一九八五年というかなり早い時期に、セックスとジェンダーを区別することは、「身体はジェンダーと違って自律的で、かつ無色透明の決定性をもつと認めることであり、私達が身体について知っていることもまた文化的に産み出された知であるという事実を無視することだ」と指摘した(35)。スコットは、ガーデンスの議論に賛意を示し、自らも「ジェンダーは、肉体的差異に意味を付与する知」なのだと述べている(36)。マリア・ミースも、女性抑圧の原理が生物学的特性に還元される状況では、こうした区分は有効であると認めつつも、人間の身体は、他の人間や外的環境との相互作用によって影響を受けながら形成されるのであり、セックスが「自然」で、ジェンダーが「文化」であるかのような把握は適切ではなく、セックスも社会的、文化的、歴史的なものであると主張した(37)。

もう一つは、ジェンダーがセックスを基盤にして構築されていると認識することへの批判である。デルフィーは、性支配解明の思考の過程から、実にラディカルにジェンダー概念の転換を求める。デルフィーは、「ジェンダーがセックスをつくった」と一九八四年の段階から主張している(38)。それによれば、「現在、ジェンダーは、それぞれの社会によって変わるかもしれないが、基盤(性的分割)そのものは変わらない」という「最低限の理解」しかなされていないという。デルフィーの定義するジェンダーは、そのようなものではなく、「ジェンダー――女性と男性という各自の社会的位置――は、セックス(雄と雌)という自然なカテゴリーに基づいて構築されているのではなく、むしろ、ジェンダーが存在するがために、セックスがそれに適合した事実となり、かつ認知されたカテゴリーになった」のであるという見解を述べる。一九九二年の論考では、セックスは「容器」であり、ジェンダーは「内容」と理解するようなジェンダー概念の浸透を嘆き、「性別の序列化が解剖学的差異を二つに分割した」のであり、ジェンダーは「序列化」から生じる「分割」(カテゴリー化)の問題として考えるべきであることを強く主張している(39)。

カテゴリー区分		内容区分
セックス	（生物学的性別）	染色体、ホルモン、内部生殖腺、外部生殖器など
ジェンダー	（社会化特性的性別）	役割、資質、能力、規範、人格など
	（社会階層的性別）	階層、序列、身分、地位など
セクシュアリティ	（性的性別）	性的欲望、性的指向、性行為、性幻想など

一九九四年には、リンダ・ニコルソンが、セックスを与えられた本体とし、セックスに付け加えられてジェンダーがあるという理解の仕方を、「コートラック」の比喩として示し批判した。セックスを「ラック」のような本体と考え、ジェンダーを「コート」のように様々につけ加えられるものと捉えることは、あくまでもセックスを基盤として位置づけることになる。これでは、「生物学的決定論」を打破するものとして成立したジェンダー概念が、「生物学的基盤論」を提示する概念に移行したにすぎないと批判したのである。

このように、セックスとジェンダーとを区分し、セックスを基盤にしてジェンダーが構築されるというような見解は、ジェンダー概念創出の意義ともいえる「性別の社会構築性」を追究する理論の展開を鈍らせるものである。以上のような批判から明らかなように、ジェンダー概念の展開は、一つにはセックスの社会構築性を究明する方向に向かい始めた(40)。

2 「セックスというカテゴリー」の構築――ジェンダーとセックス、セクシュアリティとの関係

人間の性に関わる現象をカテゴリー区分し、セックス、ジェンダー、セクシュアリティとに分けて捉える場合は、表に示したような区分をすることが多い。なお、表の中でジェンダーの部分を、「社会化特性的性別」と「社会階層的性別」とに分けたのは、筆者が、性別の資質や役割が特性（らしさ）として社会化されていることを示すのみではなく、階層化、序列化を視えるようにしたかったためである。なお、「性」現象カテゴリー区分と性自認との関係性について、伏見憲明は、「セックスを男性／女性」、「ジェンダーを男制／女制」と表現し、性的指向、性自認の図式化モデルを作り、戸籍上の性別も含め考察するという、貴重な試みを行っている(41)。

ところで、このような性に関する現象的カテゴリー区分を行った場合、セックス、ジェンダー、セクシュアリティの関係性は、セックスがジェンダーとセクシュアリティの基盤になっていると考えられていることが多い。先のセックスとジェンダーの議論の際の、セックスを基盤とし、付加されてジェンダーがあるとする理解のように、セックスに規定されてセクシュアリティがある（生殖器官があるから性的欲望が生まれる）と把握されているといえるであろう。

こうした理解に対し、ミシェル・フーコーは、「セクシュアリティの配備が、セックスという概念を確立した」と述べ(42)、モニカ・ウィッティングは、「セックスカテゴリーとは、社会を異性愛的なものとみなす政治上のカテゴリーである」と主張し(43)、ジュディス・バトラーは、「性器の特権化によるセックスという名のジェンダー」といい切る(44)。ここで述べられていることは、「セックスというカテゴリー」が構築されたものであるということである。また異性愛システムというセクシュアリティの有り様が、性別を判定する際の特権的位置に性器を据え、絶対的規定性をもつセックスというカテゴリーを構築したということである。なかでもバトラーは、こうしたセックスの構築性について最も果敢に取り組み、*Gender Trouble* 等の著作において、ジェンダーがセックス及びセクシュアリティを生み出した、という従来の因果関係を逆転する主張を行っている(45)。そして、*Bodies That Matter* において、さらに身体性の構築を考察している(46)。

一方、セックスの構築性の解明は、身体史、科学史の分野でも、めざましい成果を上げている。トマス・ラカーは、身体認識の変化を歴史的に追い、セックスの構築を鮮やかに描き出した。ラカーに拠れば、一八世紀頃のヨーロッパにおいては、女の身体は男の身体の不完全なヴァージョンと認識されていたが、性器は同一のものであり、外に出たものがペニスであり、内にあるものがヴァギナであるという違いにしかすぎず、何かの拍子にヴァギナが外に出て、女が男になることもあるという認識を多くの人々がもっていたという。だが、一八世紀以降になると、ペニスとヴァギナは違うものであり、従って男と女はまったく異なるものであるという認識が生まれ、また性別が変わることなどはありえないという考えが広まっていったという。ラカーはこれを「ワンセックスモデルからツーセックスモデル」への転換と分析し、解剖学的性器の認識の変化と性的差異の絶対化との結びつきを示した(47)。シンシア・ラセットも、イギリスのヴィクトリア朝期の性差の科学が、「女は脳が小さい分だけ男より知性が劣る」「女は生理があるので慢性的病人である」「女は進化論的には未発達の男性」等々、男女の優劣と生体的特徴とを結びつけ、女性の劣性を科学的事実としたことを分析した(48)。さらに、ロンダ・シービンガーは、カール・リンネに代表される博物学における「分類」という発想、解剖学による人種と性差の複合的な序列化などをスリリングに分析し、啓蒙の世紀の「身体の政治学」を明らかにした(49)。

これらのセックス／身体の社会構築の研究は、歴史的視野の中で「近代のセックス」の作られ方を解明しているが、現在の最先端の自然科学研究の中からも、「自然科学」の「自然」という政治性を暴く、新たな知見が次々に産出されている(50)。

こうなると、私達は、ジェンダーとセックス、セクシュアリティの関係性について、バトラーの次のような提起に共感することになるだろう。バトラーは、「言説に先住するものとしてのセックスの産出は、ジェンダーと呼ばれる文化的構築装置の作用として理解されるべきなのである」という。そして「この「セックス」と呼ばれる構築物も、ジェンダーと同じように文化的に構築されていることになる。実際のところ、おそらくそれ〔セックス〕は、これまでも常にジェンダーであったのであり、したがってセックスとジェンダーの区別は結局なんら区別ではないことになる」というジェンダーの把握にたどり着く(51)。

バトラーの提起を受け、加藤秀一は、『性別』は、セックスとジェンダーとからなるに先だって、つねに先ず〈ジェンダー〉と書かれねばならないことになるであろう」と記している(52)。筆者も以前からセックスもセクシュアリティもジェンダーと捉えるジェンダー概念の理解を主張してきた(53)。また、荻野美穂は、バトラーのいう「性器の特権化によるセックスという名のジェンダー」を、身体史の視座から究明する提起を行っている(54)。さらにセクシユアリティとの関連では、竹村和子によって、「〔ヘテロ〕セクシズムと資本主義」の視座から、希有な論考が展開されている(55)。

以上のような論述から、セックスの社会構築性についての了解はえられたであろうか。ジェンダー概念を、社会構築的性別概念と捉えれば、セックスもセクシュアリティもジェンダーということになる。重要なのは、「性別は、社会的に構築されている」という思考方式が、ジェンダー概念の根幹ということであろう。

5　学問研究とジェンダー

1　ジェンダー概念による学問「知」の組み換え

先に用法のところで述べたように、既成の学問における知を、ジェンダー概念により組み換えるというアイディアを提起した一人にジョーン・W・スコットがいる(56)。スコットの場合、その対象となったのは歴史学であるが、歴史学という学問における知の産出過程そのものの政治性を暴き、ジェンダー概念により「知」の組み換えをはかる意図を明確に示したのである。スコットがそうした文脈でジェンダーを捉えたのは、ジェンダーの問題を「知」の問題と捉えたことによる。

スコットによるジェンダーの定義は、「肉体的差異に意味を付与する知」という表現として流布している。この定義についてのスコットの説明を、『ジェンダーと歴史学』（邦訳、一五～八六頁）において確認しておこう。スコットは、まず序論の冒頭部分で、「ジェンダーとは、性差 sexual difference に関する知を意味している」と述べる。なお、ジェンダーを性別と捉えるか、性差と捉えるかについては議論があるが(57)、キャサリン・マッキノンやC・デルフィーが「分別」や「分割」（division）を問題にし「性別」と表現するのに対し、『ジェンダーと歴史学』を著した時点でのスコットは、ジェンダー・カテゴリー間の「差異化」に比重があるので、性差と表現しているようだ。

さて、スコットのいう「知」は、フーコーの「知」の定義に則っているという。スコットは「知とは世界を秩序だてる方法であり、それゆえ知は社会の組織化に先行するのではなく、社会の組織化と不可分なもの」であると述べる。従って、ジェンダーとは、「性差の社会的組織化」ということになるともいう。ここで「性差の社会的組織化」とは、「ジェンダーが女と男のあいだにある固定的で自然な肉体的差異を反映しているとか、それを実行にうつしている」という意味ではまったくない。そうではなくて、ジェンダーとは「肉体的差異に意味を付与する知なのである」と、ジェンダーの定義を言い換える。従って、「性差とは、そこから第一義的に社会的組織化を導き出すことのできる始源的根拠などではない。むしろそれは、それ自体が説明を必要とする一つの可変的な社会組織なのである」と記し、性差を肉体的差異に基づく始源的根拠とする、いままでの知の転覆を宣言する。

スコットが『ジェンダーと歴史学』において繰り返し述べていることは、「性差」と「知」の「社会構築性」についてである。それは、歴史学者が、男と女について生じている事象を解釈する際に、男女差別と把握しやすい事象は批判するが、肉体的差異や特性はアプリオリにあるものとし、結局は、性差の固定化を再生産していることを、スコットが問題視することからきている。例えば、差別の分析においても、男女の「体験」の違いで性差を説明し、性差が男と女の「体験」の非対称性を説明するという堂々めぐりのロジックにからめとられてしまっていることが多いという。それは、「何が男と女の体験を形成しているか」という視座に立たず、既存の規範的定義に依拠して解釈することから、歴史学が性差の固定化をさらに裏書きする結果を生んでいるというのだ。確かに、歴史学は「男というカテゴリー」に起ることを対象にし、「女というカテゴリー」の存在を等閑視した。

次に、多くの女性史は、「女というカテゴリー」に起る事象についての研究はしても、「女というカテゴリー」が「どのようにして」構築されるかという視点は弱かったと思われる。スコットはそれゆえに今こそ、歴史学は男女の性差は肉体的差異に規定されて存在するものなのではなく、社会的に組織化され、構築されたものなのであるとする、ジェンダーの視点を認識し、歴史学のパラダイム転換を企てることが必要であると主張したのである。そして歴史学が今まで前提や分析基準にしてきた、労働者、市民、変革といった概念のジェンダー・バイアスを検討することにより、歴史学という学問の知を組み換えることが、ジェンダー概念の意義であり、目標なのであると説く。

スコットは歴史学を取り上げ、ジェンダー概念による「知」の組み換えを説いたが、ジョーン・アッカーは、それを「組織論」において試みた(58)。アッカーは、ジェンダーは「関係的現象」として構築されるので、男性しか存在しない「女性不在」の組織では、ジェンダー・バイアスがあることにすら気付かずに、組織理論を構築していることを具体的な事象を分析しながら示した。

アン・スターリングは、自然科学分野でも、遺伝子、ホルモン、脳、進化等、科学の基礎知識とみなされてきた「知」は、自然科学者の偏見や恣意により、性差を科学的知として構築してきたと指摘し、ジェンダーによる自然科学の知の組み換えを行っている(59)。

先にあげた上野、大澤の論考では、「家事を労働とみなす見方を妨げてきた労働観」や「男性雇用労働者中心の労働概念とそれを前提にしてきた福祉政策」をジェンダー概念により組み換えることを試みており、ジェンダー概念による学問のパラダイム転換を志向する研究が行われ始めている(60)。

2 ジェンダー概念の分析軸としての有効性

ここで、ジェンダー概念を分析軸とする有効性について確認しておこう。

第一に、歴史的に変化し、文化的、地域的にも多様な形で具現している性別に関わることを、「ジェンダー」という一語でいい表すことができる。第二に、セックス、セクシュアリティを「ジェンダー」と捉えることにより、「性」現象すべての社会構築性を喚起できる。例えば、「女というカテゴリーの構築のされ方」という視点に立って、セックスに依拠しない性別把握の位置に立つことや異性愛主義についても意識化できる。第三に、性別の社会構築性という視点により、社会化、アイデンティティ構築、意味付与、ジェンダー間の権力関係や差異化、全体構造における序列化、階層化、秩序化、異性愛化について、明確で統合的な分析ができる。第四に、ジェンダーと階級、人種・民族、年齢等、他の概念との構造的連関や重層的作用形態を把握しやすくなる。第五に、既存の学問研究の体系においてゲットー化せず（女性史、女性労働研究、女流文学研究、母子保健、女性心理学など）、学問の前提や基準に対し批判的検討を余儀なくさせ、各学問分野の知の組み換えを可能にするインパクトをもちうる。

このように私達は、女性学研究がめざした近代知の捉え直しを引き継ぎ、ジェンダー概念によりさらに緻密な分析を行う可能性をもつに至っている。特に、ジェンダーと階級、人種・民族等の他の概念との構造的連関や重層的作用形態を把握しやすくなることは、「女というカテゴリー」を単一体として捉え、一元的な要因分析に陥りがちであった傾向を回避する可能性をもたらした。一九九五年に開催された国際歴史学会でも、人種、民族、階級の概念で個別に捉えられてきた諸問題が、ジェンダーを「連結環」にして一つに結びつき、ジェンダーは、国民国家や帝国主義や福祉国家の本質を捉え直す重要な分析概念となることが示されたという(61)。

なお、江原由美子は、ジェンダーを「性別」ではなく「性別秩序」として定義し、それを「現代社会の権力現象の不可欠な構成要素」として位置づけ、「男女間の（不平等な）社会関係に関わる社会構造の形成や変動を考察する」という理論的パースペクティヴに立つ。そして権力関係を軸にした社会理論として、ジェンダー概念を鍛えていくことを提起している(62)。

ジェンダーを権力作用を分析するツールと捉える観点は、性支配解明のジェンダーの系譜を引き継ぐ、ジェンダー概念の根幹といえる。*Gender and Society*（一九八七年創刊）や *Gender and History*（一九八九年創刊）などの研究誌においても、「ジェンダーを社会秩序の基本的な原理ならびに主要な社会カテゴリーとして扱う」(63)と、その意図が表明されている。

但し、ジェンダーをすべての学問分野へ導入し、その「知」全体の組み換えを意図しているのであれば、ジェンダーは社会理論としてだけではなく、例えば、エレイヌ・ショウォールターがいうように(64)、フェミニスト文学批評を深める文学理論としても鍛えていく必要があろう。分析軸としてのジェンダー概念は、各学問分野におけるジェンダー分析や理論化により、さらにその有効性を高めていくことができると思われる。

6　おわりに――ジェンダー概念の展開

本章は、ジェンダー概念を社会構築性を根幹として捉えることの確認に重きを置いたため、ジェンダー概念の有効性について十分に論じることができなかったが、ジェンダー概念の検討においては、社会構築の規定性と可変性と変革の問題を解明することが、すでに課題となっている。アイデンティティや権力関係との関わりでジェンダーを捉え、その社会構築性に注目した場合、構築システムの堅固な構造を認識せざるをえないことになる。だが、構築されるものは、再構築も可能なことを忘れてはならない。ジェンダーは、社会構築されているが、静態的に規定された概念ではない。例えば、ロバート・ウィリアム（のちにレイウィン）・コンネルは、「ジェンダーとは、社会生活の内部で生起するある現象のことである」と捉える。それゆえに「平等主義的な生の形式を構築するようなジェンダーの再編」を行う可能性は、そのような未来を求める「日常行動の過程」にあるのだと述べている(65)。

一方、バトラーは、この問題を、現在の体制維持に貢献しつつ、その転覆を試みる「パフォーマティヴィティ（行為遂行性）」として考察を深めている(66)。バトラーのこの理論は、今後のジェンダー概念展開の大きな論題となるであろう。

私達は、ルービンが捉えたセックス／ジェンダーシステムを、「ジェンダー・システム」として説明する時にきているのだと思われる。それには、これまでの議論を日本の状況に則して検証する課題が待っている。個別研究の積み重ねが「知」を組み換え、ジェンダー・バイアスのない社会への変革を促すであろう。

デルフィーは前述した論考の末尾に、「ニュートンは、りんごが落下するのを見て万有引力の法則を発見することができた。私達も、ジェンダーの法則を発見できないはずはない」と要約できる言葉を綴っている(67)。わずか三〇年余しか経っていないジェンダー概念発見の歴史を、さらなる発見へと導いていけないはずはないのだ。それが、近代を超えるパラダイム転換となるか否かは、いつにして「行為体」(68)としての私達にかかっている。

●註

訳書のある場合の引用は訳書のページを示した。訳書のない文献の訳は筆者による。

＊

1 森宏一編『哲学辞典 新装版』青木書店、一九九五年、五〇頁／廣松渉他編『岩波哲学・思想事典』岩波書店、一九九八年、二〇九頁。

2 新村出編『広辞苑第四版』岩波書店、一九九一年、一〇九五頁。

3 *Report of the Fourth World Conference on Women*, Beijing 4-15, September 1995. /*Beijing Declaration and Platform for Action*, United Nations, 17 October 1995.（『世界女性会議決議 北京宣言及び行動綱領』総理府仮訳、一九九六年二月一日）

4 『男女共同参画ビジョン』男女共同参画審議会、一九九六年七月三〇日／『男女共同参画二〇〇〇年プラン――男女共同参画社会の形成の促進に関する平成一二（二〇〇〇）年度までの国内行動計画』男女共同参画推進本部、一九九六年一二月。

5 『男女共同参画審議会部会における論点整理』男女共同参画審議会、一九九五年一一月二七日。

6 『「男女共同参画審議会部会における論点整理」に対する意見・要望』内閣総理大臣官房男女共同参画室、一九九六年三月。

7 Headquarters for the Promotion of Gender Equality, Japan, *Plan for Gender Equality 2000—The National Plan of Action for Promotion of a Gender—Equal Society by the Year 2000*, December 1996.

8 小川真知子他編『実践 ジェンダー・フリー教育――フェミニズムを学校に』明石書店、一九九八年／伊田広行『シングル単位の社会論――ジェンダー・フリーな社会へ』世界思想社、一九九八年／国立婦人教育会館編『女性学教育／学習ハンドブック――ジェンダーフリーな社会をめざして』有斐閣、一九九七年など。

9 東京都生活文化局女性計画課及び東京女性財団は、女性問題解決、男女平等社会実現のためのガイドライン、研修プログラムなどで、制度の問題への理解と同時に、各人の意識の変革を課題とした。東京都生活文化局女性計画課編・刊『男女平等社会への道すじ――ガイドライン』一九九五年、東京女性財団編・刊『ジェンダー・フリーな教育のために――女性問題研修プログラム開発報告書』Ⅰ・Ⅱ、一九九五~九六年。そしてジェンダー・バイアス度を計る「ジェンダー・チェック」を社会、学校、家庭等の各場面において作成した、同財団編・刊『男女平等への指針――チェックリスト』、及び同財団編・刊の「女と男のライフフォーラム」報告書『ジェンダー・フリー　その新しい生き方』一九九七年、同財団編・刊の学習用ビデオ『ジェンダー・フリー?』一九九四年、などを通じて、ジェンダーという用語や概念の普及に大きな影響を与えている。

10　前掲、東京女性財団編・刊『ジェンダー・フリーな教育のために――女性問題研修プログラム開発報告書』Ⅰ・Ⅱ、一九九五~九六年。

11　田中統治「隠れたカリキュラムをめぐって――ジェンダー・フリーと学校教育の課題」東京女性財団編・刊『ジェンダー・フリーな教育のために』Ⅱ、八一~一〇六頁。

12　東京女性財団編・刊『若い世代の教師のために――あなたのクラスはジェンダー・フリー?』一九九五年。教師に求められているジェンダー・フリーな見方とは、性別の枠を外し、一人ひとりの子ども達の個性をみつめていこうとする態度を意味しているという。

13　例えば、蔦森樹『男でもなく、女でもなく――新時代のアンドロジナスたちへ』勁草書房、一九九三年/伊田広行『シングル単位の社会論――ジェンダー・フリーな社会へ』世界思想社、一九九八年及び国立婦人教育会館編『女性学教育/学習ハンドブック』有斐閣、一九九七年、など。

14　例えば、蔦森樹「ジェンダー化された身体を超えて――「男の」身体の政治性」井上俊他編『岩波講座　現代社会学11　ジェンダーの社会学』岩波書店、一九九五年、一三三~一四九頁。

15　上野千鶴子「『労働』概念のジェンダー化」脇田晴子、S・B・ハンレー編『主体と表現:仕事と生活』ジェンダーの日本史・下、東京大学出版会、一九九五年、六七九~七一〇頁。例えばengenderingを書名としているものに、Joan E. Hartman and Ellen Messer-Davidow (eds.), *En Gendering Knowledge : Feminists in Academe*, University of Tennessee Press, 1991.

16　大沢真理「労働のジェンダー化」井上俊他編『岩波講座　現代社会学11　ジェンダーの社会学』岩波書店、一九九五年、八五～一〇六頁、同「女性政策をどうとらえるか」『お茶の水女子大学女性文化研究センター年報』九・一〇合併号、一九九六年、四一～五六頁でも、Diane Sainsbury（ed.), *Gendering Welfare States*, Sage Pub. 1994. をあげ、「福祉国家をジェンダーする」などと表現している。

17　目黒依子「性・ジェンダー・社会」『女性学研究第一号　ジェンダーと性差別』勁草書房、一九九〇年、五～二一頁。

18　上野千鶴子「差異の政治学」井上俊他編『岩波講座　現代社会学11　ジェンダーの社会学』岩波書店、一九九五年、一～二五頁／荻野美穂「女性史における〈女性〉とは誰か――ジェンダー概念をめぐる最近の議論から」田端泰子他編『ジェンダーと女性』早稲田大学出版部、一九九七年、一一五～一三四頁。

19　舘かおる「女性学とジェンダー」『お茶の水女子大学女性文化研究センター年報』九・一〇合併号、一九九六年、八七～一〇六頁。【本書5章】

20　亀井孝他編『言語学大辞典』六巻、三省堂、一九九六年、七八八～七八九頁。

21　伊東秀章「セックスかジェンダーか?」『心理学評論　一九九五』三八巻三号、心理学評論刊行会、一九九六年四月、四四一～四六一頁。

22　Joan Money and Patricia Tucker, *Sexual Signatures*, Little Brown and Company, 1975.（朝山新一他訳『性の署名――問い直される男と女の意味』人文書院、一九七九年）

23　Robert J. Stoller, *Sex and Gender*, Vol.1, Science House, 1968.（桑畑勇吉訳『性と性別――男らしさと女らしさの発達について』岩崎学術出版社、一九七三年）

24　前掲、J. Money and P. Tucker, *Sexual Signatures*.

25　Ann Oakley, *Sex, Gender and Society*, Harper Colophon Books, 1972.

26　Janet Z. Giele, 'Gender and Sex Roles,' in Neil J. Smelser（ed.), *Handbook of Sociology*, Sage, 1988, pp.291-323.

27　Heidi Hartmann, 'A Discussion of the Un-happy Marriage of Marxism and Feminism,' in *Capital and Class*, summer 1979. 後にLydia Sargent（ed.), *Women and Revolution : A Discussion of the Unhappy Marriage of Marxism and Feminism*, South End Press. 1981. に所収（サージェント編、田中かず子訳『マルクス主義とフェミニズムの不幸な結婚』勁草書房、一九九一年）

28　Carol MacCormack and Marilyn Strathern（eds.), *Nature, Culture and Gender*, Cambridge University Press, 1981.

29 Christine Delphy, *Close to Home* (Translated and edited by Diana Leonard), The University of Massachusetts Press, 1984.(井上たか子他訳『なにが女性の主要な敵なのか――ラディカル・唯物論的分析』勁草書房、一九九六年)

30 Adrienne Rich, *Blood, Bread, and Poetry : Selected Prose 1979–1985*, W. W. Norton & Company, 1986.(大島かおり訳『血、パン、詩。――アドリエンヌ・リッチ女性論一九七九―一九八九』晶文社、一九八九年)

31 Gayle Rubin, 'The Traffic in Women : Notes on the "Political Economy" of sex,' in Rayna. R. Reiter (ed.), *Toward an Anthropology of Women*, Monthly Review Press, 1975, pp.157–210.

32 前掲、Janet Z. Giele, 'Gender and Sex Roles.'

33 Joan W. Scott, *Gender and the Politics of History*, Columbia University Press, 1988.(荻野美穂訳『ジェンダーと歴史学』平凡社、一九九二年)

34 前掲、Ann Oakley, *Sex, Gender and Society*, p.210.

35 Moira Gatens, 'A Critique of the Sex/Gender Distinction,' in Judith Allen and P. Patton (eds.), *Beyond Marxism? : Interventions after Marx*, Intervention Publications, 1983, pp.143–160.

36 前掲、スコット『ジェンダーと歴史学』三四三頁。

37 Maria Mies, *Patriarchy and Accumulation on a World Scale : Women in the International Division of Labour*, Zed Books, 1986.(奥田暁子訳『国際分業と女性』日本経済評論社、一九九七年)

38 前掲、デルフィー『なにが女性の主要な敵なのか』一五～一六頁。

39 Christine Delphy, 'Rethinking Sex and Gender,' in *Women's Studies International Forum*, Vol.16. No.1, 1993, pp.1–9.

40 Linda Nicholson, 'Interpreting Gender,' in *Signs : Journal of Women Culture and Society*, Vol.20. No.1, 1994, pp.79–105.(荻野美穂訳「〈ジェンダー〉を解読する」『思想』八五三号、岩波書店、一九九五年七月号、一〇三～一三四頁)

41 伏見憲明『〈性〉のミステリー――越境する心とからだ』講談社、一九九七年。

42 Michel Foucault, *Histoire de la sexualité 1*, Paris : Gallimard, 1978.(渡辺守章訳『性の歴史1　知への意志』新潮社、一九八六年)

43 Monique Witting, 'One Is Not Born a Women,' in *Feminist Issues*, Vol.1, No.2, winter, 1981, pp.47–54.

44 Judith Butler, *Gender Trouble : Feminism and the Subversion of Identity*, Routledge, 1990.(荻野美穂訳「セックス/ジ

ェンダー／欲望の主体」上・下『思想』八四六・八四七号、岩波書店、一九九四年一二月号・一九九五年一月号、一一三〜一三三頁・一二一〜一四三頁として一部訳出）

45　なお、Judith Butler, *Gender Trouble : Feminism and the Subversion of Identity*. は、竹村和子訳『ジェンダー・トラブル——フェミニズムとアイデンティティの攪乱』青土社、一九九九年。

46　Judith Butler, *Bodies That Matter : On the Discursive Limits of 'Sex'*, Routledge, 1993.

47　Thomas W. Laqueur, *Making Sex : Body and Gender from the Greeks to Freud*, Harvard University Press, 1990.（高井宏子・細谷等訳『セックスの発明——性差の観念史と解剖学のアポリア』工作舎、一九九八年）

48　Cynthia E. Russett, *Sexual Science : The Victorian Construction of Womanhood*, Harvard University Press, 1989.（上野直子・富山太佳夫訳『女性を捏造した男たち——ヴィクトリア時代の性差の科学』工作舎、一九九四年）

49　Londa Schiebinger, *Nature's Body : Gender in the Making of Modern Science*, Beacon Press, 1993.（小川眞里子・財部香枝訳『女性を弄ぶ博物学——リンネはなぜ乳房にこだわったのか？』工作舎、一九九六年）

50　Anne Fausto-Sterling, *Myths of Gender*, Basic Books, 1985.（池上千寿子・根岸悦子訳『ジェンダーの神話——「性差の科学」の偏見とトリック』工作舎、一九九〇年）/Evelyn F. Keller, *Reflections on Gender and Science*, Yale University, 1985.（幾島幸子・川島慶子訳『ジェンダーと科学——プラトン、ベーコンからマクリントックへ』工作舎、一九九三年）/Gisela T. Kaplan and Lesley J. Rogers, 'The Definition of Male and Female : Biological Reductionism and the Sanctions of Normality,' in Sneja Gunew (ed.), *Feminist Knowledge : Critique and Construct*, Routledge, 1990.（竹村和子訳「性は定義できるか——生物還元主義による「正常（ノーマル）」認定の嘘」『現代思想』二〇・五号、青土社、一九九二年、二〇二〜二二二頁）

51　前掲、ジュディス・バトラー「セックス／ジェンダー／欲望の主体」上、一九〜二〇頁。

52　加藤秀一「ジェンダーの困難」井上俊他編『岩波講座　現代社会学11　ジェンダーの社会学』岩波書店、一九九五年、一八九〜二〇八頁。

53　舘かおる「性規範の現在」中内敏夫他編『社会規範』藤原書店、一九九五年、一四二〜一六七頁。

54　荻野美穂「身体史の射程——あるいは、何のために身体を語るのか」『日本史研究』三六六号、日本史研究会、一九九三年。

55　竹村和子「資本主義社会とセクシュアリティ——〔ヘテロ〕セクシズムの解体へ向けて——」『思想』八七九号、岩波書店、一九九七年九月号、七一～一〇四頁。

56 前掲、スコット『ジェンダーの歴史学』。

57 Catharine MacKinnon, *Feminism Unmodifed : Discourses on Life and Law*, Harvard University Press, 1987.（奥田暁子他訳『フェミニズムと表現の自由』明石書店、一九九三年）

58 Joan Acker, 'Hierarchies, Jobs, Bodies : A Theory of Gendered Organization,' in *Gender & Society* 4, 1990, pp.139-158.（ホーン川嶋瑤子訳「ハイアラーキー、ジョブ、身体：ジェンダー化された組織理論」日米女性情報センター編・刊『日米女性ジャーナル』No.18. 一九九五年、八六～一〇三頁。

59 前掲、スターリング『ジェンダーの神話』。

60 前掲、上野千鶴子「『労働』概念のジェンダー化」や、大沢真理「労働のジェンダー化」など。

61 安川悦子「フェミニズムと歴史学」『歴史評論』五六四号、校倉書房、一九九七年四月号、一七二～一八六頁。なお、伊藤るり「ジェンダー・階級・民族の相互関係――移住女性の状況を一つの手がかりとして」井上俊他編『岩波講座　現代社会学11　ジェンダーの社会学』岩波書店、一九九五年、二〇九～二二六頁も参照のこと。

62 江原由美子「ジェンダーと社会理論」井上俊他編『岩波講座　現代社会学11　ジェンダーの社会学』岩波書店、一九九五年、二九～六〇頁。

63 *Gender and Society*, No. 1, Sage Periodical Press, 1987.

64 Elaine Showalter, 'The Rise of Gender,' in Showalter（ed.), *Speaking of Gender*, Routledge, 1987, pp.1-13.

65 Robert W. Connell, *Gender and Power : Society, the Person, and Sexual Politics*, Polity Press, in association with B. Blackwell. 1987.（森重雄他訳『ジェンダーと権力――セクシュアリティの社会学』三交社、一九九三年）

66 Judith Butler, 'Gender as Performance,' in *Radical Philosophy* 67, 1994, pp.32-39.（竹村和子訳「パフォーマンスとしてのジェンダー」『批評空間』Ⅱ―八、太田出版、一九九六年、四八～六三頁）

67 前掲、C. Delphy, 'Rethinking Sex and Gender.'

68 Judith Butler, *Excitable Speech : A Politics of the Performative*, Routledge, 1997. における 'agency' を竹村和子は「行為体」と訳している。「行為体」としたことの意図は、竹村和子訳「触発する言葉――パフォーマティヴィティの政治性」『思想』八九二号、岩波書店、一九九八年、一〇月号、四～四六頁を参照のこと。

◆8 歴史認識とジェンダー

……………女性史・女性学からの提起

1 はじめに――女性史とジェンダー

ジェンダーは、歴史認識の革命をもたらす、きわめて心おどる概念である。一九世紀の後半から、エンゲルス、マルクスが「階級」という概念を出現させ、産業革命下の社会現象が実に明晰に捉えられるようになったように、ジェンダーは、二〇世紀の終わりに発見された、画期的な概念なのである。

日本の歴史学研究に、歴史分析概念としてのジェンダーを知らしめたのは、ジョーン・W・スコット『ジェンダーと歴史学』（*Gender and the Politics of History*）であったと思われる。スコットにとって、ジェンダーとは女性史から歴史学の変革を喚起する、必須の概念であった(1)。しかしながら、歴史学以外の分野におけるジェンダー概念の浸透に比較して、歴史学においての関心はさほど高まっていなかった。

だがここにきて、日本でも歴史学におけるジェンダーの論議が始まった。一つには、女性学と日本女性史が対話を始めたことによる。一九九五年前後に開催された、比較家族史学会第二六大会と第二八大会の共通テーマであった「女性史・女性学の現状と課題」における討議を踏まえて同学会では、『ジェンダーと女性』という書も著された。この書の編者の一人である田端泰子は、女性学と女性史の対話が可能になったのは、「ジェンダーという視点で歴史をとらえ直す方法が、さまざまに試みられはじめたからである」と述べている(2)。

また『ジェンダーの日本史』共編者の脇田晴子は、「文化的、社会的に作られる性差という意味でのジェンダーからの視点によって、いままでの日本史を書き換える一助にしたい」と記している(3)。『女性のいる近世』において、ジェンダーの視点の導入を提起した大口勇次郎も、「女性のおかれた問題性を、単に女性の側からでなく、『性差』の問題として考察することを提言するジェンダー論、この方法概念は、新鮮であり、これを導入することによって近世社会における女性排除の構造が一層みえてくるように思われた」と述べている(4)。このように、女性史へのジェンダー視点の導入を表明する研究者は増えてきた。上野千鶴子はさらに、日本の女性史論争を追証しながら、女性史を超えたジェンダー史を提唱する(5)。

女性学の成立から約三〇年、女性史研究も蓄積され広がりをもち、女性学からのジェンダー概念の提起を契機に、日本の歴史学研究のパラダイム転換を企てる時がきたようだ。

従って、今、本章で示すべきことは、個別歴史的事象に則してジェンダーを論じることよりも、ジェンダー概念成立の経緯と「ジェンダーの視点とは何か」を示すことであり、ジェンダーは女性史研究を深化し、展開させる有効な概念なのだという認識であると考える。

なおジェンダーの用法は、階級と同様の性格をもっている。階級の視点、階級概念は、分析概念としての階級を意味するが、労働者階級、階級問題と述べる際は、階級の存在形態を示す。ジェンダーも分析概念と同時に、女や男の存在形態を表すこともある。

2 「女性」の究明とジェンダー概念

1 ジェンダーという語の由来

人間社会において身分、階級、人種、民族等の概念は歴史的に変遷する社会構築的概念であるという認識は、歴史学の前提であろう。しかし女とか男といった人間の性別概念については、多少の歴史的変化はあるものの、普遍的、本質的な違いがあると認識されがちであった。その依拠するところは、性別の生物学的決定論である。だが後述する近年の研究は、「女らしさ」「男性的」といった人間の性別概念は、生物学的に規定されているのではなく、社会的に作られるものであることを明らかにした。そこでとりあえず、人間の性別の社会構築性を明示するために、オス・メスといった生物学的性別をセックス、男性・女性といった社会的に構築された性別をジェンダーと呼ぶようになった。ジェンダーという語は、もともと性の分類を示す文法上の用語である。例えばドイツ語では、「日」は die Sonne で女性名詞、「月」は der Mond で男性名詞であるが、フランス語では「日」は le soleil で男性名詞、「月」は la lune で女性名詞である(6)。「日」や「月」は、メスやオスではないが、人間が「女」「男」の性別をそれぞれに付与したのである。ジェンダーは、このような、人間による言語への性別の付与から敷衍して、社会的文化的性別を示す概念として再定義された。

ジェンダーという語の再定義は、管見では、性科学者のジョン・マネーや精神分析学者のロバート・J・ストラーによる一九五〇年代からの研究に系譜づけられる。マネーは、半陰陽の男女ないし事故で生殖器を失った患者の治療と研究を通じて、生殖器官に基づかず、性愛から社会的役割までを包括的に扱えるような用語を求め、文法上のジェンダーを用いることを思いついた。そして性が生殖器官以外の社会的文化的な様々な要因によって規定されることを実証した(7)。ストラーは性同一性障害の研究によって、メス・オスと女らしさ・男らしさは必ずしも一致するものではなく、ジェンダー・アイデンティティは身体の規定力以上に社会的規定力が強いことを示した(8)。マネーは、一九七五年に、ジャーナリストのパトリシア・タッカーと共著で『性の署名』(*Sexual Signatures*)を著すが、同書は、性別の生物学的決定論を覆す科学的事実として、女性学をはじめ諸学問に大きな影響を与えた。このように、ジェンダーという語の再定義が、まず性自認を中心とした研究から発したため、ジェンダーは、性別の生物学的決定論を打破し、社会的文化的規定性を示す概念として認識されたのである。

2 「女性というカテゴリー」に生じる支配とは何か?

ジェンダーが、社会的文化的に作られる性別であると認識した時、誰により、どう作られるのかという問いが生まれるであろう。この問いに結びつく思想的営為が、一九六〇年代後半から興隆した女性解放思想・運動において行われている。女性解放思想の中でもラディカル・フェミニズムは、性差別、性支配の原因をマルクス主義・社会主義フェミニズムが重視する資本主義的生産様式や階級の問題のみに置かず、なぜ「女性というカテゴリーに属するもの」が差別的状況の中に置かれるのか、「性支配」の本質とは何かといった究明を行った。この営為をジェンダー概念発見の前史として跡付け、考察することを忘れてはならない(9)。

ロクサーヌ・ダンバーは、その究明の過程で「西洋白人男性支配階級を頂点とし、底辺に被植民地世界の有色女性をもつ国際カースト制度」のもとに私達はいるのだという(10)。ここでいうカーストとは、性と人種は生物学的出自により規定されている点で階級概念とは違うことを強調しているのである。ティグレース・アトキンソンは、「何がある特定の個人を「女」として、他の人びとから区別させるのか。それは性的な区別である」と考え、「女は性的機能によって特徴づけられた、ひとつの政治的階級である」と述べるに至る(11)。クリスティーヌ・デルフィーは、階級概念は、所定の社会での階層的で二分法的な区分(男/女、大人/子ども、白人/非白人など)に支配関係がいかに適合するかを認識できるが、「性階級」(sex classes)の概念は、人間の性を分割することによって性別集団の位階性を生み出す社会慣習、社会関係を発見することができるとして「性階級」概念を提起した(12)。

先の指摘に続けてアトキンソンは、性的区別には二つの側面「社会学的な」側面と「生物学的な」側面があると述べ、「なぜ生物学的分類が政治的分類になったのか?」「なぜ綿密な威圧的上部構造が築きあげられたのだろうか?」と問いかける。それゆえ、男と女の支配・被支配の関係は、結婚制度、出産、家事・育児の再生産労働、性交、愛のイデオロギー、性格形成、同性愛の異端視などに刷り込まれ、すべての女性に共通する性支配として構造化されているとして、経済的抑圧以上に女の心理的抑圧を問題にした(13)。ケイト・ミレットは、こうした性支配の経済的・心理的・文化的社会システムを、パトリアーキー(家父長制性支配)と定義した(14)。性的区別に二つのレベルがあり、生物学的性別が社会的性別になっていること、男と女という性別の関係は、綿密なヒエラルキー構造になっていることを認識していったのである。

これを、ジェンダーと呼ぶのにさほど時間はかからなかった。アン・オークレイは一九七二年に『セックス、ジェンダー、社会』(*Sex, Gender and Society*)で性役割論を提示し、ゲイル・ルービンは一九七五年に、パトリアーキーをセックス/ジェンダー・システムと表現するに至る(15)。

以後、性別役割分業、男女の二項対立と公私の領域区分、男性優位の象徴作用・威信の構造など、諸学問分野においてジェンダーの社会的構築メカニズムの解明、分析が行われていった。

3　女性学における「ジェンダーの視点」

女性解放思想・運動が命題とした性支配の理論的究明に取り組んだ学問分野が、女性学であることはすでに知られていよう。女性学は、学際性をその学問的性格とすることから、「女性」を研究する際に、その目的、テーマ、視角、方法、対象、資料・史料、テキストなどにおいて、あらゆるアプローチが試みられた。その過程で、ジェンダーという分析概念の有効性を確認していったといってよい。それでは「ジェンダーの視点」とは、どのような研究分析視角を取ることを共通理解としているのであろうか。

これまでみてきたように、ジェンダー概念発見の過程には、いくつかの系譜があるが、研究が進むにつれ、ジェンダー概念も捉え直されている。それらをすべて把握し、論じつくすことはできないが、現時点でのジェンダーの視点についての確認をしておこう。

まず第一に、ジェンダーは、社会構築的性別概念であることであり、すべてはここから発する。いかにして自己の性別認識（性自認）が形成されるか、性別はいかに社会制度に組み込まれているか、規範を生成し作用しているか、いかなる現象として具現化しているかなどのすべてを、ジェンダーの社会構築メカニズムとして分析する視点である。ジェンダー研究を標榜する研究誌 *Gender and Society*（一九八七年創刊）の創刊の辞においても「ジェンダーを社会秩序の基本的な原理ならびに主要な社会的カテゴリーとして扱う社会的、構造的な研究に重点をあてる」と述べている。

また、ジェンダーの社会構築性は、ジェンダー間の関係性がいかなる権力関係にあるかという視点に立つことを同時に導き出す。しかもその権力とは、国家権力による法制度や表象とともに、性別規範の内面化によるジェンダー関係が、綿密な権力作用の中にあることを、認識するものである(16)。現時点での研究では、現代社会で社会構築されたジェンダーの現象は、男女の二項化、分別化、固定化、非対称化、価値（優劣）化、序列化、異性愛化、秩序化などとして示されている。

第二に、ジェンダーとセックス、セクシュアリティの関係性を、ジェンダー概念としてどのように捉えるかの問題である。

ジェンダー概念が流布していくにあたって、当初とは異なる文脈でのジェンダー認識が行われるようになった。先に述べたアン・オークレーは性役割分業を論じる際に、生物学的性別をセックス、社会的性別をジェンダーと分け、男と女の社会的役割は生物的規定による本質的な役割分業だとする従来の役割理論を批判する論旨を展開した(17)。だがそれにより、ジェンダーは変えられるがセックスは変えられないと考える認識が広まってしまう。スコットは、そうした認識を批判し、セックスの社会構築性を含めた「肉体的差異に意味を付与する知」とするジェンダー概念を一九八八年の段階で提起している(18)。さらに一九八九年頃には、デルフィーが、セックスは「容器」であり、ジェンダーは「内容」と理解するようなジェンダー概念の浸透を嘆き「ジェンダーがセックスをつくった」(序列化が解剖学的差異を二つに分割した)とする、ジェンダー概念の転換を求め、ジェンダーは、「性」の「序列(ヒエラルキー)」と「分割」の関係を問題にした概念であることを示したのである(19)。

リンダ・ニコルソンも、セックスを与えられた本体とし、セックスにつけ加えられてジェンダーがあるという理解は、生物学的決定論から生物学的基盤論に移行したに過ぎないと批判する(20)。また、ジュディス・バトラーは、セックスは「非構築物として構築されたもう一つのジェンダー」と捉え直す位相に立つことをさし示す。また、男女に二分化されたセックスを自明視することは、異性愛のセクシュアリティ体制を維持補強することであると主張する(21)。

実は、ジェンダーはセックスもセクシュアリティも社会的に構築されたものであることを示す概念なのである。セクシュアリティの社会構築性については、ミシェル・フーコーが『性の歴史』(*Histoire de la sexualité*)で取り組んだことから(22)、比較的認知されていると思われる。セクシュアリティの社会構築性という視点に立った切り口の研究とは限らないが、同性愛、性愛、売春の社会史などの社会史的研究は多くみられるようになった(23)。

一方、セックスについての解明は緒についたばかりである。それは、セックスの社会構築性という発想にいまだ思い至らないということと、その主題の解明の学問的背景の難しさからであろうか。従ってセックスの解明は、自然科学の学問分野と歴史学を繋ぐ科学史の研究においてみられるようになった。シンシア・E・ラセットは『女性を捏造した男たち』(*Sexual Science*)において、ヴィクトリア朝期の生物学が「女の脳は男より小さいので劣っている」といった認識を学問として提示したことを明らかにし、トマス・ラカーの『セックスの発明』（*Making Sex*）は、ワンセックス・モデルからツーセックス・モデルへの転換という解剖学的性器の認識の変化と、性的差異の絶対化との結びつきを示した。これらの研究は、従来の社会科学的ジェンダー概念の研究主題の幅を広げ、「身体史」研究としても、非常に示唆的な研究成果を生み出している(24)。

第三にはジェンダーが階級、人種・民族、年齢などと連関して構築され、重層的に作用しているという視点である。それは、ジェンダーが、社会、国家といった社会構造の中でどのように位置づけられているのかと分析することになる。社会科学研究におけるジェンダー概念の有効性は、この点を強調することが多く、*Gender and History*（一九八九年創刊）の創刊の辞でも、同誌の意図は「フェミニストの視点から歴史的社会関係を吟味し、あらゆる制度に内在するジェンダーの性格を考慮しうる包括的な分析方法を構築すること、男女の権力関係が社会を形成してきた過程を明らかにすること」に次いで、「さらにはジェンダーと人種、階級、少数民族との関連も考察すること」を明示している。

一九九五年に開催された、国際歴史学会でも人種、民族、階級の概念で個別に捉えられてきた諸問題が、ジェンダーを「連結環」にして一つに結びつき、ジェンダーは国民国家や帝国主義や福祉国家の本質を捉え直す重要なカテゴリーとなることが示されたという(25)。

第四にはバトラーは、さらにジェンダーの社会構築性と主体との関連を省察する。人間の性別の社会構築概念は、構築性ゆえに可変性と同時に、規定性も示した。バトラーのいう、ジェンダーのパフォーマティヴィティ（行為遂行性）は、「既存の体制の温存に貢献しつつ、同時にそれを転覆する契機となることを論証しようとした」ものである(26)。

4 おわりに――ジェンダー概念による歴史認識の変革

さて、最後に、女性史研究及び歴史学研究にとってのジェンダー概念の有効性を整理しておこう。

すでに、女性史にジェンダー概念を導入することによる有効性については、次の六点の指摘がある。第一に歴史的文化的に多様な性別の概念を、ジェンダーという一語でいい表すことが可能になり、第二に分析の対象は、女性から男女の差異化に移り、第三に男女の差異が権力関係にあることが明らかになり、第四に女性史は、女性だけを対象とする研究ではなくなり、第五に女性がいる私領域のみではなく、公領域の女性の不在も研究対象になり、第六に私領域は女、公領域は男にジェンダー化していた歴史学の学問概念のジェンダー・バイアスを問題にしていくことが明確になる、というものである(27)。

さらに、私は次の五点をつけ加えておきたい。

第一に、ジェンダー概念は、「女性」や「男性」を考察する際に陥りがちな生物学的解釈の陥穽に対し、それは社会的文化的歴史的に構築されたものであるという考察を絶えず喚起できることにある。歴史的具体的事象の場合、この現象は女と男の性差であると捉えてしまう危険性は、往々にしてある。そのような意味において、キャサリン・マッキノンは、ジェンダーを性差と捉えることを激しく批判する。ジェンダーを性の階層ではなく、差異と解釈し、単純に性差といってしまえば、「ジェンダーが力によって押しつけられていることを不明瞭にし、正当化することになる」からである。「女性にとって差異を肯定することは、差異が支配を意味するときには、力のない者の特質と特性を肯定することになる」という。特に女性史の場面においては、「女性の歴史は女性に何が許され、何が許されていないかを示すものである」。女性に許されてきたことを「女性の属性」や「差異」と呼ぶのは「女性の可能性に対する侮辱である」と、徹底的に社会構築的視点に立つことを主張する(28)。この鋭さが、歴史変数としてのジェンダーの解明を導く。

第二に、セックス、ジェンダー、セクシュアリティの関係性を、例えば非構築物として構築されたジェンダーであるセックス、そのセックスに基づき本能として構築されたジェンダーであるセクシュアリティという視点に立って捉えることができる。身体や性的欲望への歴史的認識が広大なテーマとして登場し始めているが、性をめぐる現象のすべてを、ジェンダーとして分析してみることが重要なのである。

第三に、「男」「女」として具現化している、両者の関係性、意味付与、機能について探り出し、構造的把握を可能にすることを意識的に行えるようになる。また、ジェンダーが社会的にどう位置づけられているか、階級、人種・民族等の他の概念との構造的連関や重層的作用形態を把握しやすくなる。例えば、近代国民国家における参政権は、それを行使できる国民を「階級」により制限し、黒人や白人、先住民などの「人種」によって排除または制限し、「ジェンダー」の原理によって女を排除した。そこには、「女は政治にかかわるものではない」とする規範があり、一方で、夫や息子が戦役で死亡した場合、国家への忠誠心を讃え、夫人ないし母親に選挙権を与えるという国家もあった(29)。

第四に歴史的知識の構成や認知に、ジェンダーがどのように意味づけられているかをみることにより、歴史学の前提や方法に対し批判的再検討を余儀なくさせるインパクト力をもちうることなどの点である。例えば「普通参政権」「普通教育」といった場合の「普通」の内実は、男子のみを想定しており、女子は「普通」からはずれ、「婦選」や「女子教育」と区別化され有徴化されたのはなぜか。「女性」についての研究を、従来の学問研究のパラダイムを転換させる契機とするために、ジェンダー概念は不可欠なのである。

最後に、ジェンダーの視点は、かつて階級という視点が世に表れた時のような、「知」が「力」になる認識を、人々に与えるものであることを提示しておこう。

●註

1　ジョーン・W・スコット、荻野美穂訳『ジェンダーと歴史学』(*Gender and the Politics of History*, Columbia University Press, 1988.) 平凡社、一九九二年、五三〜八六頁。
2　田端泰子他編『ジェンダーと女性』早稲田大学出版部、一九九七年、三頁。
3　脇田晴子、S・B・ハンレー編『ジェンダーの日本史』上・下、東京大学出版会、一九九四・一九九五年、序言。
4　大口勇次郎『女性のいる近世』勁草書房、一九九五年、同「女性史ノート――上野千鶴子・佐々木潤之介両氏の近業に寄せて」『女性史学』七号、女性史総合研究会、一九九七年七月、六三〜七〇頁。
5　上野千鶴子「歴史学とフェミニズム――『女性史』を超えて」『岩波講座日本通史　別巻一』岩波書店、一九九五年、一四九〜一八四頁。
6　『言語学大辞典』六巻、三省堂、一九九六年、七八八〜七八九頁。
7　伊東秀章「セックスかジェンダーか?――概念、定義、用語使用をめぐる考察」『心理学評論』三八巻三号、心理学評論刊行会、一九九六年四月、四四一〜四六一頁。
8　ロバート・J・ストラー、桑畑勇吉訳『性と性別――男らしさと女らしさの発達について』(*Sex and Gender*. 1968.) 岩崎学術出版社、一九七三年。
9　舘かおる「女性学とジェンダー」『お茶の水女子大学女性文化研究センター年報』九・一〇合併号、お茶の水女子大学女性文化研究センター、一九九六年、八七〜一〇六頁参照。【本書5章】
10　ロクサーヌ・ダンバー「社会革命の基礎としての女性解放」S・ファイアーストーン&アン・コート編、ウルフの会訳『女から女たちへ――アメリカ女性解放運動レポート』合同出版、一九七一年、一九三〜二一一頁。
11　ティグレース・アトキンソン「ラディカル・フェミニズム」前掲、S・ファイアーストーン&アン・コート編『女から女たちへ』一五一〜一六一頁。
12　Christine Delphy, *Close to Home : A Materialist Analysis of Women's Oppression*, Hutchinson, 1984.
13　Ti-Grace Atokinson, *Amazon Odyssey*, Links Books, 1974.
14　ケイト・ミレット、藤枝澪子訳『性の政治学』(*Sexual Politics*, 1970) 自由国民社、一九七三年。

15 Gayle Rubin, 'The Traffic in Women,' in Rayna R. Reiter (ed.), *Toward an Anthropology of Women*, Monthly Review Press, 1975.

16 ロバート・W、コンネル、森重雄他訳『ジェンダーと権力――セクシュアリティの社会学』（*Gender and Power : Society, the Person and Sexual Politics*, Stanford University Press, 1987.）三交社、一九九三年。

17 Ann Oakley, *Sex, Gender and Society*, Haper Colophon Books, 1972.

18 前掲、ジョーン・W・スコット、荻野美穂訳『ジェンダーと歴史学』五三～八六頁。

19 クリスティーヌ・デルフィー「ジェンダーについて考える」棚沢直子編『女たちのフランス思想』勁草書房、一九九八年、三六～六三頁。

20 リンダ・ニコルソン、荻野美穂訳「〈ジェンダー〉を解読する」『思想』八五三号、岩波書店、一九九五年七月号、一〇三～一三四頁。

21 ジュディス・バトラー、荻野美穂訳「セックス／ジェンダー／欲望の主体」上・下、『思想』八四六・八四七号、岩波書店、一九九四年一二月・一九九五年一月号、一一三～一三三頁・一一一～一四三頁。

22 ミシェル・フーコー、渡辺守章他訳『性の歴史』全三巻（*Histoire de la sexualité* 1976–1984.）新潮社、一九八六～一九八七年。

23 バーン&ボニー・ブロー、香川檀他訳『売春の社会史――古代オリエントから現代まで』（*Women And Prostitution : A Social History*, *Prometheus Books*, 1987.）筑摩書房、一九九一年。

24 シンシア・E・ラセット、上野直子訳『女性を捏造した男たち――ヴィクトリア時代の性差の科学』（*Sexual Science : The Victorian Construction of Womanhood*, Harvard University Press, 1989.）工作舎、一九九四年／トマス・ラカー、高井宏子他訳『セックスの発明――性差の観念史と解剖学のアポリア』（*Making Sex : Body and Gender from the Greeks to Freud*, Harvard University Press, 1990.）工作舎、一九九八年。

25 安川悦子「フェミニズムと歴史学」『歴史評論』五六四号、校倉書房、一九九七年四月号、一七二～一八六頁。

26 ジュディス・バトラー、竹村和子訳「触発する言葉――パフォーマティヴィティの政治性」『思想』八九二号、一九九八年一〇月号、七～四六頁。

27 前掲、上野千鶴子「歴史学とフェミニズム――『女性史』を超えて」一四九～一八四頁。

28　キャサリン・A・マッキノン、奥田暁子他訳『フェミニズムと表現の自由』（*Feminism Unmodified : Discourses on Life and Law*, Harvard University Press, 1987.）明石書店、一九九三年。

29　舘かおる「女性の参政権とジェンダー」原ひろ子・大沢真理他編『ジェンダー』新世社、一九九四年、一二二～一四〇頁。

◆9 歴史分析概念としての「ジェンダー」

1　ジェンダー概念の有効性の探求

ジョーン・W・スコットが「ジェンダー」を「肉体的差異に意味を付与する知」と捉え、「性別」の社会構築性を示し、歴史学研究、社会科学研究に不可欠な「分析概念」として提起したのは、一九八五年のアメリカ歴史学協会においてであった(1)。スコットは、歴史学が、過去を記述する行為において、いかに男と女の不平等な関係性の維持と再生産に加担してきたか、その歴史叙述の政治性の告発を意図した。スコットの『ジェンダーと歴史学』（邦題）の原題は、まさに *Gender and the Politics of History*（1988）であった。

しかし、こうした歴史学の状況を是正すべく、一九六〇年代後半からの第二期フェミニズムに呼応して興隆した「女性史研究」も、「女性」の本質主義的な理解と見紛う解釈や叙述に傾くことについては、さほど自覚的ではなかったと思われる。それは、階級や人種・民族ではなく、「女」というカテゴリーに属するものに対する支配システムを顕在化することが必要であったからである。しかし、その中で女性史研究は、歴史学、歴史叙述の課題として、「女を歴史的焦点の周縁から中心へと移動させ、その過程ですべての歴史の書き方を変容させるという目標を実現するための、最良の方法」(2)として「ジェンダー」という新たな概念の導入を意図したのである。

従来の女性史の叙述を変え、ミシェル・フーコーが『性の歴史』で示したように、「自然な」性差についての「知」が歴史的にどのように確立されたのかという問いを明らかにし、男女の不平等の形態を「普遍的な差別」として扱うのではなく、「男と女の関係」も「男や女のカテゴリーに属するもの」として「歴史化」するために、「ジェンダー」は、何よりも有用な方法論的ツールであると確信させるものであった。スコットは、「どのようにして、またいかなる条件下で、それぞれの性に対して異なる役割や機能が割り当てられていたのか、性的振る舞いを規制する規範がどのように創出され強制されたのか、権力と権力をめぐる争いがどのようにして生活や実践に影響をおよぼしてきたか、性的アイデンティティはどのように社会的規定の枠内で、およびそれに逆らって作り上げられたか」、このように問いかけつつ、性支配システムの「起源ではなく過程」について、「単一ではなく多数」の原因について、「イデオロギーや意識ではなくレトリックや言説」について、研究する必要性を提起した(3)。

しかし、スコットは、一九九九年に刊行した増補新版『ジェンダーと歴史学』の序文において、一九九五年に北京で開催された、国連の世界女性会議での『行動綱領』に二〇〇カ所ほど登場する「ジェンダー」という語は、大半は「女性」という言葉を言い換えたものや、単に「両性間の差異」として提示されるものとなり、「ジェンダー概念」の革新性は、次第に失われてしまったと嘆いている。

それでも、同時にスコットは、「ジェンダーと政治について再考する」(増補新版第一〇章)において、分析概念としての「ジェンダー」の力を再生させるべく、さらなる課題をあげている。第一に、性別の社会構築性を明らかにするために一旦は分けて考察した、セックスとジェンダーの区別について問い直すこと、第二に、階級や人種や民族等々の他のカテゴリーとジェンダーの関連づけがどのように行われてきたかという問いを発し続けることである。さらに、セクシュアリティに関して、精神分析への接近を行い、「男」と「女」という概念は、人間の性的な行動を規制し特定の方向に向けさせるべく設定された理念型であるとして、その特定の方向に向かわせるファンタジーを行為主体との関係で考察しようと挑戦を試みる。

二〇〇一年の同時多発テロの翌年の第二二回バークシャー女性史会議開会式基調講演では、世界を善対悪、われわれとやつらというように二項対立的に図式化し、「虚構の一体化」の産出がもくろまれていることに対し、鋭く警告した。人種や民族のカテゴリーに依拠した虚構の一体化は、外部に他者を構築すると同時に、カテゴリー内部の差異や多様性を隠蔽して抑圧することに注意を喚起する。その意味で、「女」というカテゴリーにおいても、女の本質的共通性や単一のフェミニズムの想定は不可能であることを指摘し、むしろ現実の女性達の状況や思想が、如何に多様な差異のもとでこそ生成され、豊かに展開されてきたか、その差異の有り様を明らかにしていくことの意義を呼びかける(4)。

スコットは、これらの対照的な諸カテゴリーによって作り出される「差異」に注目する。カテゴリー内部では、首尾一貫したアイデンティティが存在すると想定され、その意味において「女」というカテゴリーは、「団結」に役立ってきた。だが、「女」というカテゴリーの内部にある、人種や階級やエスニシティ、宗教、セクシュアリティ、国籍などの差異については、「女の一体化」を強調するあまり、二次的な扱いをしてきた感があった。ようやく多数の差異軸を考慮し、様々な存在の間の関係性を固定されたものとは捉えず、権力ダイナミクスがもたらした可変的なものとして扱うことができるようになってきたのである。こうして、スコットは、まさに再度、歴史分析概念としての「ジェンダー」をより明確に力強く形作っていく。

2　「性別の社会構築性」と「人権」「女権」――性別カテゴリーと差異

実は、「ジェンダー」の根幹となる性別の社会構築性の概念は、一九六〇年代頃にロバート・ストラーやジョン・マネーらの精神分析や性科学研究により、生物学的な性が人間の性アイデンティティを決定しない場合があることが解明され、生物学的な性をセックス、社会的性別をジェンダーと名付けた系譜と、第二期フェミニズム思想の中で、性支配の解明の過程で産み出された系譜とがある(5)。例えば、第二期のフェミニスト、ティグレース・アトキンソンは「性的区別には、社会学的側面と生物学的側面がある」と述べ、「なぜ生物学的分類が政治的分類になったのか」「なぜ綿密な威圧的上部構造が築きあげられたのか」という、思想の種ともいうべき指摘をしている(6)。アトキンソンは、人間の「男」と「女」に対しその資質や能力を二項対立的に意味付与し、「生物学的分類」に依拠して「社会的分類」を正当化させたものだと指摘する。そして「性の政治性」を認識するに至る。

ところで、このような性別の社会構築性については、一九二〇年代の後半に日本でも表明されていた。法学博士で経済学、社会政策学者としての活動を行っていた河田嗣郎は、性の区別は、「天然的な区別」であり、男子は、その「天然的な区別」をさらに「社会的区別」たらしめ、また生活上の区別たらしめたという。「本来ならば天然の区別がそのまま社会的区別にはなり得ない」。「男子それ自らの間にも、その肉体上には色々と差別や優劣があるに拘らず、社会生存上においては男子一般に対して平等待遇が与えられ、生存上の機会均等」が認められている。「男子は女子を性的区別という強い紐を以って身動きのならぬように縛り上ぐることに成功したのである」と舌鋒鋭く述べている(7)。

「天然の区別」「社会的区別」という一九二四年の河田の表現と、一九六八年のアトキンソンの「生物学的分類」と「社会的分類、政治的分類」という捉え方は、まさに性別の社会構築性への気付きという点で酷似している。社会主義の文献に親しんでいた河田は、「階級」の社会構築性を明確に把握していたからこそ、「天然の区別」を根拠に、「社会的区別」が構築され、男女の不平等を当然視する意識が生まれることに疑義を呈することができたと思われる。河田は、女性参政権の提唱、良妻賢母主義教育批判、同一労働同一賃金等の女子労働者の待遇改善など、社会問題としての婦人問題に注目し続けた(8)。

だが、次に紹介する平塚らいてうとの論争においては、カテゴリーと権利主体の問題に関わり、今日まで続くアプローチの違いによる論点の対立を示す。

男女の賃金格差をもたらす労働問題に注視し続けた河田は、前掲の『家族制度と婦人問題』で次のような議論を展開する。「労賃は、個々人の仕事の能率によって扱われるべき」であり、「決して男子と女子が種別されて取り扱わるべき筈のものではない」。「女子をもって一列に男子よりも劣等の者として、その社会生存上の待遇を異にする所の、何ら正当なる理由はない」。しかしながら、男女の人格的平等思想から、女性にも人権を主張する権利があるという平等観に立っていた河田は、「女性の特性を主張した権利要求」は納得がいかず、『青鞜』の活動から新婦人協会を結成して女性参政権運動を展開し始めた、平塚らいてう達の女性運動の思想と運動方針を批判する。河田は、平塚らの女性の特性の主張による権利要求は、「男子の為すべき所と女子の為すべき所とを社会的に区分」し、「女子に対してはその女性たる性質をどこまでも忘れないようにして、それに特殊待遇を与えんとするもの」であるとする。「女子のためによかれと、あくまで性的区別に拘泥」することが、差別を温存することになることを理解していないと諌め、「女人の性礼拝」を批判し、「女性の殿堂より降りよ」と呼びかける。そして、「人間の権利」という普遍的概念として自分達の権利要求を行わず、「女性の権利」として主張をすることは、女権を相対的な権利として意味づけることになると警告し、女権は、人権の絶対性に繋がれてこそ、その意義を完成させうると主張する(9)。

それに対し、平塚らいてうは、「むしろ女人の性を礼拝せよ」と反論する。そして「私たちは「女性」から解放されるのではなく真の「女性」として解放されねばならない」、「人間としての男女共通の権利(又は義務)と共に女性としての異なる権利(又は義務)のあることを認め、且つ主張せずにはいられません」と述べる(10)。

河田が性の区別を「天然の区別」と「社会的区別」として、「性別の社会構築性」を問題化し、男女の同一労働同一賃金を徹底して主張した卓見は評価できる。だが、河田の提唱は、男女の優劣観に基づく男女の区別を徹底批判し、人権の立場から、主には労働や教育等の公的領域の男女の均等待遇をもたらす、男女平等論の徹底であった。一方、平塚らの新婦人協会の運動は、治安警察法第五条の撤廃、花柳病(性病)男子の結婚制限や育児期の女性への社会保障、母性保護などの要求を掲げ、性病罹患、妊娠、中絶、避妊、出産等の「生殖と性の尊厳」に関わる問題の可視化、「家事労働・育児労働の無償性」の問題化を通して、「女性の権利」を主張した。この時、平塚は、男性を基準にした労働や人権の概念を、「女性の内在的価値という思念の力」で変えることを、「権利主体として願望」していたのである。

スコットは、「権利の主体」として女性を組織化された社会において捉えることを重視し、W・ブラウンやP・J・ウィリアムズの権利論を引用しながら次のように述べている。

「権利をある階級や個人に帰属させることで、法律が権利を創り出す。また法による主体とその権利の認知は、国家による管理を認めることでもある。従って権利とは無条件の善ではない」。

一方、歴史的に力を奪われてきた者達にとって、権利の付与は、「人を自己と他者との関係性の領域に位置づけ、その人の地位を肉体としての人間から社会的存在に昇格させるような敬意を意味している」ものでもある。「権利が表現しているのは、決して完全に満たされることのありえない欲望」であるが、それらの表現には、平等の基盤となるべき主張がともなっている。「共通基盤となっているのは、所有ではなく願望」である。そしてまた、「人間がそれ自体で権利をもっているということではなく、誰もが権利なしのままではいないということ」、即ち誰も「自律や行為主体性、変化を望んだり夢見たりする能力をもたないままではいない」ということなのである(11)。

第一期フェミニズムにあたる一九二四年にたたかわされた先の河田と平塚の「女権」「人権」論争は、第二期フェミニズムを経て、家事・育児労働の無償性を「アンペイドワーク」として概念化することになる。出産、育児は女性が担う仕事という前提で要求された母性保護や社会保障は、男女両性が共同して担う家族的責任としてILO一五六号条約で意味づけられ、男女両性の出産休暇・育児休暇の取得を認めるという捉え方に転換し、経済学における労働概念や社会政策学上の保障措置の改定に繋がっていった。また、平塚らいてうの「女権」論は、約七〇年後の一九九三年のウィーンでの世界人権会議で「女性の権利は人権である」(Women's Rights are Human Rights)というスローガンとなって、「ジェンダー」の視点からの展開をみた。例えば、シャルロット・バンチは、「女性に対する暴力をジェンダーメイド（gender-made）の人権侵害」と性格づける。つまり、「女性が女性であるがゆえにうける人権の侵害」として位置づけ、人権をフェミニズムの立場から再概念化し、構築することを主張した(12)。

ウィーン世界人権会議では、女性の人権に関わる内容として、世界各地で生じている女性への暴力、セクシュアル・ハラスメント、女性の搾取と人身取引、武力紛争下での殺人、組織的レイプ、性的奴隷、強制妊娠、ポルノグラフィ、性的指向（レズビアンなど）、割礼、不貞を理由とする死刑、夫からの暴力、リプロダクティブ・ライツなどを取り上げている。

辻村みよ子は、「女性の権利は人権である」という場合、そこでは女性の人権（Human Rights of Women, Women's Human Rights）が普遍的な人権（Human Rights）とは異なる「女性に「固有」の権利（Women's rights）」として構想・理論化されていることを示し、普遍主義の立場からの人権論のみではなく、差異主義に基づく権利論、人権論が含まれていることをしっかりと把握するべきであると主張している。日本国憲法の場合では、憲法第一四条の「男女平等論」、即ち差別撤廃という平等論の視座と共に、憲法第一三条の「個人の尊重・尊厳」、「自己決定権」を重視するという見解、マイノリティや「女性という属性に属する人々」の「集団的人権」などの権利論や人権論からの視座として捉えるという整理が必要だと指摘する(13)。

「女性の人権」論は、当初は、女性の権利が周縁化されていることに対する抗議概念の性格をおびていたが、次第に、労働概念や社会保障政策、性と生殖に関する権利、性暴力に関わる様々な形態の問題化を促した。戦時性暴力や紛争下のレイプなどは、「国際法を含む学問総体の視点の見直し」や「人権概念一般の変容／脱構築」を迫る問題であると認識されるようになった(14)。河田が一九二四年頃に抱いた疑義は、「女性の権利を付加することによってではなく、人権概念そのものを女性の経験によって押し広げていくこと」（傍点引用者）という形で捉え直すことができるようになった。

北京世界女性会議から約一〇年を経て、国連は二〇〇四年のＣＥＤＡＷ（女性差別撤廃委員会）一般的勧告第二五号において、「ジェンダー」を次のように定義した。

ジェンダーとは生物学的な性の違いに対して付与される社会的な意味と定義される。ジェンダーは、思想的、文化的な構築物であるが、同時に物質的な実行の領域においても再生産され、ひるがえってそのような実行の結果に影響を及ぼす。それは、家族内及び公的活動における資源、富、仕事、意思決定及び政治力、そして権利や資格の享受における分配に影響する。文化や時代による変化はあるものの、世界中で、ジェンダー間の関係の顕著な特徴として、男性と女性の間の力の不均衡が含まれている。そのため、ジェンダーは、社会階層を作り出すものであり、この意味において、人種、社会階層、民族、セクシュアリティ、年齢などの他の階層基準に類似している。ジェンダー・アイデンティティの社会構築及び両性の間の関係に存在する不平等な権力構造を理解するのに役立つ(15)。

このように国連の勧告に記されるまでに、政策における「ジェンダー」の意味づけは、具体性をもって世界的規模で生成展開してきた。しかしながら、宗教的、文化的背景をもつ国内の政治的状況から、中絶や家族のあり方、性的指向をめぐっては、政策化に困難な国や地域もある。それゆえにこそ、歴史分析概念としての「ジェンダー」をさらに意識化することが、目前の課題としてあるといえるのである。

3 「ジェンダー」概念を鍛える——「性別」二分法の彼方へ

冒頭で述べたように、スコットは、歴史学の政治性の問題化を出発点にしていた。そこでの「政治」とは、「権力と知の働きがアイデンティティと経験とを構築していく過程」であるという。スコットは、「権利の主体」を組織化された社会において捉えることを重視した。スコットの権利分析の視座は、私達に、現在の権利についての論争に対して、歴史的問いかけを行うことの重要性を投げかける。スコットが指摘するように、近代社会になり、「人間は形式的に平等であるという理念」が「知覚」されたときに、初めて「性別カテゴリーによる差異の構築性」がみえるようになったのだ。男と女が平等ならば、なぜ男と女に不平等な差異があるのか、と。この文脈で捉え直してみると、性別の構築性の気付きが権利という概念を呼び込み、「女」として閉じ込められた性別カテゴリーに属するものが、従来の「普遍」を変えるために、カテゴリーに依拠した差異化を必要とする経緯がみえてくる。それは、「ジェンダー」という概念が、数々の国の人々の歴史的状況を叙述する際に、性別カテゴリーに関する意味が作られ、また、人々が意味を作っていく過程を分析するための方法を提供する可能性を示すものである。

最後に、本章の冒頭に紹介した一九九五年の北京世界女性会議についてのスコットの指摘に立ち戻って、これからの「ジェンダー概念を鍛える」視点を導き出してみよう。それは、女、男という、性の二分法と性的指向に関わるジェンダー・アイデンティティの問題である。

スコットは同会議において、従来の性別秩序を遵守する人々は、「男性(men)、女性(women)、同性愛者(homo-sexuals)、両性愛者(bisexuals)、性転換者(transsexuals)」という五つのジェンダーがあると考える人々を攻撃し、そうしたジェンダー概念の危険性を喧伝したと述べている。

ここで言及された、「五つのジェンダー」に関わり、スコットは、文法上の「ジェンダー」に言及し、ジェンダー概念のまだ検討されていない可能性を示唆する。インド=ヨーロッパ系言語の性称には、男性と女性以外に、「無性もしくは中性の第三のカテゴリーが存在」することから、男/女の二分法以外の性のカテゴライズの形態にイマジネーションを喚起させているのだ(16)。

前記した五つのジェンダーは、性別の形態やアイデンティティと性的指向の形態が、いささか未整理にあげられているが、文法上の性称（gender）には、実は、男性（the masculine gender）、女性（the feminine gender）、中性（the neuter gender）、通性（the common gender）の四つの性のカテゴリーの形態があると『新英和辞典』（研究社）などの一般的な辞書にも記されている。通性とは、男女両性に通じる性称を示すもので、英語では、parent（両親・親）やchild（子ども）などを示す。中性（the neuter gender）は、中性名詞（a neuter noun）のように、男／女の中間にあるというニュアンスと、どちらの性にも属さないことを意味する、例えば中性化した女性（a sexless woman）、生物学上では無性生物・去勢動物や去勢した猫（a neutered cat）などの表現に使われるようだ。また両性具有という性の有り様も存在する。Unisex は、男女両用、男女兼用を意味する。例えば、Unisex toilet は、男女両用、男女兼用トイレを意味するが、最近では、トランス・ジェンダー、トランス・セクシュアルの人々のために、gender neutral toilet という表現も生まれている。文法上のジェンダーについては、別途言語学からの研究があるが、世界中の言語における性称を明らかにする研究も進んでいるようだ(17)。

また英語の gender の意味を、それぞれの国の言語へ翻訳することは容易ではなく、日本ではカタカナ表記であるが、中国、台湾では、「性別」と訳されており、中国では、初期には「社会的性別」と表記していた。ジェンダー・アイデンティティのカテゴリーとして、人間は、女と男の二つの性しかない。否、そう思うべきだとされてきた。しかし、それはトマス・ラカーが明らかにしたように、特に一八世紀以降のヨーロッパにおいてであり、それまでに男、女以外の性の有り様や可変性を認める社会認識が存在していないことはなかった。多くの歴史研究がそれを特別に取り上げて論じることが少なかっただけである(18)。

先にあげた性的指向（sexual orientation）も、特にキリスト教世界が異性愛を前提として、同性愛をタブー視してきた歴史的状況の中から、transgender、transsexual などの性アイデンティティが可視化されるようになった。もともと正常／異常、起源／派生物、中心／周縁、あるいは、男／女、異性愛／同性愛、セックス／ジェンダーといった二項対立の問い直しをその重要な推進力としてきたクイア・スタディーズの展開により、さらにジェンダー・アイデンティティの立ち位置が明確になってきた。現在では、レズビアン（L）、ゲイ（G）、バイセクシュアル（BS）、トランスジェンダー（TG）、トランスセクシュアル（TS）をLGBT、クィア（Q）を含めてLGBTQという構成用語として表記することも生じてきている(19)。もはや女達や男達に何が起こり、彼らがそれにどのように反応したかということだけではなく、アイデンティティのカテゴリーとしての女や男についての主観的及び集団的意味がどのように構築されてきたかを捉えることが必要になっているのだ。

この性アイデンティティの行為主体を、本章で取り上げた人権と女権という権利主体との関係の論争に繋いでいえば、当事者性に依拠した人権、「当事者主権」という権利概念が生み出されたことの意義や「歴史叙述の際の当事者性」についてもここで言及しておく必要があるだろう(20)。

いうまでもなく、権利の主体をどのように想定するかは、これまでの学問研究の大きな論題であった。例えば、成田龍一は、農民や女工が「当事者」として書くことの意味を歴史叙述の観点から分析している。ジェンダーの視点からみても「当事者性」という捉え方は、「女」、「男」のカテゴリーに閉じ込め、異性愛を在るべき性的指向とされてきた、これまでの性アイデンティティの固定性を捉え直す契機となるものである。「当事者としての「女」」と見做すという表明は、既存の「女」というカテゴリーを差異化していく「政治的実践」となる。自分の当事者性を「女」とアイデンティファイしたいものは、TGやTSも含めて、そのカテゴリーの可変性を認識した上で、より明示的に、括弧書きで「〈女〉当事者」と名乗り、あるいは「〈男〉当事者」として表記することもありうる(21)。さらには、括弧つきでも「男」「女」のカテゴリーとしての表明をしたくない場合は、すでに台湾の何春蕤らが試みているように、「性／別」と性の二分法を攪乱する表現にすればよい(22)。しかし、このような様々な「政治的実践」は、すでに歴史の中に潜んでいるに違いない。歴史は、それを当事者として叙述する人々の存在が可視化されれば、書き換えられるものである。

再びスコットにもどろう。スコットのいう「差異」は、「性差」を意味しない。「差異」は、性別カテゴリー内で、同じ女でも男でも一元化されるものではなく、それぞれに多様であることにこそ注意を払うことを意図しているのである。スコットにとり、「差異」とは人間存在の事実であり、権力の手段、分析の道具なのである。他者抜きには自己もなければ集団的アイデンティティもありえない。排除ぬきには包含、包摂はありえず、途絶された特殊がなければ普遍はなく、ある利害関係をもった見方を特権化しないような中立性もなく、そして、これらの諸関係が分節化される時には、常に権力が問題になってくる。「あらゆるカテゴリーが何か産出的な働きをしている」からだ。カテゴリー間、カテゴリー内部に起る「差異」とは明らかな対照ではなく、非妥協的で境界を逸脱し、逆説的であり、転覆的であり、攪乱の影響を残していくものなのである。本章で紹介した河田・平塚の論争のように、性別カテゴリーの問い直しには、平等化と差異化という方法がありえるのだ。

スコットは、ジェンダー分析の歴史研究にとって、魅力的なパースペクティヴを次のように述べている。

> 過去を批判的に分析すると同時に、作業の継続を提示する。歴史家は、世界を解釈し、叙述しながら、それを変えようと努力することが出来るのである(23)。

性の二分法そのものを再考し、性の多様な有り様を見出す力を与えるように、常に過去を歴史化し、新たに生じる事象が分析できるように、歴史分析概念としての「ジェンダー」の有効性を鍛えていくことは、これからもさらに重要な探求課題であり続けると思われる。

●註

1　Joan W. Scott, 'Gender : A Useful Category of Historical Analysis,' in *The American Historical Review*, Vol. 91. No. 5.

Dec. 1986, pp.1053–1075.

2 ジョーン・W・スコット、荻野美穂訳『ジェンダーと歴史学 増補新版』平凡社、二〇〇四年、一四～一五頁。

3 前掲、ジョーン・W・スコット、荻野美穂訳『ジェンダーと歴史学 増補新版』二九頁。

4 ジョーン・W・スコット、荻野美穂訳「反響するフェミニズム――危機の時代におけるフェミニスト・ポリティクス」『思想』第九四二号、岩波書店、二〇〇三年、二二～四九頁。

5 舘かおる「歴史認識とジェンダー――女性史・女性学からの提起」『歴史評論』第五八八号、校倉書房、一九九九年四月号、四四～五二頁。【本書8章】

6 ティグレース・アトキンソン「ラディカル・フェミニズム」S・ファイアーストーン&アン・コート編、ウルフの会訳『女から女たちへ――アメリカ女性解放運動レポート』合同出版、一九七一年、一五八頁。

7 河田嗣郎『家族制度と婦人問題』改造社、一九二四年、三〇一頁。

8 河田嗣郎については、亀口まか「河田嗣郎の「男女平等」思想とジェンダー」『ジェンダー研究』第六号、お茶の水女子大学ジェンダー研究センター、二〇〇三年、一〇九～一二二頁、参照。

9 前掲、河田嗣郎『家族制度と婦人問題』三〇〇～三四八頁。なお旧漢字、旧仮名づかいは現代表記に改めた。

10 平塚らいてう『母性の主張について 平塚らいてう著作集 第二巻』大月書店、一九八三年、一一四頁、『むしろ性を礼拝せよ 平塚らいてう著作集 第四巻』大月書店、一九八三年、四三頁。

11 前掲、ジョーン・W・スコット、荻野美穂訳『ジェンダーと歴史学 増補新版』四三五、四三八、四四〇頁。

12 Charlotte Bunch, 'Transforming Human Rights from a Feminist Perspective', in Julie Peters and Andrea Wolper (eds.), *Women's Rights, Human Rights : International Feminist Perspectives*, Routledge, 1995, pp.12–15.

13 辻村みよ子『憲法とジェンダー――男女共同参画と多文化共生への展望』有斐閣、二〇〇九年、一～七八頁、『ジェンダーと人権――歴史と理論から学ぶ』日本評論社、二〇〇八年、参照。

14 阿部浩己「女性差別撤廃条約とフェミニスト・アプローチ」ジェンダー法学会編『今、なぜジェンダー法学か』ジェンダーと法、第一号、日本加除出版、二〇〇四年、七八～七九頁。

15 CEDAW, General Recommendation, No.25, 30th Session, 2004, Article 4, Paragraph 1, Temporary Special Measures.（近江美保訳「女性差別撤廃条約第四条一項「暫定的特別措置」についての一般的勧告第二五号」国際女性の地位協会編『国際

女性』第一八号、二〇〇四年、九二頁）
16　前掲、ジョーン・W・スコット、荻野美穂訳『ジェンダーと歴史学　増補新版』七三〜七四頁。
17　ムハンマド・H・イブラヒム、小林栄智監修、宍戸通庸・高木統禧訳『文法上のジェンダー――起源と発達』青山社、一九九八年など。
18　トマス・ラカー、高井宏子・細谷等訳『セックスの発明――性差の観念史と解剖学のアポリア』工作舎、一九九八年。
19　河口和也『思考のフロンティア　クイア・スタディーズ』岩波書店、二〇〇三年。
20　中西正司・上野千鶴子『当事者主権』岩波新書、二〇〇三年／成田龍一「当事者性と歴史叙述」『歴史を問う4　歴史はいかに書かれるか』岩波書店、二〇〇四年、一二三〜一六三頁。
21　PPP（project of the personal is political）編集・刊行の雑誌『Margc』創刊号（二〇〇八年一二月）では、PPPのメンバーが「「当事者」として生きるおんな」と表現した。筆者は、可変性・多様性を有した「「女」当事者」という表現を試みてみた。
22　台灣國立中央大學では、ジェンダー・セクシュアリティ研究を「性／別研究」と表示している。さらに同大学の「性／別」研究中心はCentre for the SEXUALITIESと英語表記している。何春蕤、舘かおる・平野恵子編、大橋史恵・張瑋容訳『「性／別」攪乱――台湾における性政治』御茶の水書房、二〇一三年。
23　前掲、ジョーン・W・スコット、荻野美穂訳『ジェンダーと歴史学　増補新版』三二一頁。

◆10 「グローバル・サイエンス」としての「ジェンダー・スタディーズ」

「ジェンダー・スタディーズ」という学問は、グローバル化社会が生み出した学問研究の一つの成立形態であり、それは、端的にいえば、従来の学問研究のディシプリンがグローバル化により、解体し始めたことを意味する。本章を「グローバル・サイエンス」としての「ジェンダー・スタディーズ」と主題設定した理由は、人文／社会／自然／応用科学のすべての領域に関わるトランス・ディシプリナリーな学問の形態を「グローバル・サイエンス」と名付け、「ジェンダー・スタディーズ」を、その意味における学問研究として志向することを意図するからである。「ジェンダー・スタディーズ」は、「領域」的学問であると同時に、各学問分野を「エンジェンダリング」する、多様なディシプリンを用いる「グローバルなサイエンス」として展開しうる可能性を有している。

日本ではいまだ「ジェンダー・スタディーズ」は人文・社会科学が中心で、自然科学、工学等の領域での研究はほとんど取り組まれていない。「女性学」「ジェンダー・スタディーズ」の学問世界への様々な提起を生かすべく、本章では「グローバル・サイエンス」としての「ジェンダー・スタディーズ」の構築を論じる。

1　主題設定の視座――「グローバル」と「グローバル化」

「グローバル」（Global）と「グローバル化」（Globalization）では、その意味内容が甚だしく異なる。少なくとも、フェミニズム思想・運動の文脈でそれを捉えてきた筆者は、この二つの語彙、概念の間での隔たりを明確に認識しておく必要があると考える。「グローバル化／グローバリゼーション」は、一般的には世界化、地球化を意味するが、その含意は伊豫谷によれば次のように示されている。

「政治や経済あるいは文化的な諸活動が国境を越えて展開し、ナショナルな領域により画されてきた制度や機構、慣習や規範、生活スタイルや娯楽などの諸様式を変化させ、近代において作り出された領域性を変型・解体してきている状況を捉える語として用いられる。従ってグローバリゼーションは、たんに越境的な活動だけを指すのではない。むしろそうした活動が、近代国民国家の制度や機構からその中で生活する人々の慣習・規範や文化と呼ばれるものまでを変型させてきた状況を意味する」（伊豫谷、二〇〇一、一八）。

さらに、「近代における統合化と差異化のたえざる過程」であり、「地球規模のシステムとナショナルな領域性との両義的な近代世界の編成の特質を表現」するものと了解されている。また、「グローバル化とは、一九七〇年代ころから顕著となった、人、モノ、資本、情報などの超国境的相互作用の加速化と拡大、また、それに伴う経済、政治、文化、帰属意識の各領域を貫く構造的変化の総体である」（伊藤、二〇〇一、三九）という現代世界を切り取るキーワードとしても用いられている。その意味で捉えるならば、「グローバル化」は、近代の領域性の解体を問い直し、現代社会における新しい世界の有り様を論じることを課題としているといえるであろう。

なお、伊豫谷は、フェミニズム運動が国連機関による政策の推進と連動し、グローバル・レジームとして展開してきていることに対しては一定の評価を行いながらも、フェミニズム運動がグローバリゼーションの浸透を促してきていることを指摘し、グローバリゼーションとフェミニズムの共犯関係に留意すべきことを指摘し、ジェンダー研究ないしフェミニズム研究が、近代の領域性の解体・変型を問題にせず、近代そのものを問わなかったと記している（伊豫谷、二〇〇一、二二）。しかしながら筆者は、フェミニズムやジェンダー・スタディーズこそ、近代の問い直しを率先して行ったと認識している。まず、フェミニズム思想・運動においてはこの点をどのように認識しているかを確認してみよう。

一九七〇年代以降のフェミニズム思想・運動においては、「グローバル」と「グローバル化」は同一の頻度で登場する。「地球規模の」、「包括的な」という意味の「グローバル」という言葉は、しばしば「女性たちの抵抗運動をつなぐことに関連して使用されていた」（アンダーマル他、二〇〇〇、一四一）。このような認識の淵源である一九七〇年代のフェミニズム思想は、新たな視点から「女性という存在の究明」を命題とした。そこには、階級、人種・民族などの違いを超えて「女達が連帯する」ことをめざす志向性と理論化への願望が存在していたといえるであろう。しかしながらこのようなフェミニズム思想における「グローバル」の認識は、女性達を、「通文化的に単一で同質の集団と想定している」というチャンドラ・モハンティ（Chandra Talpade Mohanty）の批判を受けることになる（アンダーマル他、一四二）。近年では、タニ・バーロウ（Tani E. Barlow）が、人種や民族、地域の差異に留意しない「国際フェミニズム」は、「女性の普遍的な苦しみに語りかけること」により、「疑問の余地なく、普遍性と特殊性に独占的に関わる」ことを自明視していると批判し、国際フェミニズムを政治的に脱構築していくことの意義を主張している（バーロウ、二〇〇一、一二四〜一二九）。

だがそれは、「グローバル」な女の連帯を意図し、それを実践化しかつ理論化していくことを、否定するものではない。女達、男達という実態的な認識から、より鮮明にジェンダー・センシティヴな認識にシフトした「グローバル」な連帯は、世界資本主義がもたらす「グローバル化」の様々な局面に対峙する際の、重要なベクトルとなると認識されているからである。例えばそれは、「経済のグローバル化」と「連帯のグローバル化」として捉え直そうとする試みとして表現されている（松井、一九九八、一）。

また、一九七五年から国連による世界女性会議の開催、行動綱領の作成、ＮＧＯ会議の開催、女性差別撤廃条約の策定などは、経済のグローバル化に抗するフェミニズムのグローバル化によるネットワークと国際規範を培ったと認識されてもいる。このようにグローバル化の弊害に抗するものとしてのグローバルな連帯、国際規範と政策形成の可能性は、一つには「人権」概念の普遍化に拠っていることに注目しなければならない。

ゲイ運動を進める風間孝は、「グローバル化」を「人権概念の地球規模での普遍化」という意味で用いて、ナショナルにも、ローカルにも阻まれている同性愛者の人権に対して突破口となる視点の重要性を論じている（風間、二〇〇〇）。もともと、フェミニズム思想・運動やゲイ運動は、ナショナルなまたはローカルな場面で「抑圧的」で「差別的」に作用しているジェンダー規範からの解放や変革をめざしていた。従って、ナショナル／ローカルの双方によって阻まれていた婚姻規範、国籍規範、慰安婦への性規範等として存在していたジェンダー規範を変容する風穴となる、「人権の普遍化」により形成された国際規範及び国際人権レジームは、歓迎すべきものだった。女性差別撤廃条約によりナショナルなジェンダー規範と制度が改善されたことは過小評価するべきではない。もちろん、国連開発計画ＵＮＤＰなどの国連機関は、グローバル化の両側面のバランスを取ることを提言する。「グローバルな市場、グローバルな技術、グローバルな考え方、グローバルな連帯感は人々に機会をもたらす」と。しかし同時に「不公正さをもたらす」といえる現象も生じている。それゆえに「強力なガバナンス」が必要となることを力説して（国連開発計画、一九九九）、グローバル・ガバナンスが国際人権レジームとしての機能を果たすには、ＧＯとＮＧＯの協力が不可欠であり、グローバル化の両面を把握することにより、グローバル化のメリットも認識できるようになるとしている。

さて、このように「グローバル」と「グローバル化」の概念定義を確かめてきたが、「ジェンダー規範」についてかつて筆者は、グローバル化という空間軸及び時間軸を不可欠のパースペクティヴに置く現象に対して、「ジェンダー」の内面化（internalization）と社会化（socialization）のプロセスを注意深く視ることにより、そうした現象へのアプローチを複層的なものとして把握することを可能にするとした（舘、二〇〇一、五三〜五四）。

今回、本論においては、以上のようなグローバル化現象の一局面におけるジェンダー規範を、精緻に分析することの重要性、課題性を充分に認識しつつも、「学問研究／グローバル化／ジェンダー」というパースペクティヴに立ちもどり、「ジェンダー・スタディーズ」という学問分野を主題化することを試みることにしたい。「ジェンダー・スタディーズ」として検討する課題認識は、「ジェンダーの視点に立った個別の学問研究」を検討するのみではなく、グローバル化社会が要求した学問研究の一つの成立形態であり、それは端的にいえば、従来の学問研究のディシプリンがグローバル化し、解体し始めたということを意味しているからである。

2　学問のパラダイム転換とグローバル化

1　学問研究のディシプリンとグローバル化

ウォーラステイン（Immanuel Wallerstein）は、その著『脱＝社会科学』（*Unthinking Social Science*）において、「世界システム分析」の主張するところは、「社会科学的な研究方法が世界的規模で利用された結果、最も重要な、または最も興味深い問題の多くを明らかにするのではなく、むしろそれをみえなくしてしまう効果をもってきた」として、一九世紀の「法則定立的科学」（経済学、政治学、社会学）と「個性記述的科学」（歴史学）という学問パラダイムの限界を指摘した。そして、第二次世界大戦後に世界経済の中心以外の世界を分析する学問分野として、人類学・民族学と東洋学が生まれ、地域学（area studies）という新しい学問分野が興り、「学際的」という言葉が生まれたと述べ、明らかにしたいテーマと学問のディシプリンのあり方がいかに深く関係しているかを述べている（Wallerstein, 1991＝1993, 344-370, 394-427）。ウォーラステインが指摘するように、ディシプリンは学問研究の展開を促すが、妨げとして働くことにもなる。学問研究のディシプリンをどのように生み出し、壊し、新しいパラダイムを生み出していくかは、学問研究の根幹に関わることである。

吉見俊哉は、近年、「カルチュラル・スタディーズ」という学問分野におけるグローバル化の問題構制と、批判的地理学や批判的人類学における議論との境界線がほとんどなくなりつつあることを指摘する。しかし、まさに「文化」を問題化したカルチュラル・スタディーズは、ヘゲモニックな力としての「グローバル」と対抗的な力としての「ローカル」という二項対立に陥らずに、多層的で分裂的な変容のプロセスであると同時に、多次元的で異種のものからなる多義的な諸関係として、グローバル化を捉えることにおいて有効であると主張している（吉見、二〇〇〇、八六～一一三）。

新興の学問としてのカルチュラル・スタディーズも現代のグローバル化を解明するに相応しいであろうが、ジェンダー・スタディーズも新たな局面からグローバル化を論じる可能性を有していると思われる。ジェンダー・スタディーズにおける「学問ディシプリンのグローバル化」について言及したものとして、ドイツ統一後のジェンダー研究のパラダイム転換を論じた「カルチュラル・スタディーズにおけるジェンダー研究」と題した論考にふれておこう。この論考では、「グローバリゼーションと学際性」にふれ、ここでのグローバリゼーションは、理論とカテゴリーの学際的な、そして翻訳上での揺れ動きが言説により規定されていたことを論点とする。ジェンダー・スタディーズの中心的分析カテゴリーは、「ジェンダー」であるが、しかし英語におけるセックスとジェンダーの違いはドイツ語にはないので、ドイツ語では「性」にあたる「Geschlecht」でセックスもジェンダーも表現する。「社会的文化的性」(soziokulturelles Geschlecht) というように。このように、ゲアラッハはジェンダーを各国・地域の言葉で解釈し直すことにより、より緻密で、グローバルな概念として再構築していくことの可能性を指摘している。なお、仏語圏では、ようやくジェンダーにあたる概念として genre を用いるようになった。このように、性、性別、性支配、性役割などの概念の根付きとそのグローバルな更新を促すスリリングな課題として、ジェンダー・スタディーズの創出があったのである（ゲアラッハ、一九九九／舘、二〇〇一）。

2　学問のパラダイム転換と「新しい学術体系」の提唱

周知のように、学問のパラダイム転換論は、一九六〇年代後半に「パラダイム」（paradigm）概念をキーワード化した、トマス・クーン（Thomas S. Kuhn）によって提唱された。クーンは、科学上の問題を取り扱う前提となるべき、時代に共通の思考の枠組みを表す用語として主に科学史の文脈の中で「パラダイム」概念を提起したが、日本の学問研究、科学・技術世界、即ち「学術の世界」において、必ずしもその意味が充分議論されたとはいえない。それは、これまでの日本の学問分野における自然科学、工学分野に携わる研究者の問題意識や、大学の専攻分野やカリキュラムの構成に「科学史・科学技術論」が希少であることにその一端が表れていると思われる。しかしながら、グローバル化時代の学問研究の生産、人材養成として、いまやこれまでの日本の学術体制では立ち行かなくなっていると判断せざるをえなくなってきた今日、学問のパラダイム転換と学術体制の革新が議論される状況が生じている。

一方、「女性学」は、同じく一九六〇年代の後半の時期に、欧米諸国を中心とするウーマン・リブ運動と大学改革運動の中で成立した。確かに女性学は、フェミニズムと称される女性解放思想・運動を基盤として成立したが、特に既存の「学問」を問題化し、新しい「知」の創出をめざし、大学教育を改革することにその存在意義を見出していた。女性学は、学際研究の一形態として展開し、その後、ジェンダー概念の創出を経て、今日ではジェンダー・スタディーズを形作り、学術の世界でも例えば日本学術会議が明示したように、「新領域」の学問として位置づけられるようになった。

本章では、学問のパラダイムの転換及び新たな学術体系の構築と女性学／ジェンダー・スタディーズを関係させて考察を行いたい。まずは、このような問題認識に立って議論を展開している吉田民人の「新科学論・学問論」を参照し、「グローバル化」の中で「グローバルな」学問として創成されつつある「ジェンダー・スタディーズ」の意義を検討することにしたい。

吉田がこれまで著してきた数々の論考は、新しい学術体系構想への思考の筋道を辿ることができ、示唆的である。以下、吉田の提唱を追ってみよう（吉田、一九九五、二〇〇〇a・b、二〇〇一a・b・c・d）。

吉田は現代の新しい学術体系の必要性を課題化することから、現代の社会、学術の課題に応える「大文字の第二次科学革命」を提唱し、「自由領域科学」を各論とし、「人工物システム科学」を総論と位置づける構想を提起し、その研究形態を「俯瞰型研究」とする。ここでいう「大文字の科学革命」とは、一七世紀におけるニュートン力学の登場による「近代科学の成立」を意味する。近代科学の、いまに続く「正統的な」科学論、学問論は、「世界を構成する唯一の根源要素は物質／エネルギーであり、世界唯一の秩序原理は法則である」と捉えることを前提としている。また、「科学は対象のありのままの姿を記述し・説明・予測する知のための知（認識科学）」であり、「学問内在的要請によって自己完結的・自己充足的に形成される専門領域（ディシプリン）から成り立つ」という。つまり、吉田は、これまでの「正統派科学論」は、「物質／エネルギー科学」、「法則科学」、「認識科学」、「ディシプリン科学」の四つの特色があると述べる。

しかしながらこの正統派科学は、人文社会科学との間の違和、二〇世紀を彩る科学の工学化、それに伴う技術の変容、とりわけ二〇世紀半ば以降の、分子生物学と計算機科学の飛躍的発展、加えて学際化の奔流等々によって大きく揺らいでいると指摘する。そして、その揺らぎのゆくえを見定める「大文字の第二次科学革命」は、第一に世界の根源的要素として「物質／エネルギー科学」の他に「情報科学」を成立させ、第二に世界の秩序原理として「法則科学」の他に「プログラム科学」を措定し、第三に「認識科学」の他に対象のありうべき姿を計画・説明・評価して、政策や実践に関わる知の形態である「設計科学」を公認する。そして第四に、認識科学と設計科学を統合し、異なるディシプリンを融合しながら、任意の社会的課題の解決をめざす人間と社会のための知のあり方を「自由領域科学」と名付ける。さらにその総体を「人工物科学」（ノーベル経済学賞受賞者Ｈ・Ａ・サイモンの提唱）と「人工物工学」（一般設計学の創始者吉川弘之の提唱）、この二つの提唱を受けて、「人工物システム科学」と命名した。そしてこのような新たな科学論カテゴリーの提案は、大規模で、包括的・明示的な科学論のパラダイム転換というべきであろうと主張する。なおここでの人工物とは、建物、機械、交雑育種、分子育種、家族、企業、都市、国家、倫理、法、慣習や制度、科学的知識、宗教、技法、様式、盆栽、仏像、農地、オゾンホール等のすべてを包括しうる人間が構築した物をさしている。

3 「自由領域科学」としての「女性学」

さて、吉田の論考で特に注目すべきは、「女性学」をこの「新しい学術体系」の中で、「人工物システム科学」の各論である「自由領域科学」という範疇に置いていることにある（吉田、二〇〇〇b、二〇〇一d）。なお、「女性学」以外の「自由領域科学」としては「地球環境学」「安全学」などがあげられている。そうした「自由領域科学」とは、「一定の評価プログラムに基づいて人工物システムの正負の、とくに負の状態特性をできる限り未然に解明」し、それに関与する「プログラムの廃棄や維持や新規導入を課題」として「自由に設定した領域区分」と解釈していいようだ。ここで重視されている観点は、「解決すべき課題」を明確に把握し、「認識論的解明」に終始せず、解決のための「プログラムを設計」し、それを「実践」することである。また吉田は「自由領域科学」はその命題ゆえに「学際性を不可避・不可分」とすることを強調する。その意味で、工学、農学、医学、薬学、歯学などは、先駆的な自由領域科学であったといいうると述べている。ここで重視されている観点は、従来の学術体系とは対照的な観点というべきものであり、課題解決、プログラム設計、実践重視、学際的、自由な領域設定という原則を明確に打ち出し、強調したものである。さらに「新しい学術体系の可能性」を、「文理接合・統合科学論」と「学際性の科学論」の解明としているが、このことは日本の学術体系において、「文理融合」やタコツボ化した各学問分野の領域を超える「学際」を実現することがいかに困難であるかを示しているともいえる。だが、そうした状況があるからこそ、吉田が指摘するように「領域」として形作ることが重要なプロセスになるといえるのであろう。

吉田が「女性学」を「領域」とするのは、「女性学」が「視点」や「方法」として把握され、再び既存の各学問分野の範疇に回収されることを危惧してのことと思われる。その意図は「女性学」が一つの「視点」であり、「領域」ではないとする「通例の理解」に対する批判を示した、次のような記述から窺われるであろう（二〇〇一c、二一・二〇〇一d、二六）。

吉田によれば、女性学は、すでに男女共同参画その他の社会的課題の解決をめざし、「ジェンダー」「セックス」「セクシュアリティ」を基本範疇や基礎概念として有し、言語コードによる文化的な設計・構築とDNAコードによる遺伝的な設計・構築との関連についての諸命題を基礎にして、性差別とその解放戦略に関する一連の命題を確立している。それはもはや一つの「領域」であり、「視点」のレベルではないと指摘し、さらに先般の主張につなぎ、「女性学」は学際的認識科学を前提にした学際的設計科学なのであり、「人工物システム科学」に他ならないと主張するのである。なお、先に吉田は、関連論考の中で「女性学」を「自由領域科学」として位置づけるが、「ジェンダー・スタディーズ」については特に記述はない。「ジェンダー」について言及しているところは、社会構築主義に関わる文脈において、セックスやジェンダー概念が、「認知的構築」に先行して「指令的構築」（セックスは遺伝指令的、ジェンダーは言語指令的）が行われていることを指摘する際のみである（吉田、二〇〇一c、二一）。このことは「自由領域科学」として捉える場合に、吉田には「女性学」の方が明確に把握しやすいと認識されているからであると思われる。

ところで、「グローバル化」概念との関係で述べれば、二一世紀の様々なグローバル化現象に対応するための学問研究の転換が迫られており、一つにはグローバル化の象徴の一つとでもいうべきトランス／ナショナルに倣って表現すれば、トランス／ディシプリナリーという意味でのグローバル化が、タコツボ的学問と指摘されて久しい日本の学術に必須の課題として取り上げられている。しかもそれは、その新しい学問を「領域」として設定することを不可避とする認識のもとにあるようだ。これは、科学研究費の費目において「新領域」が設置されたことと大いに関係していることと思われる。また、「学際」(interdisciplinary)から「学融合」(transdisciplinary)をめざし、「新領域創成」(The Frontiers of Knowledges)へのコンセプトの転換を明示するために、東京大学大学院「新領域創成科学研究科」が設置されたといえる。同研究科のアピールには、「現代の課題に応える研究の最前線を開かれた知の空間として創出」、「専門分化した学術を融合させ、新たな学問を創成」、「知の枠組みまで遡って学問体系の抜本的な組換えを志向」といった文言が掲げられている(似田貝、二〇〇二)。このような目的のために研究・教育の場において、領域/分野論としての「場」「空間」を設定することの意義は認めるところであるが、そこで行われるトランス・ディシプリナリーな研究の内実を検証しなければならないだろう。

3 「女性学」「ジェンダー・スタディーズ」からの学問世界への提起

1 「女性学」(women's studies)のラディカル性

吉田の位置づける「女性学」の意義は、示唆的であるが、あくまでも「新しい学術体系」の一事例として限定的に把握されている傾向がある。今後の「新しい学術の創成」のためにこそ、「女性学」の提起した学問世界へのインパクトを確認しておきたい。

先に述べたように、「女性学」は一九六〇年代の後半の時期に、欧米諸国を中心とするウーマン・リブ運動と大学改革運動の中で成立した。一九七〇年代の学際研究には、女性学の他に男性学、黒人学、少数民族学、地域研究などがあるが、皆、既存の「学問」を問題化し、「知」の創出をめざし、大学教育を改革することにその存在意義を見出していた。女性学は学際研究の一形態として展開し、米国の大学では女性学学部(Department of Women's Studies)や大学院が創設され、教育ばかりではなく研究も飛躍的に発展した。女性学創成の目的は、「女性」に関する事柄が大学教育のカリキュラムにおいてもほとんど「知」として提供されず、学問研究においても「女性」に関する「知」

の創出がなされていないことから、そのための研究を求めたことにあった。ゆえに、吉田の科学批判に倣えば、「学問のための学問」「科学のための科学」を「男性のための学問／科学」を批判し、「女性のための学問」を唱えることにより、「人間と社会のための学問」への転回をはかったといえるのである。

従って女性学研究は、その「担い手」、「目的」、「視点」、「対象」、「方法」、「顕在化／考察・論証」、「知の生産」などについて問いかけるものであった。その特色には、既存の学問研究への鋭い批判が根底にあり、近代の学問知に内在するジェンダー・バイアスへの批判、主知主義批判、専門性批判、学問の担い手の特権化への批判、階級差別／人種差別／民族差別／性差別への注視、学問理論と研究者の日常行動や実践への問いかけ、フェミニズム運動へのコミットメント、国連の女性差別撤廃政策の推進、大学教育における女性学講座の設置や女性学学部を作るための運動への参加、性支配システムの理論的解明と、その中から生まれ来る女性のエンパワーメントなど多様な意図があることを提起していた。このような学問変革をめざした「女性学」が行いえたことはさほど多くはないかもしれない。しかし、「女性」を明らかにするための学問として構築しようとした発想の随所に、学問世界を脱構築するラディカルな知見が含まれていた。

まず、第一に「学際的」アプローチについて述べておこう。次の文章は、筆者が、オーストラリアの女性学の理論家であるスーザン・マーガレイ（Susan Magarey）に対し一九九三年にインタビューを行い、かつ彼女の論考を手掛りにまとめた提言である。

これまで女性学の性格を interdisciplinary, multidisciplinary, transdisciplinary なものであるという議論をしてきたのは、女性学が「領域」（field）であると定義せざるを得なかったためでもある。しかしながら女性学は「知の形態」（form of knowledges）の変革をこそ意図していたのに他ならなかった。一九九〇年代の女性学は、ポストモダンの観点からも、「知の政治学」（politics of knowledges）としてより意識化することが大事であり、またオーストラリアの白人中心の女性学の限界を超えるべく、女性学の需要の高まりに応えて、国際的にも、国内的にもチャレンジしていくことを目標に掲げる必要がある（Magarey et al. 1994 'Women's Studies in Australia,' in Greiveand Burns (eds.), *Austrarian Women : Contemporary Feminist Thought*, Oxford University Press. 舘、一九九六ａ、五三八）。

「女性」について総合的に研究する学問研究として定義された「女性学」にとって「学際」とは、各学問分野のディシプリンを認めて統合することをまず構想したが、次第に「知の形態」を変革するために「ディシプリンを超えていく（trans）」ことが必要であると自覚化し始めたことを示している（舘、一九九六ｂ）。

第二に、「女性学」が標榜した「女性の視点」とは、今日では「ジェンダーの視点」と表現してよいであろう。しかし、創始の当初は、「女性の視点」を掲げることにより、男性中心に構築された学問世界の総点検を意図し、既存の学問における「知」のジェンダー・バイアスを洗い出し、既存の学問知の組み換えを行うことをめざした。そして、「女性の視点」の解明の努力は、「ジェンダー概念の発見」を可能にしたといってよいであろう。

第三に、「女性学」は、他の学問と比較して、学問の担い手と受益者の問題をクローズアップさせた特色をもつ。「女性学」からの既存の学問研究のあり方への批判は、まず学問の担い手を問題化し、専門職として大学にポジションをえていない者達も「女性学」を学びあう体制を形成していった。「草の根（grass roots）の女性学」を唱え、大学の構外（エクステンション）授業、公開授業等を開催することに熱心であった。日本の場合も、女性センターや国立女性教育会館等の社会教育の場での女性学の広がりは、女性学の需要を物語っている（国立婦人教育会館／女性学・ジェンダー研究会、一九九九）。また、行政職の女性も学びの機会をもち、フェモクラット（フェミニスト官僚）も育成されるようにはかったといえる。

第四に、「女性学」がどのような学問として形作られていったかというと、「性差別要因の解明」やその他もろもろの理論的解明とともに、調査データ、統計の作成など、様々な視点と方法と研究成果を蓄積した。その分野は、自然科学や工学の分野まで含む学際性を有していることは、女性学・ジェンダー関係の文献の莫大さが物語っていよう。また、女性学が唱導した「何のための学問か」という問いは、行為実践の学、エンパワーメントの学との認識から、「女性のエンパワーメント」という標語となり、政策レベルで、また個人の行為実践のレベルで追究され続けている。また、これは吉田の強調する部分であるが、政策に関わる設計／プログラム科学としても展開してきた。

第五に、「女性学」が教育／研究の二つに関わり「空間」「場」を創設したことのメリットは大きいが、またデメリットも生じた。例えば、現在でも存続している「女性学学部」の設置である。少なくとも、「女性学」が学部としてもまとまりを有して存在できることは、学問研究に携わる教員達の交流、啓発、共同プロジェクトの実施に有効であった。また、学生も自分の専攻を第一義にする集中的学習活動に従事できたと思われる。女性学の発展にとっても、「女性学というカリキュラムの構想」は、女性学の全体像を考察する機会となった。しかし、「女性学学部」には、女性やジェンダーのことは他の学問分野では行わず、「女性学学部」のみで行えばよいとするゲットー化の危険が恒常的に生じるおそれがあるのである。そのため学生の就職先にも配慮して、ダブル・ディグリー制度を実施しているところもある（Department of Women's Studies, University of Washington Seattle 2000. その他、世界の女性学の情報は、*Signs, Women's Studies International Forum, Women's Studies Quarterly.* などのジャーナルに詳しい）。

2 「スタディーズ」というスタンスの意義――ディシプリンからスタディーズへの転換

いままで紹介した「女性学」（Women's Studies）は、学問分野に数々の提起を行ったが、ここで「スタディーズ」というスタンスをとることの有効性を指摘しておこう。

ウォーラステインが指摘したような第二次世界大戦後に生まれたエリア・スタディーズ、一九六〇年代後半から生まれたウィメンズ／メンズ／ブラック／エスニック・スタディーズ、カルチュラル・スタディーズ、一九九〇年代以降のジェンダー／ゲイ／クイア・スタディーズなど、数々のスタディーズ群が生まれている。このようなスタディーズ群は、新たな学問領域として形作る必要性があって成立したといえるであろう。必要性という要求から形作られた領域は、新たなものの創出を促す力になる。すでに構築されたディシプリンを基盤にするのではなく、必要に迫られて多様なディシプリンを用いる自由さが、新しいディシプリンを生み出すことにもなる。いわば、「体系的学問訓練」を前提とするディシプリンに呪縛されず、新しい課題領域に取り組み、グローバルにディシプリンを使いこなす「プロジェクト型研究・学習」を行うスタンスといえるであろう。グローバリゼーションの中での、脱国家化、脱領域化と再国家化、再領域化の相克、それをグローバルな視点で捉え直し、グローバルなディシプリンを制作していく可能性が、このスタディーズ研究群の未来にかかっているように思われる。また、「スタディーズ」はグローバルな思考のスケールも求めている。

ジェンダー・スタディーズについていえば、いまあるスタディーズ群の中でも特にコンセプトが明快である。ジェンダーの様々な様態や概念を対象領域として掲げることで、ジェンダーは、階級、エスニシティなどの他の概念ともクロスさせて分析できる分析概念としても、ジェンダーを中心軸にして論じる概念としても用いることができる。また、既存の学問分野の「知」の組み替え（エンジジェンダリング）を行いうるツールでもある。ジェンダー・スタディーズとしての「領域」的学問として、各学問分野を「エンジェンダリング」する学問として、多様なディシプリンを用いるグローバルなサイエンスとして、展開しうる可能性があるのである。

4 「グローバル・サイエンス」としての「ジェンダー・スタディーズ」

1 「グローバルな思考」を生み出す「時空」

最後に、「ジェンダー・スタディーズ」の政策、設計科学的側面からの提言と、トランス・ディシプリナリーな思考のあり方のモデルを提示しておきたい。

筆者は、グローバリゼーションの負の状況に対抗するには「女性学」「ジェンダー・スタディーズ」をグローバルな思考と視野をもつ学問として鍛えていくことが有効であると、むしろ思う。「ジェンダー・スタディーズ」が「ある時空」を形成するならば、できるだけ多様な性別、年齢、国籍、人種、民族、言語の人々が集える研究、教育の「時空」を形成することが必要である。多様なディシプリンの研究者が集まれば、日本には少ない、異なる領域の間で言葉を翻訳する「メディエーター」(mediator) の採用や育成が必要になるであろう。トランス・ディシプリナリーな思考が育ちにくいのは、文理融合といった領域だけの問題ではなく、日常の思考や解釈がグローバルではないことによる。研究者、学生、職業人（行政、企業）、市民、NGOの人々等、学問の生産者、活用者、受益者、評価者等々の学問研究をめぐる人々も、互いに理解を深めるような「時空」を形成するように工夫しあう必要があろう。

また、学問に携わる人々の存在の有り様が多様になってきた。日本学術会議や日本学術振興会でも「新しい学術体系」についての議論は活発であるが、研究の基盤についての検討はいまだ少ないように思う。フルタイムポストがない非常勤講師、多様な国籍や経歴の研究者予備軍、年配のリカレント大学院生等の存在を励ます、科学研究費他、様々な研究費や奨学金の補助が行われることが必要である。非常勤講師の多い、「女性学」「ジェンダー・スタディーズ」他の新領域分野、スタディーズ分野の研究者には特に研究費の基盤が不可欠なのである。

2 「グローバル・サイエンス」としての洞察と展望

インター／マルチ／トランス・ディシプリナリーであることの難しさは、日本の科学技術のあり方に深く関わっていたが、ジェンダー・スタディーズは、人文、社会、自然、応用科学のすべてにわたるグローバルな思考と視野をもった、まさに「グローバル・サイエンス」としてのスケールをもつ可能性を有している。シービンガー（Londa L. Schiebinger）などの科学史的アプローチ、ダナ・ハラウェイ（Donna J. Haraway）やサンドラ・ハーディング（Sandra

Harding）などのフェミニスト・サイエンスなど、欧米での自然科学・工学分野のジェンダー・スタディーズの進展に比して、日本でのジェンダー・スタディーズにおける科学史／科学論を視野に収めた研究は著しく少ない。

次にあげる文章は、ダナ・ハラウェイの「サイボーグ宣言――二〇世紀後半の科学、技術、社会主義フェミニズム」の一部である。彼女は、二〇世紀後半は、社会システムと規範意識の大変革の時代と捉え、次のように記している。

私が論じようとしているのは、出現しつつある世界秩序システム――その新規性においても、範囲においても、産業資本主義が作り出したシステムに匹敵するようなシステム――で現に進行している階級、人種、ジェンダーの本質の様々な根底的変化をめぐる主張の数々に基礎を置くようなポリティクスである。われわれは、有機的で産業的な社会から、多形的な情報システムへの移行――すべてが労働であるような社会からすべてが遊戯、それも最終ゲームであるようなシステムへの移行――を経験しつつある。このような様々な二項対立は、物質とイデオロギーの両方に関わるものであり、以下のチャートに示すように、心地よい旧来の階層的支配から、情報学による支配と私が呼ぶ、怖い、恐ろしい新たな回路網への変容として示すことができるだろう（ハラウェイ、一九九一、三〇九〜三一〇。一部筆者訳）。

次頁に示したチャート（見取図）は、真正の「グローバル・サイエンティスト」のトランス・ディシプリナリーな洞察に他ならないといいうるであろう。

ハラウェイは、「性的再生産／生殖にまつわるイデオロギーの数々が、有機体や家族といった自然な対象のもつ有機的な側面としての性や性役割という概念を当然のごとく想起させることは、もはやありえない」と断言し、この論文の最後を、「女神になるよりサイボーグになりたい」と決然と記している。

ハラウェイによる世界秩序システム移行の見取図

表象 Representation	⇒	擬態 Simulation
ブルジョワ小説、リアリズム Bourgeois novel, realism	⇒	サイエンス・フィクション、ポストモダニズム Science fiction, post modernism
有機体 Organism	⇒	生体部品 Biotic component
深層、一体性 Depth, integrity	⇒	表面、境界 Surface, boundary
熱 Heat	⇒	ノイズ Noise
臨床としての生物学 Biology as clinical practice	⇒	記号としての生物学 Biology as inscription
生理学 Physiology	⇒	通信工学 Communication engineering
小集団 Small group	⇒	下位組織 Subsystem
完璧化 Perfection	⇒	最適化 Optimization
優生学 Eugenics	⇒	人口操作 Population control
デカダンス／『魔の山』 Decatance, *Magic Mountain*	⇒	退化、『未来の衝撃』 Obsolescence, *Future Shock*
衛生 Hygiene	⇒	ストレス管理 Stress Manegement
微生物学、結核 Microbiology, tuberculosis	⇒	免疫学、エイズ Immunology, AIDS
有機的分業 Organic division of labor	⇒	人間工学と労働の人工頭脳工学 Ergonomics/cybernetics of labor
機能的専門化 Functional specialization	⇒	モジュールの構築 Modular construction
生殖／再生産 Reproduction	⇒	複製／模造 Replication
性役割の有機的個別化 Organic sex role specialization	⇒	優良遺伝子戦略 Optional genetic strategies
生物学的決定論 Biological determinism	⇒	進化論的慣性、諸拘束 Evolutionary inertia, constraints
群集生態学 Community ecology	⇒	生態系 Ecosystem
人種的な存在の連鎖 Racial chain of being	⇒	新帝国主義、国連的ヒューマニズム Neo-imperialism, United Nations humanism
家庭／工場での科学的管理 Scientific management in home/factory	⇒	グローバルな工場、在宅勤務用電脳住宅 Global factory/Electronic cottage
家族／市場／工場 Family/Market/Factory	⇒	集積回路上の女性 Women in the Integrated Circuit
家族賃金 Family wage	⇒	男女同一賃金 Comparative worth
公／私 Public/Private	⇒	サイボーグの市民権 Cyborg citizenship
自然／文化 Nature/Culture	⇒	差異の諸分野 Fields of difference
協同 Co-operation	⇒	コミュニケーションの拡張 Communications enhancement
フロイト Freud	⇒	ラカン Lacan
性 Sex	⇒	遺伝子工学 Genetic engineering
労働 Labor	⇒	ロボット工学 Robotics
精神 Mind	⇒	人工知能 Artificial Intelligence
第二次世界大戦 Second World War	⇒	スター・ウォーズ Star Wars
白人資本主義的家父長制 White Capitalist Patriarchy	⇒	支配の情報学 The Informatics of Domination

註・ハラウェイの原典の英語を記載し、高橋さきの訳、小谷真理訳を参照して記した。一部筆者訳を記載。

出典　Haraway, 1991＝[2000]（高橋さきの訳）、[2001]（小谷真理訳）。

ジェンダー・スタディーズは、ともかく「学際」と表現する術しかなかった「女性学誕生期」を経て、「ジェンダー」という中心概念の発見に至り、ようやくトランス・ディシプリナリーの学問分野として、枠組みを創出しつつある。日本ではいまだ、ジェンダー・スタディーズは人文・社会科学が中心で、自然科学、工学等の領域ではほとんど取り組まれていない。「新領域」の学問の先行事例の一つとして、ジェンダー・スタディーズを「グローバル・サイエンス」として形作っていくことにより、学問のグローバル化の意味もより確かな、魅力的なものに育っていくと思われる。

●引用・参考文献

Andermahr, Sonya, Terry Lovell and Carol Wolkowitz. 1997 *A Glossary of Feminist Theory*, Arnold.（奥田暁子監訳『現代フェミニズム思想辞典』明石書店、二〇〇〇年、一四〇～一四二頁）

Barlow, Tani E. 2001 'Globalization, China and International Feminism,' in *Signs*, Vol.26. No.4, pp.1286–1291.（河村昌子訳「グローバリゼーション、中国、国際フェミニズム」『現代思想』二九（四）、青土社、二〇〇一年、一二四～一二九頁）

ゲアラッハ、フランチェスカ・F、仲正昌樹訳 二〇〇一「カルチュラル・スタディーズにおけるジェンダー・スタディーズ――ヨーロッパの研究の現状とパースペクティブ」仲正昌樹編『ヨーロッパ・ジェンダー研究の現在――ドイツの統一後のパラダイム転換』御茶の水書房、一七～五五頁。

Haraway, Donna J. 1985 'Manifesto for Cyborgs : science, technology and socialist feminism in the 1980s,' in *Socialist Review*, 80, pp.65–108.（小谷真理訳「サイボーグ宣言――一九八〇年代の科学とテクノロジー、そして社会主義フェミニズムについて」『現代思想』一七（十）、青土社、一九八九年、一二九～一六一頁、巽孝之・小谷真理編訳『サイボーグ・フェミニズム』リブロポート、一九九一年、所収、巽孝之編、巽孝之・小谷真理訳『サイボーグ・フェミニズム』増補版、水声社、二〇〇一年、所収、三一～一四三頁）

Haraway, Donna J. 1991 *Simians, Cyborgs and Women : the reinvention of nature*, Free Assotiation Books.（高橋さきの訳『猿

と女とサイボーグ――自然の再発明』青土社、二〇〇〇年）
井上輝子　一九九九「女性学のセカンドステージとジェンダー研究――女性学の再構築に向けて」女性学研究会編『女性学研究5　女性学の再構築』勁草書房、二〇～三〇頁。
伊藤るり　二〇〇一「グローバル化とはどのような変化か？」お茶の水女子大学「グローバル化とジェンダー規範」研究会編『二〇〇一（平成一二）年度重点研究プロジェクト「グローバル化とジェンダー規範」中間研究報告書』お茶の水女子大学ジェンダー研究センター、三九～四三頁。
伊豫谷登士翁　一九九九「グローバリゼーションとナショナリズムの相克」伊豫谷登士翁・酒井直樹・テッサ・モリス＝スズキ編『グローバリゼーションのなかのアジア――カルチュラル・スタディーズの現在』未来社、二三三～二四二頁。
伊豫谷登士翁　二〇〇一「経済のグローバリゼーションとジェンダー」伊豫谷登士翁編『叢書　現代の経済・社会とジェンダー5　経済のグローバリゼーションとジェンダー』明石書店、一五～三九頁。
風間孝　二〇〇〇「同性愛者の人権とグローバル化」『現代思想』二八（一一）、青土社、九四～九九頁。
国立婦人教育会館／女性学・ジェンダー研究会編　一九九九『女性学教育／学習ハンドブック――ジェンダー・フリーな社会をめざして』（新版）有斐閣。国立婦人教育会館は、二〇〇一年から国立女性教育会館に改称。
国連開発計画　一九九九『人間開発報告書　グローバリゼーションと人間開発』（日本語版）国際協力出版会。
松井やより　一九九八「『経済のグローバル化』と『連帯のグローバル化』」アジア女性資料センター『女たちの二一世紀』一四、アジア女性資料センター、一頁。
Morgan, Robin.（ed.）1970 *Sisterhood is Powerful*, Vintage.
Morgan, Robin. 1984 *Sisterhood is Global : the international women's movement anthology*, Anchor Press/Doubleday.
似田貝香門編　二〇〇二『第三世代の大学――東京大学新領域創成の挑戦』東京大学出版会。
Schiebinger, Londa L. 1999 *Has Feminism Changed Science?*, Harvard University Press.（小川眞里子他訳『ジェンダーは科学を変える!?』工作舎、二〇〇二年）
舘かおる　一九九六a「オーストラリア・ニュージーランドにおける女性学と大学・学校教育」原ひろ子・前田瑞枝・大沢真理編『アジア・太平洋地域の女性政策と女性学』新曜社、五一三～五七八頁。**【本書6章】**
舘かおる　一九九六b「女性学とジェンダー」『お茶の水女子大学女性文化研究センター年報』第九・一〇合併号、お茶の水女

子大学女性文化研究センター、八七~一〇六頁。【本書5章】
舘かおる 一九九八「ジェンダー概念の検討」お茶の水女子大学ジェンダー研究センター年報『ジェンダー研究』第一号、お茶の水女子大学ジェンダー研究センター、八一~九五頁。【本書7章】
舘かおる 一九九九a「歴史認識とジェンダー――女性史・女性学からの提起」『歴史評論』五八八号、校倉書房、四四~五二頁。【本書8章】
舘かおる 一九九九b「大学における教養教育とジェンダー――女性学・ジェンダー論講座による「知」の転回」日本教育学会誌『教育学研究』第六六(三)、四〇六~四一六頁。
舘かおる 二〇〇一「ジェンダー規範の変容と国際レジーム――人権とグローバル化をめぐって」、「ジェンダー概念およびジェンダー規範について」お茶の水女子大学「グローバル化とジェンダー規範」研究会編『二〇〇一(平成一二)年度重点研究プロジェクト「グローバル化とジェンダー規範」中間研究報告書』二〇~二二頁、五一~五八頁。
舘かおる・内藤和美 二〇〇二「調査の概括」『高等教育機関における女性学・ジェンダー論関連科目に関する調査報告書(平成一二年度開講科目調査)』独立行政法人国立女性教育会館。
土佐弘之 二〇〇〇『グローバル/ジェンダー・ポリティクス――国際関係論とフェミニズム』世界思想社。
Wallerstein, Immanuel. 1991 *Unthinking Social Science : The Limits of Nineteenth-Century Paradigms*, Polity Press.(本多健吉・高橋章監訳『脱=社会科学――一九世紀パラダイムの限界』藤原書店、一九九三年)
吉見俊哉 二〇〇〇『カルチュラル・スタディーズ』岩波書店。
吉田民人 一九九五「ポスト分子生物学の社会科学――法則定立科学からプログラム解明科学へ」『社会学評論』四六(三)、二七四~二九四頁。
吉田民人 二〇〇〇a「近代科学の情報論的転回――大文字の第二次科学革命」中央大学文学部社会学科『紀要』一〇、五七~九四頁。
吉田民人 二〇〇〇b「俯瞰型研究の対象と方法――「大文字の第二次科学革命」の立場から」『学術の動向』五(一一)、日本学術協力財団、三六~四五頁。
吉田民人 二〇〇一a「二一世紀科学の再編と社会学」日本学術振興会『学術月報』五四(一)、日本学術振興会、四七~五四頁。

吉田民人 二〇〇一b「『二一世紀型総合学術会議』の基本的役割とその組織・運営原則」『学術の動向』六(一一)、日本学術協力財団、一四～二〇頁。
吉田民人 二〇〇一c「科学論の情報論的転回――総合科学技術政策における人文社会科学の位置づけ」『現代思想』二九(一一)、青土社、八～四五頁。
吉田民人 二〇〇一d「『新しい学術体系』の必要性と可能性――運営審議会附置新しい学術体系委員会」『学術の動向』六(一二)、日本学術協力財団、二四～三五頁。

◆11 ウェブ世界の「ジェンダー」

1　ウェブ世界の出現——その解明をめざして

情報テクノロジーがきたるべき世界の構造を変えるであろうことは、早くから多くの識者によって指摘されてきた。ダナ・ハラウェイは、「サイボーグ宣言」で、情報テクノロジーが二一世紀の社会システムにおける女性、ジェンダーの有り様を変えると予測した(1)。それは、まさに「集積回路の女性」が、テクノサイエンス時代の新たなジェンダー研究の課題を突きつけるものとなることを予見したものだった。特に一九九〇年代後半からは、World Wide Webが一般公開され、不特定多数の人々のアクセスが可能になり、インターネットは爆発的に普及した。

コンピュータ社会、インターネット社会、そしてウェブ社会と、情報テクノロジーの展開に伴い、人間社会とテクノロジーの関係は、急速に変化してきている。一九八〇年代に、サイバースペースが、現実世界とは切り離された「仮想空間」として、そこに「棲む」人々が可能性を語っていた時代から、遙かに隔たってしまった感がある。日本でも二〇〇六年頃から、従来のサイバースペースを「ウェブ社会」と捉え、新たな人間社会の構築を論じる傾向がめだち始めた(2)。また、ウェブ世界と実世界の関係性についての把握も、これまでの幾分SF的な論調やコンピュータ・サイエンス研究における仮想性の強調とは異なる、相互作用的で、かつポリティカルな影響力を行使しうる関係になりつつあることに気付き始めた。

もともと計算機として開発されたコンピュータが、情報記憶、蓄積装置から、多量の情報を通信可能にする機械へと移行していったことから大きな変革が起きた。一九八一年にＩＢＭ－ＰＣ（model 5150）が発売され、その基本ソフトとしてマイクロソフト社のＭＳ－ＤＯＳが採用されたことによりコンピュータがパーソナルなものになった。一九八〇年代後半には、世界にまたがる巨大な通信ネットワークであるインターネット技術が確立された。そして一九九一年、World Wide Web（WWW）と称されるインターネット上で利用可能なハイパーテキストシステムが、ティム・バーナーズ＝リー（Tim Berners-Lee）により公表されたことで、個々人の電子メールによる通信ばかりではなく、インターネット上に公開された情報なら、個人でも、公的・私的組織でも不特定多数の人々がそれらの情報にアクセスすることが可能となった。さらには、コンピュータ・ネットワークが、一九九一年に商用に開放されたことにより、ウェブ世界は短期間に、めざましい進化とめまぐるしい変貌を遂げた(3)。

一九九四年にアマゾン（Amazon.com）やヤフー（Yahoo!）、一九九五年にインターネット・エクスプロラー（Internet Explorer）やジャバ（Java）、一九九八年にグーグル（Google）などの情報提供システムや検索エンジンが開発され、二〇〇〇年代に入ってブログが浸透した。コムストア・ネットワークの調査によれば、二〇〇七年一月には、インターネットを利用した一五歳以上の人数は、全世界で約七億四七〇〇万人に達しているというが、国連貿易開発会議（UNCTAD）の二〇〇六年版情報経済報告によると、世界のインターネット利用者は、一〇億二〇六一万人と発表されている(4)。

ところで、ウェブ発案者であるバーナーズ＝リーは、二〇〇七年春に米国下院・エネルギー及び商業委員会・電気通信及びインターネット小委員会の「Digital Future of the United States : Part 1 The Future of the World Wide Web」に関する公聴会において、次のように述べている。

「ウェブはそれが広範に使用されるようになって一〇年が経過しているが、ウェブの複雑な技術的・社会的メカニズムについて驚くほど何も解明されていない。我々は、その表面を引っかいたにすぎず、そのデザイン、運用、そして社会へのインパクトに関してより深い科学的な研究を推進すべきである」(5)。グーグルの検索ロボットは、「定期的にウェブをクロールし、数十億以上のウェブページを収録・登録」し、そのインデックスは、「八〇億以上のＵＲＬ」で構成されているという(6)。

情報工学の研究分野では、これほどに肥大化した、ウェブ世界を解明する研究方法が開拓されてきている。その主たるものに、アルゴリズムを用いてリンク解析を行う方法がある。リンクにより関連づけられるウェブページ間の関係性を数値的に割り出し、コミュニティとして括り、それらのコミュニティが統合、分離を繰り返している様相などを把握しようとするものである。例えば、私達が試みたウェブリンク解析アルゴリズム「Companion-」を用いての「ジェンダー関連のウェブ・コミュニティ」の共時的、通時的解析では、以前は顕在化され難かった、様々な局面におけるマイノリティの発言も、ウェブ上では、集合体として関連していることがみえてきたし、例えば女性センターが男女共同参画センターに改称していく、その変容過程も把握できている(7)。

「ウェブ世界」とは、元をたどれば、身体リアリティを有する実在から発信された集積回路上に書き込まれた情報の累積であり、それらの発信情報が、構造的に連結されて構成されている世界にしかすぎないはずである。しかしながらそこは、肉体不在の世界でありながら、変容／形質転換可能な身体や、選択可能なセクシュアリティや思念が統合される自由な空間となり、また、実世界の人々の認識に対し、作為的な誘導をもたらすリアリティをもちうるものとなっている。

さて、このような情報工学研究の方法を活用して、「ウェブ世界」を解析する私達の研究の今回の主題は、「検索」という情報テクノロジーがもたらす、人々の情報の伝達と「知」の誘導の状況を、「ジェンダー」に関わる事例から明らかにすることである。「ジェンダー」の主流化政策に対する「バックラッシュ」と表現される状況は、世界各地に起きているとはいえ、日本のウェブ世界での「ジェンダー」をめぐる一連の動きは、実社会の政治的攻防を如実に反映し、かつ人々の認識に大きな影響を与える、看過できないものとなっている。

2 ウェブ世界の情報検索――グーグル（Google）の検索順位の決定要因

莫大なウェブ世界の情報にアクセスする「検索機能」をより効率的な形で提供し始めたのは、ヤフー（Yahoo!）やグーグル（Google）である。一九九六年にはヤフー・ジャパン、二〇〇一年にはグーグル日本が設立された。二〇〇六年三月の月間データによれば、日本のインターネット利用者のうち、検索サービス利用者比率は、ドメイン別にみると、ヤフーが六四・五％、グーグルが三四・七％となっている。ちなみに、ヤフーがグーグルを上回るのは、先進諸国の中では日本に特徴的な現象であり、グーグルの利用率は、英国、フランス、ドイツにおいては全体の七割、米国ではヤフーの二倍となっている(8)。グーグルは、検索ロボットによる情報収集と分析ノウハウの蓄積において、他の追随を許さないところまで進化してきているといわれているが、実際、日本の検索ポータルサイトにおいて、グーグル検索エンジンからの検索順位結果の提供を受けていないのは、ヤフー傘下のポータルサイトとマイクロソフトネットワーク（MSN）とアスキージャパン（Ask.jp）など比較的少数である。

グー（Goo）とその傘下、インフォシーク楽天（Infoseek 楽天）、ニフティ（nifty）、ライブドア（livedoor）などは、検索画面に小さく「enhanced by Google」、「powered by Google」と記されていることからもわかるように、グーグルから検索順位結果の提供を受けている。また、ヤフーは、娯楽情報や商品情報が多い。一方、グーグルは、職場からのアクセスが多く、知識的、思想的情報を提供している傾向にあり、それぞれの影響力も異なる。現在、ウェブ世界は検索結果の表示順位を基軸に動いているといっても過言ではない状況を呈しており、その中でも、思想的情報という局面をみれば、間違いなくグーグルのもたらす検索結果の影響力は大きい。

現在のグーグルの検索エンジンは、検索順位を抽出するにあたり、基本的にはページへの「バックリンク」（back-link）の数やリンク元のURLの重要度を示す「ページランク」（PageRank™）を換算して、ページの注目度を検索順位としていると公表している。

図1　グーグル索引によるページランク10の上位サイトリスト

No.	Title	PR	Backlinks	URL
1	Blogger	10	3200000	http://www.blogger.com/
2	Statcounter	10	2730000	http://www.statcounter.com/
3	Google	10	1910000	http://www.google.com/
4	Adobe Reader-Download	10	1150000	http://www.adobe.com/products/acrobat/readstep2.html
5	The New York Times	10	978000	http://www.nytimes.com/
6	U.S. Government's Official Web Portal	10	522000	http://www.firstgov.gov/
7	Real.com	10	359000	http://www.real.com/
8	The Mozilla Project	10	238000	http://www.mozilla.org/
9	Energy.gov	10	179000	http://www.energy.gov/
10	Apple-QuickTime-Download	10	152000	http://www.apple.com/quicktime/download/
11	Microsoft Corporation	10	132000	http://www.microsoft.com/
12	World Wide Web Consortium	10	125000	http://www.w3.org/
13	Apple	10	121000	http://www.apple.com/
14	Adobe Systems Incorporated	10	109000	http://www.adobe.com/
15	Macromedia	10	109000	http://www.macromedia.com/
16	The white House	10	70900	http://www.whitehouse.gov/
17	Apple. Mac	10	62300	http://www.mac.com/
18	National Science Foundation（NSF）	10	59100	http://www.nsf.gov/
19	Massachusetts Institute of Technology	10	55600	http://www.web.mit.edu/
20	NASA	10	53100	http://www.nasa.gov/
21	W3C MarkUp Validation Service	10	34400	http://validator.w3.org/
22	University of Texas at Austin	10	34000	http://www.utexas.edu/
23	Institut National de Recherche en Informatique et en automatique（Inria）	10	9830	http://www.inria.fr/
24	Keio University	10	4560	http://www.keio.ac.jp/
25	MIT Laboratory for Computer Science	10	1000	http://www.csail.mit.edu/

List of the most important（measured by PageRank）websites in the Google Index-the PR10 list PR-Update started at 28 September 2006. PR-Numbers date from 20. October 2006.
出所：http://www.suchmaschinen-optimierung-seo.info/pagerank.html より

つまり、ウェブページが多数のバックリンク数を有している場合や、高いページランクをもったページからリンクされているページの方が高順位になる。図1は、グーグル索引による二〇〇六年九月二八日から一〇月二〇日までのページランクにおいて最高位一〇を有するサイトとバックリンク数を示した表である。ページランク一〇のサイトとして、ブロガー、グーグル、ニューヨークタイムズ、マイクロソフト、アップルなどのITやメディア関係の他、ホワイトハウスやNASAなどの政府機関が、大学では、MITとテキサス大学、そして慶応大学があがっている。ページランクは、情報関係で利用度の高いポータルサイト、政府組織のHPなどが高く設定されていることが多い。ページランクの評価には、社会的な貢献度やバックリンク数が勘案されているといわれているが、その基準自体はグーグルが決定している。ページランクが高いサイトからリンクされたページは高評価が与えられ高順位となる。高順位となれば、ますます、被リンク数もクリック数も増加する機会が豊富に与えられ、順位を維持することが容易となるというスパイラルができあがっている。

さらに、グーグルが、二〇〇二年に検索キーワードと広告を連動させた新サービスとして、アドワーズ広告（AdWords. キーワード連動型広告）(9)を始めたことにより、グーグルの提供する検索情報には、経営戦略的な運営姿勢が強化され、その検索結果画面にも大きな変化が生じてきた。検索画面の左側に検索サイトを順番に並べる以外に、右側の位置にアドワーズ広告を掲載し、クリックされた場合に広告主が広告料をグーグルに払うシステムを開発した。今やこれがグーグルという企業の収益のほとんどを占めており、その単価は最低一クリック七円から入札で決まる。ちなみに、二〇〇六年一〇月での「ジェンダー」関連のキーワードは最低単価が軒並み七円となっているが、「トランスジェンダー」は一四円、「ジェンダーフリー」は一六円と高くなっている。アドワーズ広告の位置にあって、平均クリック率が高い場合は、右側のアドワーズ広告の位置から、左側の検索サイト順位の上方に移ることも可能となった。その移動できる基準は公表されていないが、資金力さえあれば、視認率が高く、クリックされやすい位置への昇格が可能となったのである。アドワーズ広告が採用される前は、一応、検索ロボットが収集したデータを分析して、ページランク、バックリンク数などの要因を主な評価基準にして、グーグルの検索結果画面は決められてきたわけだが、そこに、アドワーズ広告が加わり、資金力が位置確保に大きくものをいうようになったのである。

また視認率という観点から問題提起した研究データもある(10)。図2にあるように、グーグルの画面の第一ページ目の一位から七位までとアドワーズ広告の一位は、検索者の一〇〇％から五〇％の視認率がある、「ゴールデン・トライアングル」と呼ばれているエリアである。このポジションにつけば、クリックされる率が高くなるので、ウェブ作成に関わる企業は上位表示されるべく、検索エンジン最適化（Search Engine Optimization：SEO）技術を作為的に駆使している。

図２　グーグル検索画面の視認率

Organic Ranking Visibility (shown in a percentage of participants looking at a listing in this location)

Rank 1 – 100%
Rank 2 – 100%
Rank 3 – 100%
Rank 4 – 85%
Rank 5 – 60%
Rank 6 – 50%
Rank 7 – 50%
Rank 8 – 30%
Rank 9 – 30%

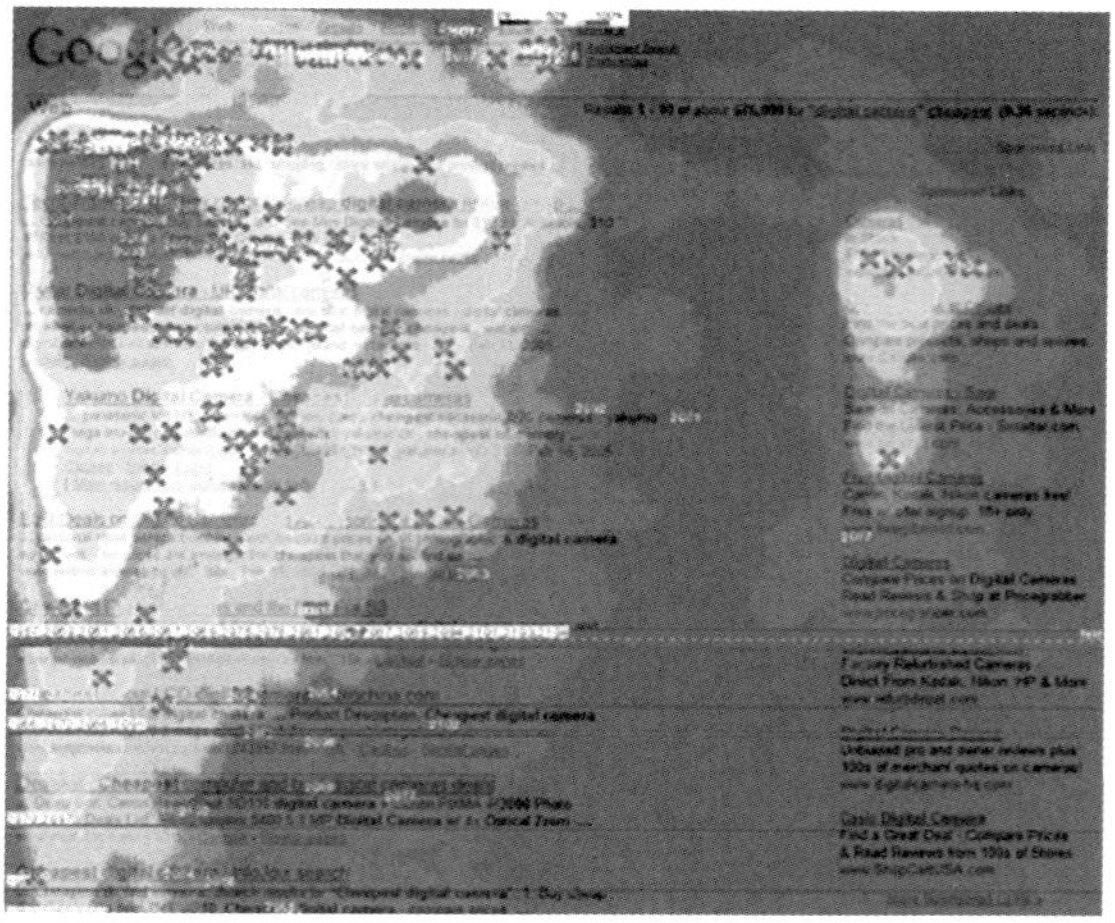

アドワーズ広告の位置の視認性

Side sponsored ad visibility

1 – 50%
2 – 40%
3 – 30%
4 – 20%
5 – 10%
6 – 10%
7 – 10%
8 – 10%

出所：Research and Reports@Eyetools　http://www.eyetools.com/inpage/research_google_eyetracking_heatmap.htm より

グーグルは自社ＨＰにおいて、ページのコンテンツ全体を分析対象とし、リンク情報以外にも様々な要因を加えて算出していることを発表しているが、被リンク先もページ解析手法も一部しか公表しておらず、それ以外の要因、例えば、カテゴリー登録やクリック率などの多様な決定要因については具体的に明らかにしていない。しかし、インターネットの普及に伴い、サイトへのアクセスも「検索」を活用する場合が多くなると、検索サイトの表示順位そのものが、サイトの内容の信用性や価値を代弁するものとなり、社会的承認度を測る指標にもなってきている。

注11に掲載した図３は、検索キーワード「ジェンダーフリー」によってえられたグーグルの検索結果表示から、第一位から第一〇位までを基軸にして、ページランク、バックリンク数、そして、ヤフージャパンやグーグルの検索結果の提供先である他の検索ポータルサイトでの検索結果をまとめた一覧表である(11)。データ作成時期である二〇〇五年七月頃から二〇〇六年の初頭においては、男女共同参画基本計画（第二次）の策定に際して「ジェンダー」概念の存続をめぐって激しい攻防が行われており、ジェンダー・バッシング派から「ジェンダーフリー」がターゲットとされて集中的な攻撃を

受けるという状況下にあった。この検索結果表示順位には、グーグルが公表しているページランク理論やバックリンク数が必ずしも相関していない状況が映し出されている。バックリンク数が極端に少ないにもかかわらず、上位を占めているジェンダー・バッシングのページの存在や、グーグル検索結果提供先の検索ポータルサイトと比較して、ジェンダー・バッシングのページ順位がグーグル本体においては逆転して上昇している。このような検索順位が生じる原因の判定は難しいが、グーグルが公表している以外の順位決定要因を検討する必要があるといえる。

3 「ジェンダー」と「ジェンダーフリー」の検索順位の変動と政策改定の関係

さて、グーグル検索による「ジェンダー」に関わるサイトの表示や順位が、実世界の「ジェンダー」に関わるポリティカルな関係の影響を受けている具体的な状況をみてみよう。

「ジェンダー」概念を基盤にした「男女共同参画社会基本法」（一九九九年制定。以下、「基本法」と記す）に批判的な、いわゆるジェンダー・バッシングないしジェンダーへのバックラッシュ派は、「男女共同参画基本計画」（二〇〇〇年策定。以下、「基本計画」と記す）の第二次計画策定にあたり、扇情的で攻撃的なアドワーズ広告を出すことにより、基本計画の大幅な改変を意図したと思われる。バッシング派は「ジェンダーフリー」を攻撃することによって、第二次基本計画から「ジェンダー」の記述を削除することを狙って、基本法に基づく政策を批判し、実践を否定するようなキャンペーンを行ったと思われる。その推移は、二〇〇五年一二月二七日の改定をピークとして、グーグルでの検索表示に如実に現れている。

その様相をみる前に、二〇〇五年までの「ジェンダー」に関わる政策や諸事項の動向を述べておこう。

実は、日本のジェンダー主流化政策は、政治的なバックラッシュと称される保守化、再国家化との拮抗作用の上に展開されてきたといっても過言ではない。基本法が制定された一九九九年には、新ガイドライン法、盗聴法、国旗国歌法が成立した。二〇〇〇年には、基本計画（第一次）が策定され、「日本軍性奴隷を裁く女性戦犯国際法廷」が開催される一方、石原都政下で、東京ウィメンズプラザの運営を担ってきた東京女性財団が廃止され、東京都が直接に、同プラザを管理運営することになった。

翌二〇〇一年には、「新しい歴史教科書をつくる会」作成の教科書が初めて採択され、一方では「配偶者暴力防止法」（配偶者からの暴力の防止及び被害者の保護等に関する法律）が制定された。二〇〇二年には千葉県男女共同参画条例案が廃案になり、衆議院特別委員会で性教育に関わる出版物を批判するなどの動きが強まる。二〇〇三年から二〇〇四年にかけ、「ジェンダーフリー教育、過激な性教育」という批判と学校教育現場での教員処分が行われ、そのような動きに対抗して「ジェンダーフリー・性教育バッシング」を解明する本も刊行された。

先にふれたように、二〇〇二年七月にグーグル日本が開始したアドワーズ広告は急速に広まったが、その広告の内容は商品だけではなく、政治的、思想的メッセージを込めたサイトへの誘導として利用されるようになった。検索キーワード「ジェンダー」「ジェンダーフリー」の検索結果画面では、二〇〇四年頃から変化が起こり始めた。「女性センター」や「男女平等センター」などのキーワード検索の際に、男女共同参画やジェンダーフリーを危険視するアドワーズ広告がみられるようになるのである。二〇〇四年七月に内閣総理大臣より男女共同参画会議に対して、基本計画（第二次）策定の際の基本的な考え方について諮問がなされ、同会議及びその下位の専門調査会において検討が開始されると、二〇〇五年三月、自民党内に、「過激な性教育・ジェンダーフリー教育実態調査プロジェクト」を立ち上げ、その内容を広報するサイトを公開し、「調査結果」と称する「生の声」を掲載したのである〈http://www.jimin.jp/jimin/info/gender/index.html〉。

二〇〇五年五月、男女共同参画局は、「男女共同参画社会の形成の促進に関する施策の基本的な方向についての中間整理」に対する意見を募集し（六月一〇日まで）、公聴会を開催する。七月に男女共同参画会議から内閣総理大臣へ答申がなされ、この答申を踏まえて、政府において基本計画の改定案を作成することになる。この七月の答申後、

図４　キーワード「ジェンダー」による検索結果
（2005年10月15日）

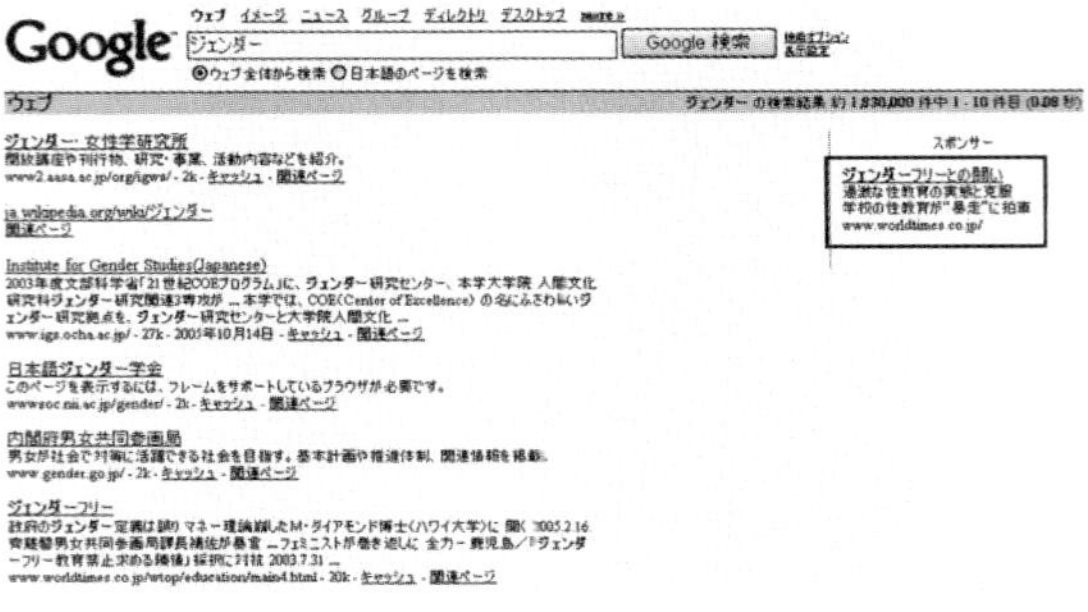

「ジェンダー」への攻撃が一層強まっていく。

ここからは、キーワード「ジェンダー」の検索画面上の変容を、二〇〇五年一〇月以降から追っていくことにする。図４にあるように、二〇〇五年一〇月一五日の「ジェンダー」の検索画面のアドワーズ広告のタイトルは、「ジェンダーフリーとの闘い」であった。これは世界日報社(12)のサイトへリンクするものであり、自民党の「過激な性教育・ジェンダーフリー教育実態調査プロジェクト」の内容を引いて、ジェンダー・フリーを批判するページが表示されるようになっていた。その時のキーワード「ジェンダー」の検索結果の順位は、愛知淑徳大学のジェンダー・女性学研究所が一位であり、ウィキペディアが二位、お茶の水女子大学ジェンダー研究センターと二一世紀ＣＯＥ「ジェンダー研究のフロンティア」（Ｆ－ＧＥＮＳ）が三位、内閣府男女共同参画局は五位、バックラッシュ派の「ジェンダーフリー」が六位であった。

なお、キーワード「ジェンダーフリー」の二〇〇五年一〇月一一日の検索でも、アドワーズ広告として「ジェンダーフリーとの闘い」が表示されたことが確認されている(13)。この時の「ジェンダーフリー」による検索結果の順位は、一位が「新しい歴史教科書をつくる会」などの自由主義史観派のサイトであり、二位は、アドワーズ広告の出展者、世界日報社であった。三位以下には、「ジェンダーフリーと男女平等の行き過ぎ」、「ジェンダーフリーって何かヘン」、「恐るべしジェンダーフリー教育」とバッシング派のサイトが続き、次にようやくバッシング派ではない「成城トランスカレッジ！」が登場する。バッシング派と擁護派、推進派のこうした攻防は、しばらくの間、バッシング派が優勢の形で続く。

政府は、二〇〇五年一二月一六日に第二次男女共同参画基本計画（二〇〇六～二〇一〇年度）案をまとめ、自民党内の「過激な性教育・ジェンダーフリー教育実態調査プロジェクトチーム」に提示する。そして、一二月二一日に自民党内閣部会で内閣府案の了承をえて部会長に一任することが決定し、二六日の閣議決定前日には、基本計画（第二次）から「ジェンダーフリー」という言葉は外されることとなったが、「ジェンダー」は残ることが二七日に新聞報道される[14]（図５）。前日の二六日の深夜の「ジェンダー」の検索画面には、「ジェンダーの概念の危険性」というアドワーズ広告がすでに登場している（図６）。キーワード「ジェンダーフリー」の方においても状況は同じであった。しかも、「ジェンダーの概念の危険性」の文字列の下には、「ジェンダーフリー関係書籍」へと導くアマゾンのアドワーズ広告が表示されており、それをクリックすると、「ジェンダーフリー」を批判する書籍が上位に居並ぶアマゾン検索結果ページが表示されるという連動が起きていた。二〇〇五年一二月二八日になると、キーワード「ジェンダー」「ジェンダーフリー」ともに、「ジェンダーの危険性」というアドワーズ広告に変わる（図７参照）。「ジェンダーフリー」については、やはり批判するサイトが上位に並び、二〇〇六年二月一二日には、ともに「ジェンダー批判本を出版」と変化していた（図８）。このような検索画面上の変化からは、明らかに実世界の政治的権力の意図が読みとれる。アドワーズ広告を出し続ける資金源の存在はいうに及ばず、検索順位決定システムを研究し、バックリンクの数だけではなく、ページランクの高い、政府等の権威あるサイトからの質の高いリンクを増やすなどの工作をして、高い順位を確保し続け、「ジェンダーフリー」を否定的に論じるページへのアクセスを誘導し、「ジェンダー」への攻撃に利用しようとしたことが推測される。

図５

ジェンダー残す
定義 注釈で
党と政府 苦肉の決着
男女共同参画 第2次計画案

『読売新聞』
2005年12月27日朝刊

図６　キーワード「ジェンダー」による検索結果
（2005年12月26日）

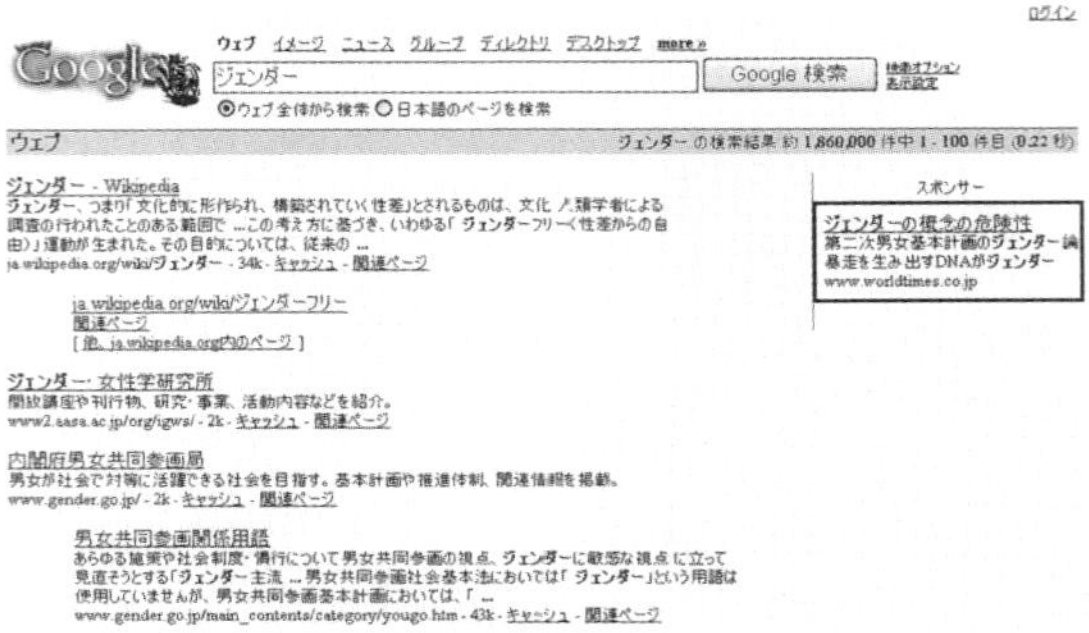

図７　キーワード「ジェンダー」による検索結果
（2005年12月28日）

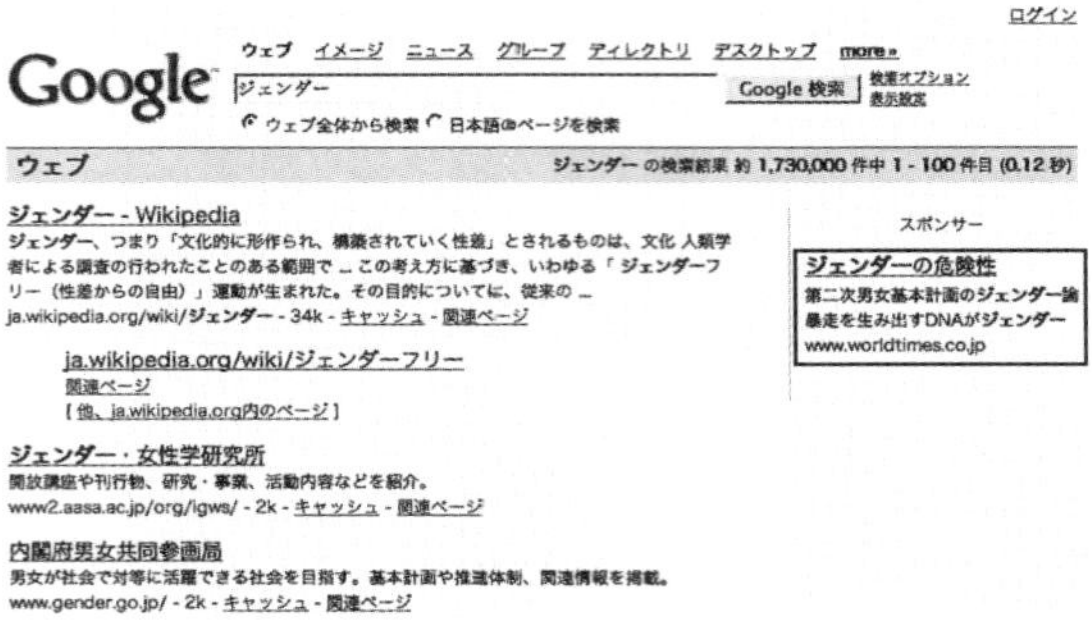

図８　キーワード「ジェンダー」による検索結果
（2006年２月12日）

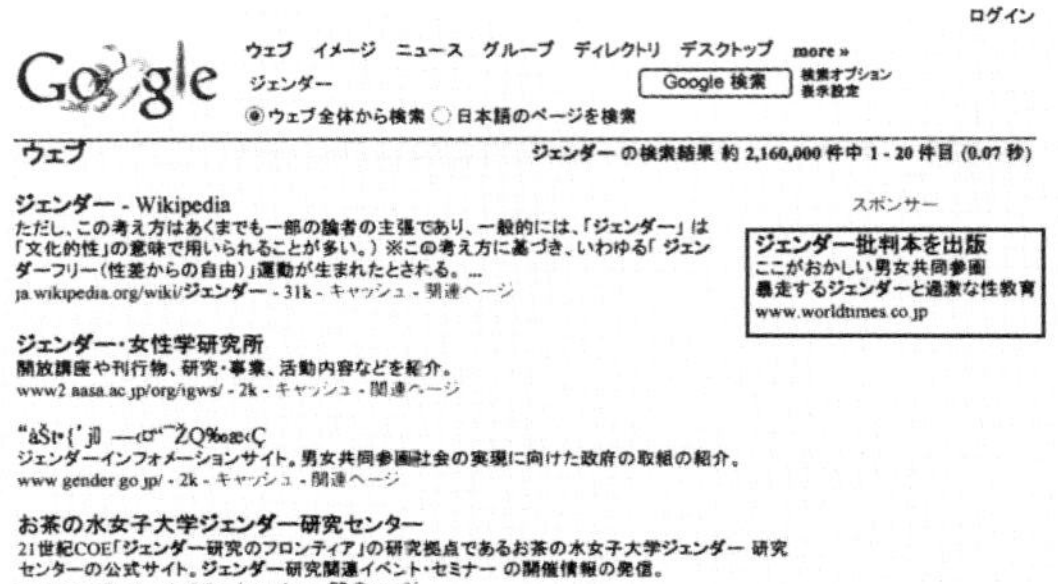

この時期は、キーワード「ジェンダーフリー」の検索順位結果についてだけでなく、「ジェンダー」においても、ジェンダー・バッシング派が上位に入っていた。「ジェンダー研究」を学び始めた学生が、このような検索サイトから導き出されたジェンダーに関するページを読んで、不安感や不審感を抱いたことも少なくないが、「ジェンダー研究」にあまり関心のない人々への影響力は、はかり知れないものがある。

「ジェンダー」に対するバッシングは、他国でも生じているとはいえ、日本におけるこのような状況は特殊といわざるをえない。例えば、日本から検索したものではあるが、対象国をアメリカ、表示言語を英語として「Gender」を検索すると、検索結果の上方のスポンサーの位置に日本の楽天やセレクトストアのGenderという名の商品のサイトが表示される。その下にある検索画面の順位の一位は、Wikipediaの「Gender」の項目であり、続いて本の紹介サイトやイベントの紹介、Gender and Equalityの定義的な解説サイト等が多く、日本のようなジェンダー・バッシング派のサイトが上位に並ぶことはない。各国の「ジェンダー」に関わるキーワード検索によるサイトの順位やその内容はそれぞれ異なるが、日本の「ジェンダー」をめぐる検索結果の異常さは、際立っている。

しかしながら一方では、この機会に「ジェンダー」に関わる政策や研究を推進してきた人々が、ジェンダー・バックラッシュないしバッシング派に対抗し、ジェンダー概念やジェンダーフリー概念の共通認識に向けて、政治的組織の動きや思想の分析を行ったことは貴重であった(15)。

以上にみたようなバックラッシュ派の一連の動きは、明らかに日本において「ジェンダー」主流化政策の進展が、彼らの国家観の根幹に関わる問題として認識されていることを示すものともいえよう。

4　ウェブ世界の「ジェンダー」――新たな「知」の生成のために

本章では、日本の検索表示の「ジェンダー」を事例に、検索による「知」の誘導や政治的権力が検索順位に作用する様態を明らかにした。検索による情報の提供と誘導により、会社や店舗においては倒産や閉店といった、それらの存亡に関わる事態まで招いている。意図的にデマゴーグ的な書き込みや攻撃対象ページを特定のキーワードと関連づけ、グーグルの検索表示順位を上げて操作する煽動的行為は、「グーグルボム（爆弾）」と称されるようになった。また、グーグルが特定のサイトをスパムと認定して、意図的に検索表示から排除する行為を、「村八分」に擬え「グーグル八分」といわれる事態も起きている。さらに、二〇〇六年二月にはアメリカの下院議会で、グーグルが天安門事件など、中国政府が禁止している話題を中国国内向けの検索結果から意図的に削っていることが明らかになり、検索サービスの公正さを揺るがす問題として議論されている(16)。つまり、グーグルは国の政治的状況に応じて、ときには、検索結果の表示画面から不適当と判断する情報の削除を行っているのである。

こうした「検索」による情報の伝達の作為は、学術知の領域でもさらに大きな展開をみせている。グーグルは、最近フリー百科事典『ウィキペディア』（Wikipedia）を検索順位の最上位に置き、ポータルサイトとしての役割を担わせている。『ウィキペディア』へのリンクが多くなったことはこれまでの検索順位でも明らかではあるが、グーグルが二〇〇六年一一月に『ウィキペディア』のシステム開発会社を買収したことも無関係ではないだろう。

『ウィキペディア』は匿名で、誰でも書き込みができる百科事典であり、その内容は、既存の百科事典にくらべ、記載内容においては、学術的レベルの高低がある。また同じ項目でも例えば、日本での『ウィキペディア』の「ジェンダー」の記述と、米国での Wikipedia の「Gender」、中国での『維基《ウィキ》百科』の「性別」「社会性別」には記述内容にかなりの違いがある。にもかかわらず、多くの人々が『ウィキペディア』を引き、そこに書かれていることを吟味、検証せずに、「知」として認識していることが多くなってきている。

そのような問題を有しつつも一方では、『ウィキペディア』は、今日的課題群の推移を把握するには有用な「ウェブ世界が生み出した事典」であると捉えることもできる。ウェブ民主主義を唱える人々からは、「群集の叡智」（The Wisdom of Crowds）としての期待もある。またウェブ上で無数の人の協働（コラボレーション）によって成立する世界、「ウィキノミクス」と称する者もいる。例えば「ジェンダーフリー」についての攻防が激しい時には、「中立的な観点」マークをつけての議論を推奨していた。だが、『ウィキペディア』を通しての情報操作の可能性も、また看過できない。最近では日本でも、厚生労働省や宮内庁の部局から、『ウィキペディア』上の記述において、省庁の都合が悪い部分を変更する書き込みが行われたり、削除されていたことが報道されている(17)。

グーグルのアドワーズ広告及びサイト表示上での、アマゾン（amazon）との提携は、便利さとともに、情報摂取の形態において、「知」の誘導ともいうべき作為が働く危険性も孕んでいる。未来予測のムービー『EPIC2014』は、グーグルゾン（Google-zon）が世界の情報を独占する方向と人類の叡智が新たな道を切り開いていく二つの方向性を描いている(18)。

梅田望夫は、『ウェブ人間論』において、「検索がインターネット時代の中核技術」と指摘している。また、平野啓一郎は、ハンナ・アーレントが『人間の条件』で、言論と活動によって結びあわされた人間関係を、「ウェブ（蜘蛛の巣）」と表現したことに注目し、「人間が自分自身を表現するための場所」、いわば「新しい公的領域」として出現したのが、現代のウェブ社会だと感じているという(19)。一方では最近の若者達のグーグル依存を評して、「自分の記憶までもグーグルに預けている」(20)と危惧する見解もある。唯一、明らかなことは、人間社会が作り出す、「情報」伝達と「知」の生成の形態は、これまでの世界とは、異なるものになっていくことである。

いみじくも、一九七〇年代に本格化した情報テクノロジーとジェンダー研究の誕生と展開は、時を同じくしている。二〇世紀の最後に登場した「ジェンダー」という次世代に受け継ぐべき豊かな概念の力と、「ウィキノミクス」という新世界の原理を可能にする情報テクノロジーによる変革力とが、今後いかなる形で呼応しあっていくのであろうか。その解明は、これからのジェンダー研究の大きな課題である(21)。

●註

1　ダナ・ハラウェイの「サイボーグ宣言――一九八〇年代の科学、テクノロジー、社会主義フェミニズム」は、一九八五年に *Socialist Review* 誌に発表された。日本では一九八九年に小谷真理の翻訳により『現代思想』一七巻九号で紹介。巽孝之他編訳『サイボーグ・フェミニズム』リブロポート、一九九一年、に収録、増補版、水声社、二〇〇一年、に再収録。後、ダナ・ハラウェイの *Simians, Cyborgs, and Women : The Reinvention of Nature* (1991) に収録され、高橋さきの翻訳で『猿と女とサイボーグ――自然の再発明』青土社、二〇〇〇年が刊行されている。

2　梅田望夫『ウェブ進化論――本当の大変化はこれから始まる』（ちくま新書）は、二〇〇六年二月に発売されてから、同年一〇月で三五万部の売り上げとなった。二〇〇七年五月には、鈴木謙介『ウェブ社会の思想――〈偏在する私〉をどう生きるか』（日本放送出版協会）などが刊行されている。

3　日本のインターネットの展開過程についてまとめたものとして、DVD『ニッポンの挑戦――インターネットの夜明け』（NHKエンタープライズ制作、二〇〇五年）が興味深い。

4　japan. Internet.com. ／二〇〇七年三月八日／ITPLUS、二〇〇六年一一月一七日『日本経済新聞』朝刊。

5　ティム・バーナーズ＝リー、高橋徹訳『ウェブの創成―― World Wide Web はいかにして生まれどこに向かうのか』毎日コミュニケーションズ、二〇〇一年。公聴会での発表内容は、〈http://dig.csail.mit.edu/2007/03/01-ushouse-future-of-the-web.html〉より入手。

6　グーグルヘルプセンターに説明がある。クロールについては、〈http://www.google.co.jp/support/bin/answer.py?answer=448〉、URLについては、〈http://www.google.co.jp/why_use.html〉。

7　小山直子・舘かおる・増永良文「ウェブリンク解析にみるジェンダーコミュニティ――情報テクノロジーがもたらすジェンダー研究方法論の開発にむけて」『F-GENSジャーナル』第三号、二〇〇五年三月、三〇六～三一一頁。「Companion-」については、M. Toyoda and M. Kitsuregawa, 'Creating a Web Community Chart for Navigating Related Communities,' *Proc. Hypertext*, 2001, pp.103-112. バックリンクについての研究動向については、「日本のデータベース研究最前線――第一六回――ウェブページのリンク元を教えてくれるDBの構築」『月刊DBマガジン』翔泳社、二〇〇六年一〇月号、一二六～一二七頁などがある。

8　Nielsen//Net Ratings、二〇〇五年九月調べ。

9　グーグル公式サイト〈https://adwords.google.co.jp/〉に「AdWordsについて」の説明がある。

10　グーグル検索画面に形成される「ゴールデン・トライアングル」Research and Reports@eyetools。

11　小山直子・増永良文・舘かおる「ウェブ検索ポータルサイトの信用性と透過性――検索キーワード『ジェンダーフリー』を通して見るウェブの世界」『DEWS 2006論文集』二〇〇六年三月、一～八頁（図3参照）。

図3は、Google日本〈ht　tp://www.google.co.jp/〉（以下、「Google」と記す）において、検索キーワード「ジェンダーフリー」でえられた、検索結果表示順位（Search Engine Result Pages：SERP）の上位一〇位（二〇〇六年一月七日時点）を基軸に、各ページのタイトルとURL、PageRank™：PR）とそのバックリンク数、ページにおけるキーワードの出現率を示したものである。比較対象として、Yahoo! Japan（以下、「Yahoo!」と記す）とGoogleが検索結果を提供している検

図3　キーワード『ジェンダーフリー』の検索結果順位一覧

Yahoo!						Google 日本の検索結果表示順位 (SearchEngineResultPages)				Google の検索結果表示順位 (SearchEngineResultPages)	Google 検索結果提携先（検索ポータルサイト6社*3）	
Yahoo! Japan			Yahoo! Search Site Explorer	分析ツール「Link popularity check」(http://www.uptimebot.com/)								
Yahoo Japan! 順位	Yahoo Japan! カテゴリ登録サイトか否か	Backward links (http://search.yahoo.co.jp/)	Shows inlinks from all pages	Yahoo Backward links*1	Yahoo Link domain*2	Google 順位	Google Backward links	Google Page-(0-10) Rank	ページタイトル	URL	キーワード「ジェンダーフリー」の出現割合	6社の順位
9	○	92	72	48	2610	1	2	3/10	ジェンダーフリー	www.jiyuu-shikan.org/teachers/hattori/0311.html	0.86%	1
4	○	636	348	258	704000	2	27	5/10	ジェンダーフリー	www.worldtimes.co.jp/wtop/education/main4.html	2.55%	3
203	×	118	94	35	8190	3	3	2/10	•ジェンダーフリーについて何も知らない方 •ジェンダーフリーって何…	www.tctv.ne.jp/enoku/	2.68%	5
3	○	6790	6744	3490	3560	4	142	3/10	ジェンダーフリーとは ～Q&Aですぐわかる！～	seijotcp.hp.infoseek.co.jp/genderfreeQandA.html	0.87%	2
8	○	1260	文字化け	761	1130000	5	20	3/10	はてなダイアリー - ジェンダーフリーとは	d.hatena.ne.jp/keyword/ %A5%B8%A5%A7%A5%F3%A5%C0%A1%BC%A5%D5%A5%EA%A1%BC	3.87%	4
10	×	63	42	46	402000	6	1	2/10	恐るべしジェンダーフリー教育	homepage1.nifty.com/1010/jender.htm	0.60%	8
200位以内に未見	×	18	17	12	378000	7	0	2/10	ジェンダーフリーってなんか変！	homepage1.nifty.com/1010/newpagegg9.htm	0.60%	9
1	○	710	425	246	941000	8	65	3/10	ぶっ飛ばせジェンダーフリー 真の男女共…	plaza.rakuten.co.jp/hisahito/	0.66%	6
18	○	37	28	14	299000	9	6	2/10	ジェンダーフリーと企業の論理	www.hi-ho.ne.jp/taka_anzai/gender/	3.57%	7
23	○	32	28	21	276	10	4	2/10	ジェンダーフリー教育の基礎知識	www.seikyokyo.org/ronbun/special_15.html	0.34%	12

註　検索エンジン分析ツール「Link popularity check」における用語解説より。　＊1 Yahoo Backward Links - quantity of links pointing your page, which are indexed by yahoo.　＊2 Yahoo Linkdomain - quantity of links in whole internet indexed by Yahoo, which are pointing all instances of a domain name you search for. For Instance if you check www.yoursite.com, Linkdomain will also show links pointing subdomain. yoursite.com, www.yoursite.com/page.html and so on.

索ポータルから代表的サイト六社（Nifty, livedoor, Excite, Biglobe, Infoseek 楽天, goo）の順位も示してある。提供先六社はこの検索結果において Google 順位の一〇位までは一致していたことからまとめて表示した。また、Google が公開する評価指標と比較するために、Yahoo! が公開している、Yahoo! カテゴリー登録の有無、そのバックリンク数、リンクドメイン（Linkdomain）（ページが属する親ドメインへのリンク数）を表示した。

ここで明らかにしておきたい要点は、Google が、自ら公開している評価の指標に則した検索結果表示が提供されていない可能性が高いということである。Google の公開している評価指標とは、ＰＲ（ページランク）とバックリンク先ＵＲＬである。

Google 本体で一位のページは、ＰＲも3で特に高くなく、バックリンクも二本しか公表されていない。その二本のＰＲも高くない。となると、Google が公開しないといわれているＰＲ3以下のバックリンク先から、リンクという支持票を数多く受けていると推測するしかない。だが、バックリンク先をより多く公表している Yahoo! においてもその数は特に多くはない。また、二位のページのように、親ドメインへのリンク数が多い場合は、後方に支持票をもつこととなるが、この一位のページの場合はそれも少ない。このページの上位決定要因を強いて推測すれば、キーワードの出現率が〇・八六％と他に比べ高くないものの、外部へのリンクもない単純なページ体裁を採用していることで、かえって Google のテキストマッチに適った作りとなり、評価が高くなったと考えるしかない。

次に Google 本体で三位のページだが、Google の示すバックリンクは三本と少なく、ＰＲも2と低い。このページのバックリンク数を Yahoo! で確認しても特に多くはない。上位表示の要因を強いて求めるならば、このページのキーワードの出現率はこの中では二・六八％と高いが、これらのキーワードをアンカーテキストとして相互にリンクしあうページがサイト内に多数存在することから、キーワードとサイトのテーマとの関連性が深いものとして Google 検索エンジンが判断したためと推測するしかない。また、この Google 本体で三位のページは、Yahoo! で二〇三位であり、他のページに比べて著しい順位の落差がある。この点については、Yahoo! へのカテゴリー登録がされていないため低いとか、あるいは Google と Yahoo! では順位抽出アルゴリズムが異なっているためであると分析できなくもない。しかしながら、この Google 本体で三位のページが、Google 提供先では五位に常駐するのに対して、Google 本体では二位（二〇〇五年一二月二七日）に表示されることもあった状況や、あるいはまた、Google 本体で四位のページが二〇〇五年の一〇月中旬には一〇〇〇本を超えるバックリンク数を確保し、Google 提供先での順位を二位と上げたにも拘わらず、Google 本体では順位が上がらなかった状況については、Googleが表明する順位決定アルゴリズムからは解読することができないものである。

この「ジェンダーフリー」の事例からは、Googleが公開している評価指標以外に順位抽出のアルゴリズムがあると推察される。そうした情報を知りえた者による戦略的情報が、Googleの正当な検索結果として滴下される状況が生じていると指摘せざるをえないであろう。

12 『世界日報』は日本で発行される統一教会（世界基督教統一神霊協会）系列の新聞。「世界日報社」が発行。一九七五年一月一日創刊。日本で最初にインターネットによる電子新聞サービスを開始したといわれる。

13 「成城トランスカレッジ！」〈http://seijotcp.hp.infoseek.co.jp/〉の運営者chiki氏は、自らのサイトにおいて、「ジェンダーフリーとは～Q&Aですぐわかる！～」というページを同サイト内に開設し、その直後より、Googleでのキーワード「ジェンダーフリー」検索結果におけるこのページの順位変動を報告している。二〇〇五年一〇月一一日についてはその検索結果画面を掲載しているのでこれを参照して確認した。ちなみに、このサイトには運営者chiki氏が、バックリンクを増すことでグーグルの表示順位が上がることを知り、バッシング派がキーワード「ジェンダーフリー」の上位を占めないように、バックリンクをこのページに張ってくれるようにと、自らのサイト訪問者に呼びかけ、高順位を確保しようとした経緯も記されている。

14 「ジェンダー残す」『読売新聞』二〇〇五年一二月二七日朝刊／「男女共同参画基本計画を閣議決定」『日本経済新聞』二〇〇五年一二月二七日などで報道。

15 例えば、木村涼子編『ジェンダー・フリー・トラブル――バッシング現象を検証する』白澤社、二〇〇五年／上野千鶴子他著・双風社編『バックラッシュ！――なぜジェンダーフリーは叩かれたのか？』双風社、二〇〇六年／若桑みどり他編著『「ジェンダー」の危機を超える！――徹底討論！　バックラッシュ』青弓社、二〇〇六年など。

16 佐々木俊尚『グーグル――既存のビジネスを破壊する』文春新書五〇一、文藝春秋、二〇〇六年／NHK取材班『グーグル革命の衝撃』（NHKスペシャル）日本放送出版協会、二〇〇七年など。

17 「ウィキペディア　省庁から『修正』」『朝日新聞』二〇〇七年九月八日朝刊。

18 「EPIC 2014」とは、Robin SloanとMatt Thompsonが作成した、インターネット・メディアの未来予測がテーマのFLASHムービーのタイトルのこと。インターネットが新聞やテレビなどの旧メディアを脅かす（しつつある）としばしば語られてきたが、このFLASHムービーでは二〇〇四年までの新技術（ブログ、SNSなど）の動向を元にしつつ、二〇一四年までにEPIC（Evolving Personalized Information Construct）と呼ばれる「パーソナライゼーション型メディア」が現れると予測し、話題となった。〈http://www.probe.jp/EPIC2014/〉より日本語字幕版を入手。

19 梅田望夫・平野啓一郎『ウェブ人間論』新潮新書、二〇〇六年。

20 「『自分の記憶』まで預ける若者たち」前掲、NHK取材班『グーグル革命の衝撃』二三八〜二四六頁。

21 ドン・タプスコット&アンソニー・D・ウィリアムズ、井口耕二訳『ウィキノミクス——マスコラボレーションによる開発・生産の世紀へ』日経BP社、二〇〇七年。

【謝辞】

本章は、COE「ジェンダー研究のフロンティア」Cプロジェクト、「身体と医療・科学・技術」のサブプロジェクト「アジアにおけるジェンダーと科学技術史・政策に関する研究」、及び平成一五〜一七年度科学研究費補助金基盤研究B（2）「ウェブコミュニティの動的分析手法を用いたジェンダー研究ポータルサイトの構築」（研究代表者増永良文、研究分担者舘かおる、小山直子他）による研究成果である。共同研究者の増永良文お茶の水女子大学名誉教授・青山学院大学教授、東京大学生産技術研究所の喜連川優教授及び同研究所の豊田正史准教授に謝意を表する。

また、この共同研究については、次の文献やウェブページで紹介されている。「検索新話ネット最前線」『朝日新聞』二〇〇五年八月三一日夕刊／高橋準「電子ネットワークと社会運動」新原道信・奥山眞知・伊藤守編『地球情報社会と社会運動——同時代のリフレクシブ・ソシオロジー』ハーベスト社、二〇〇六年／IT mediaのウェブページ〈http://www.itmedia.co.jp/enterprise/articles/0606/28/news121.html〉、二〇〇六年六月／日経BP社のウェブページ「マルチメディア・コミュニケーション&データベース」〈http://www.itmedia.co.jp/enterprise/articles/0606/28/news121.html〉。

＊

本論文は、小山直子（当時COE「ジェンダー研究のフロンティア」客員研究員、現放送大学非常勤講師）との共著である。本書の掲載許可に謝意を表す次第である。

あとがき

私が、お茶の水女子大学大学院を終了してから三八年が経ち、ここに定年退職の日を迎える。私は、いつも忙しそうでいながら、どこかでのんびりしている風情の人間らしく、今もそのアンバランスの中で、自著のあとがきを記している。三八年前も今もお茶大の建物やグラウンドの配置は、あまり変わらないのだが、不思議なことに、学生時代の感覚が甦ることはほとんどない。助手から始まり教授となった、職場としてのお茶大での時間の方が何倍も長いせいだろうか。

現在の私の研究室がある人間文化創成科学研究科棟は、昔は「山の上」と称していた場所だった。護国寺を見下ろすその場所で、お弁当を食べたり、立て看板の横で友と語り合った。その時の感覚が甦ることはほとんどないが、ふと、限られた地面に咲くたんぽぽが目に入った時などに、私は、昔、ここに居たことがあるという感覚が生じてきて戸惑うことがある。私にとり、学生時代の自分と教員として仕事をする自分とは、同じ大学という場にいても、時空が異なるものとして感じているようだ。自分が生きる目的が見えず、怒号と激しいぶつかり合いの混迷する時代をくぐり抜け、仕事という形で自分自身の生をかけることに手応えを感じ、集中して行った時から、私の人生が始まったような気もする。

ところで、本書は、退職記念の書であるが故に、少々私の職歴に繋げて綴ることにしたい。私の女性文化資料館助手としての最初の仕事は、『お茶の水女子大学百年史』の編纂であった。それは、大変興味深い仕事だった。女性が帝国大学に入学する制度が確立していなかったことの詳細を『百年史』編纂の仕事をしながら資料を調べ、「東京女子高等師範学校の大学昇格運動——戦前日本の女子大学構想——」(『お茶の水女子大学人文科学紀要』第三一巻、一九七七年)をまとめた。その過程で、女性博士第一号の保井コノ教授や戦後の大学改革に奔走した湯浅年子教授の軌跡を知り、その後、女性科学者・研究者の資料の収集とその研究を女性文化資料館の仕事として位置づけ、今日まで継続している。

一方で、その頃、女性学に出会った私は、女性文化資料館の仕事として、アメリカの女性学講座について調査を行い、「アメリカ諸大学における女性学講座の成立と展開」(お茶の水女子大学心理教育研究会編・刊『人間発達研究』第三号、一九七八年)にまとめた。そして翌年には、アメリカの女子大学として名高い、ラドクリフ大学とスミス大学を訪ね、「アメリカにおける女性史料館」を『女性文化資料館報』創刊号(一九八〇年)に掲載した。欧米諸国を中心とする大学改革運動の中で生まれた女性達の理念と運動は、その後の私の研究と教育の方向性に大きな影響を与えた。勃興していた女性学との出会いこそが、一〇年の時限付き機関であった女性文化資料館を、女性文化研究センター、そしてジェンダー研究センターへと展開する礎となったと思う。

一九八六年には、原ひろ子先生が、女性文化研究センター専任となり、定員二名となったセンターの活動は、実にパワフルになった。国立女性教育会館との二度にわたるヨーロッパとオーストラリア・ニュージーランドの海外調査も、私の女性学・ジェンダー研究の視座を鍛え、さらに豊かにするものであった。

センターの学内・学外での位置づけについて、その役割を高く評価して応援してくださった、歴代の館長、センター長である、市古宙三、太田次郎、和田久徳、堤精二、荒川信彦、清水碩、利谷信義、波平恵美子の諸先生方、そして学内COEの機会を与えてくださった佐藤保学長、二一世紀COEの申請を決断してくださった本田和子学長に感謝を申し上げる。また、二一世紀ＣＯＥの以前に、ジェンダー研究センターに外国人客員研究員のポストが付き、海外から著名な外国人客員研究員を招聘し、夜間セミナーを通じて、より多くの人々に提供できたことも、日本における女性学・ジェンダー研究の展開に寄与したことと思われる。

大学院教育に関しても、一九九三年に大学院博士課程に女性学講座が設置され、その後、修士課程でも開発・ジェンダーコースが設置された。原ひろ子先生の後任として伊藤るり先生が赴任し、二一世紀ＣＯＥの採択、及び、博士前期課程ジェンダー社会科学専攻、後期課程ジェンダー学際研究専攻の設置に尽力した。

このように、私の研究教育歴は、本書に掲載した論文等が示すように、女性学との出会いが決定的であり、その後のジェンダー研究へと展開して行ったといえる。また、女性学・ジェンダー研究との出会いをさらに次代に繋ぐために、一九九三年から大学院で女性学講座を担当し、その後、学部や大学院の講義やゼミだけではなく、専攻を超えて、女性学とジェンダー研究に関わる博士号の学位授与に携わったことも、女性学・ジェンダー研究の次世代への展開のために貢献できたといえるのではないかと思う。

＊

退職に関する諸事と今回の自著『女性学・ジェンダー研究の創成と展開』については、特に、加美芳子さん、磯山久美子さん、花岡ナホミさん、土野瑞穂さん、藤田和美さん、横山美和さん、小泉京子さん他、舘ゼミの皆さんにお世話になった。昼夜分かたず対応してくれたことに感謝している。また、現在のジェンダー研究センターの教員である足立眞理子センター長、申キヨン准教授、アカデミックアシスタントの吉原公美さん、研究機関研究員の平野恵子さん、研究支援推進員の板井広明さん他、多くの方にもお世話になった。

また、装幀をしてくださった谷田幸さん、そして世織書房の伊藤晶宣さん、門松貴子さん、菅井真咲さんにも、睡眠時間を随分減らしてしまったのではないかとお詫びしつつ、御礼を申し上げたい。

この書が、創成期の日本における女性学、ジェンダー研究の模索の記録の一つとして、加えられ、次の世代の人々に受け継ぐことができればと願っている。

二〇一四年三月一七日

館かおる

初出一覧

序　「女性学・ジェンダー研究の創成のために」（原題「女性学・ジェンダー研究と教育の制度化」）目黒依子編『ジェンダー学と出会う』勁草書房、二〇〇七年の第五章に大幅加筆）。

1　「アメリカ諸大学における女性学講座の成立と展開」お茶の水女子大学心理教育研究会編・刊『人間発達研究』第三号、一九七八年、八～一六頁。

2　「アメリカにおける女性史料館」お茶の水女子大学女性文化資料館編・刊『女性文化資料館報』創刊号、一九八〇年、五九～七六頁。

3　「女性史研究と女性学――仏・英・米の論題をめぐって」（原題の副題は「その論題をめぐって」）『女性文化研究センター年報』第三号・通巻一〇号、お茶の水女子大学女性文化研究センター、一九八九年、一〇三～一一九頁。

4　「日本女性史研究の動向と課題――女性学と社会史をめぐって」『東京大学アメリカ研究資料センター年報』第一二号、東京大学アメリカ研究資料センター、一九九〇年、一〇六～一一五頁。

5　「女性学とジェンダー」『お茶の水女子大学女性文化研究センター年報』第九・一〇合併号／通巻一六・一七号、お茶の水女子大学女性文化研究センター、一九九六年、八七～一〇六頁。

6　「オーストラリア・ニュージーランドにおける女性学と大学・学校教育」原ひろ子・前田瑞枝・大沢真理編『アジア・太平洋地域の女性政策と女性学』新曜社、一九九六年、五一三～五七八頁。

7　「ジェンダー概念の検討」お茶の水女子大学ジェンダー研究センター年報『ジェンダー研究』第一号・通巻一八号、お茶の水女子大学ジェンダー研究センター、一九九八年、八一～九五頁。

8　「歴史認識とジェンダー――女性史・女性学からの提起」『歴史評論』五八八号、校倉書房、一九九九年四月号、四四～五二頁。

9 「歴史分析概念としての「ジェンダー」」『思想』第一〇三六号、岩波書店、二〇一〇年、一二四～一三四頁。

10 「「グローバル・サイエンス」としての「ジェンダー・スタディーズ」」お茶の水女子大学「グローバル化とジェンダー規範」に関する研究会編・刊『二〇〇〇（平成一二）～二〇〇一（平成一三）年度重点研究プロジェクト「グローバル化とジェンダー規範」に関する研究報告書』二〇〇二年、六三～七一頁。

11 「ウェブ世界の「ジェンダー」」舘かおる編『ジェンダー研究のフロンティア4　テクノ／バイオ・ポリティクス　科学・医療・技術のいま』作品社、二〇〇八年、七三～九二頁。

舘かおる（たち・かおる）プロフィール

お茶の水女子大学大学院修士課程修了後、一九七六年一月同大学女性文化資料館助手に就任。以後、女性文化研究センター助教授、ジェンダー研究センター教授として、三八年間にわたり日本の女性学・ジェンダー研究の創成に務める。一九九〇年から学部の女性学・ジェンダー論系の講義、一九九三年から同大学大学院修士課程、一九九五年から博士課程女性学講座を担当。二〇〇七年から博士後期課程ジェンダー学際研究専攻長及び博士前期課程ジェンダー社会科学専攻長を歴任する。二〇〇三年七月から二〇〇八年三月まで二一世紀COE「ジェンダー研究のフロンティア」の事務局長兼プロジェクトリーダー、二〇〇四年から二〇〇七年までジェンダー研究センター長。この間他大学の女性学・ジェンダー論の非常勤講師も務め、大学における女性学・ジェンダー研究教育の普及をはかった。

また、日本女性学会幹事やジェンダー史学会常任理事等の学会活動、及び日本学術会議の連携会員として学術界でのジェンダー主流化に尽力。文科省、農水省、法務省、国立女性教育会館など国レベルにおける審査員や調査の座長なども務める一方、横浜市、文京区、湯河原町といった地方公共団体の女性政策・男女共同参画行政に関与し、調査や教材作成を担い、国連大学他その他のNGO活動も含め、様々な社会的活動に携わる。

本書収録論文以外の著編書に『読む辞典　女の世界史』（新曜社、一九八七年）、『高等女学校資料集成』全一七巻・別巻『高等女学校の研究』（大空社、一九八九～一九九一年）、『母性から次世代育成力へ』（新曜社、一九九一年）、『学校をジェンダー・フリーに』（明石書店、二〇〇〇年）、『女性とたばこの文化誌――ジェンダー規範と表象』（世織書房、二〇一一年）、共著に棚沢直子他編『フランスからみた日本ジェンダー史――権力と女性表象の日仏比較』（新曜社、二〇〇七年）などがある。またジェンダー研究センター招聘外国人客員教授の夜間セミナーを主催し、その成果を御茶の水書房から刊行。これまでに編書として、ヴェラ・マッキー『グローバル化とジェンダー表象』（二〇〇三年）、シンシア・エンロー『フェミニズムで探る軍事化と国際政治』（二〇〇四年）、戴錦華『中国映画のジェンダー・ポリティクス――ポスト冷戦時代の文化政治』（二〇〇六年）、キャロライン・ソブリチャ『フィリピンにおける女性の人権尊重とジェンダー平等』（二〇一二年）、何春蕤『「性／別」攪乱――台湾における性政治』（二〇一三年）を刊行している。

女性学・ジェンダー研究の創成と展開

2014年3月25日　第1刷発行 ©

著　者｜舘かおる
装　幀｜谷田　幸
発行者｜伊藤晶宣
発行所｜(株)世織書房
印刷所｜(株)ダイトー
製本所｜(株)ダイトー

〒220-0042　神奈川県横浜市西区戸部町7丁目240番地　文教堂ビル
電話045(317)3176　振替00250-2-18694

落丁本・乱丁本はお取替いたします　Printed in Japan
ISBN978-4-902163-71-1

女性とたばこの文化誌●ジェンダー規範と表象
舘かおる・編
〈たばこをめぐる近世から現代の様々な表象をジェンダーの視点から分析する〉 5800円

植民地期朝鮮の教育とジェンダー●就学・不就学をめぐる権力関係
金 富子
〈植民地期朝鮮の女性の就学・不就学の要因を分析〉 4000円

近代日本の手芸とジェンダー
山崎明子
〈女性の国民化に果たした「手芸」の役割とは何か。「女の手仕事」を浮き彫りにする〉 3800円

ジェンダーと政治参加
大海篤子
〈「女性市民」の出現とその背景を探る──女性の政治参加へのメッセージ〉 2200円

ドメスティック・バイオレンスとジェンダー●適正手続と被害者保護
吉川真美子
〈米国DV防止法・加害者逮捕政策をもとに「配偶者暴力防止法」を考える〉 2800円

雑草の夢●近代日本における「故郷」と「希望」
デンニッツァ・ガブラコヴァ
〈近代文学を貫く魯迅、白秋、晶子、大庭みなこ子の雑草に社会的文脈を見る〉 4000円

風俗壊乱●明治国家の文芸の検閲
ジェイ・ルービン（今井・大木・木股・河野・鈴木訳）
〈明治国家の検閲制度をめぐり作家達は何を考え、どう行動したのか〉 5000円

〈価格は税別〉

世織書房